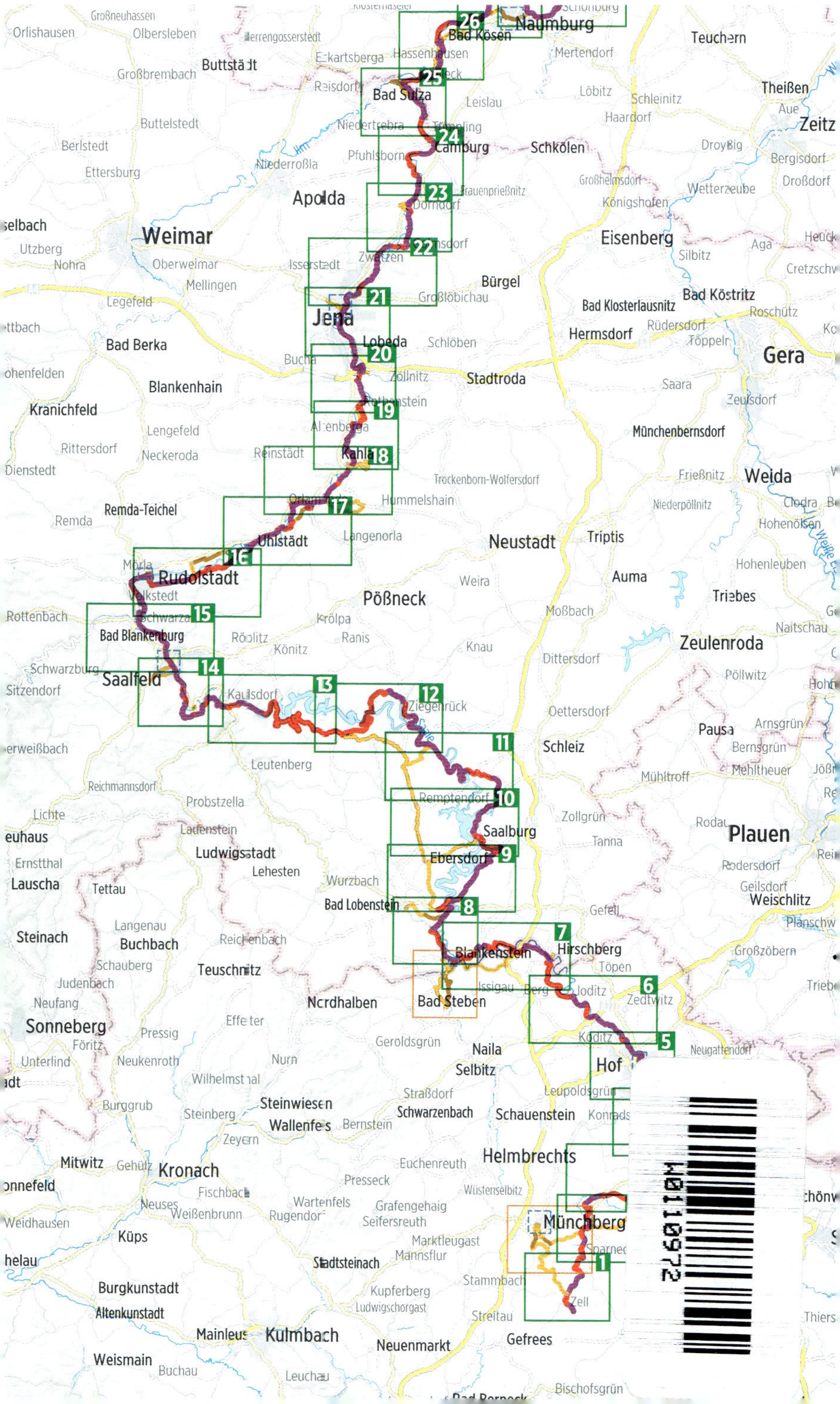
Naumburg
Bad Kösen
26
25
Bad Sulza
24
Camburg
23
Dorndorf
22
Zwätzen
21
Jena
Lobeda
20
19
Kahla
18
17
Uhlstädt
16
Rudolstadt
15
Bad Blankenburg
14
Saalfeld
13
Kaulsdorf
12
Ziegenrück
11
10
Remptendorf
Saalburg
9
Ebersdorf
8
Bad Lobenstein
7
Blankenstein
Hirschberg
Bad Steben
6
Joditz
5
Hof
1
Münchberg
Zell
Weimar
Apolda
Eisenberg
Gera
Zeitz
Weida
Neustadt
Pößneck
Zeulenroda
Schleiz
Plauen
Bad Köstritz
Bad Klosterlausnitz
Hermsdorf
Stadtroda
Bürgel
Schkölen
Teuchern
Theißen
Triptis
Auma
Triebes
Bad Berka
Blankenhain
Kranichfeld
Remda-Teichel
Leutenberg
Ludwigsstadt
Lehesten
Probstzella
Teuschnitz
Nordhalben
Naila
Selbitz
Schwarzenbach
Schauenstein
Helmbrechts
Sonneberg
Kronach
Steinwiesen
Wallenfels
Kulmbach
Mainleus
Burgkunstadt
Altenkunstadt
Weismain
Neuenmarkt
Gefrees
Stadtsteinach
Marktleugast
Lauscha
Steinach
Tettau
Buchbach
Mitwitz
Küps
Pausa
Tanna
Gefell
Weischlitz
Münchenbernsdorf
Buttstädt
Münchenbernsdorf

bikeline®-Radtourenbuch
Saale-Radweg

A-3751 Rodingersdorf, Hauptstr. 31
Tel.: +43/2983/28982-0, Fax: -500
E-Mail: bikeline@esterbauer.com
www.esterbauer.com
11. überarbeitete Auflage, Sommer 2023
ISBN 978-3-7111-0153-2
Bitte geben Sie bei jeder Korrespondenz die ISBN an!

Dank an alle, die uns bei der Erstellung dieses Buches tatkräftig unterstützt haben.

Das *bikeline*-Team: Birgit Albrecht-Walzer, Renata Andrejeva, Katrin Baumhauer, Beatrix Bauer, Michael Binder, Veronika Bock, Petra Bruckmüller, Roland Esterbauer, Dagmar Güldenpfennig, Gregor Münch, Mario Nakić, Karin Neichsner, Carmen Paradeiser, Amélie Pommier, Manuel Randa, Petra Schartner, Sonja Schleifer, Christina Steinbrecher, Christian Thoren, Isabella Tillich, Martin Trippmacher, Carina Winkelhofer, Martin Wischin, Wolfgang Zangerl

Umschlagbilder: Bild gr.: Stadt Halle, Johannes Müller; Bilder kl: Tourist- u. Tagungsservice Naumburg
Bildnachweis: 2199_de - stock.adobe.com: 102; AG Saale-Radwanderweg: 10, 31; © ArtHdesign - Fotolia: 86; Bernhard Mues: 64; Dagmar Güldenpfennig: 9, 122, 124; ©dina - Fotolia: 108; © Edler von Rabenstein - Fotolia: 30; © ericsan - Fotolia: 100; Falco Matte: 110; Fremdenverkehsamt Ziegenrück: 48;, 50; Gemeinde Uhlstädt-Kirchhasel: 62, 63; Gregor Münch: 9, 37, 81, 84; Grischa Begaß: 132; Harald Jäkel: 118, 126; © Henry Czauderna - Fotolia: 38; Herny Czauderna - stock.adobe.com: 104; © Jakob Fischer - Fotolia: 82; Jens Hauspurg: 76; Johannes Müller: 112; © Jutta Adam - Fotolia.com: 11; © kentauros - Fotolia: 91; Landratsamt Schönebeck: 136, 138; © LianeM - Fotolia: 7; Luca Scheuring: 28; Iurii - stock.adobe.com: 98; Magdeburg Marketing GmbH (MMKT), Centrum Aqua: 148; Markt Oberkotzau: 26; © mihi – fotolia: 113, 116; © neurobite - Fotolia: 146; Paul Bickelbacher: 39; pixabay: 12, 53, 58, 70, 74, 76, 78, 92, 94, 101, 114, 128, 139, 149; © progarten - Fotolia: 88; Saalfelder Feengrotten und Tourismus GmbH: 54; Stadt Hof: 30; Stadtinformation Bad Lobenstein: 40; Stadt Naumburg: 90; Stadt Saalburg-Ebersdorf: 44; Stadt Schwarzenbach a. d. Saale: 23, 24; Stadtverwaltung Münchberg: 19, 22; © Stefan Gräf - Fotolia: 46; Stiftung Leuchtenburg: 68; Tony Matysik: 80; Touristinformation Bad Kösen: 84; Tourist- und Tagungsservice Naumburg: 89, 96; © twoandonebuilding - Fotolia: 46; © U. Gernhoefer - Fotolia: 56; VG Saale-Rennsteig Blankenstein, W. Sell: 36; Wolfgang Zangerl: 37

Kartographie erstellt mit axpand (www.axes-systems.com)

bikeline

Was ist bikeline?

Wir sind ein Team von Redakteuren, Kartografen, Geografen und anderen Mitarbeitern, die allesamt begeisterte Radfahrerinnen und Radfahrer sind. Ins „Rollen“ gebracht hat das Projekt 1987 eine Wiener Radinitiative, die begonnen hat, Radkarten zu produzieren. Heute tun wir dies als Verlag mit großem Erfolg. Mittlerweile gibt's bikeline® Bücher in fünf Sprachen und in vielen Ländern Europas.

Um unsere Bücher immer auf dem letzten Stand zu halten, brauchen wir auch Ihre Hilfe. Schreiben Sie uns, wenn Sie Unstimmigkeiten oder Änderungen in einem unserer Bücher entdeckt haben.

Wir freuen uns auf Ihre Rückmeldung (redaktion@esterbauer.com),

Ihre bikeline-Redaktion

Vorwort

Die Reise entlang der Saale führt durch die Wälder Oberfrankens und Thüringens, vorbei an großen, fjordartigen Talsperren und durch stille, „verschieferte“ Dörfer. Im Oberlauf der Saale zählt der Radweg aufgrund der vielen Steigungen zu den anspruchsvollsten Flussradwegen Deutschlands. Bei Saalfeld verlässt die Tour das Gebirge und Städte wie Jena, Naumburg und Halle sowie die vielen Burgen und Schlösser am Wegesrand erzählen ruhmreiche saalische Geschichten. Exoten wie das nördlichste Weinanbaugebiet Saale-Unstrut oder das längste Gradierwerk in Europa bereichern den weiteren Weg des Flusses, an dessen Ufer sich der Saale-Radweg auf 410 Kilometern von der Quelle der Saale im Fichtelgebirge bis zur Mündung in die Elbe erstreckt.

Präzise Karten, genaue Streckenbeschreibungen, zahlreiche Stadt- und Ortspläne, Hinweise auf das kulturelle und touristische Angebot der Region und ein umfangreiches Übernachtungsverzeichnis – in diesem Buch finden Sie alles, was Sie zu einer Radtour entlang der Saale brauchen – außer gutem Radlwetter, das können wir Ihnen nur wünschen.

Kartenlegende

Radrouten (cycling routes)

Hauptroute, wenig KFZ-Verkehr (main cycle route, low motor traffic)

- asphaltiert (main cycle route, paved surface)
- nicht asphaltiert (main cycle route, unpaved surface)
- schlecht befahrbar (main cycle route, bad surface)

Hauptroute, autofrei / Radweg (main cycle route, without motor traffic / cycle path)

- asphaltiert (cycle path, paved surface)
- nicht asphaltiert (cycle path, unpaved surface)
- schlecht befahrbar (cycle path, bad surface)

Ausflug od. Variante, wenig KFZ-Verkehr (excursion or alternative cycle route, low motor traffic)

- asphaltiert (excursion or alternative route, paved surface)
- nicht asphaltiert (excursion, unpaved surface)
- schlecht befahrbar (excursion, bad surface)

Ausflug od. Variante, autofrei / Radweg (excursion or alternative route, without motor traffic / cycle path)

- asphaltiert (excursion or alternative route, paved surface)
- nicht asphaltiert (excursion, unpaved surface)
- schlecht befahrbar (excursion, bad surface)

Sonstiges (other cycle routes)

- sonstige Radroute (other cycle route)

- verkehrsreiche Radroute (cycle route with significant motor traffic)
- Kopfsteinpflaster (cobbled street)
- Einbahnführung (one-way connection)
- Fährverbindung (ferry connection)
- unbekannter Belag (road surface unknown)
- Tunnel (tunnel)
- Schiebestrecke (dismounting recommended)
- Zugverbindung (train connection)
- Radweg in Planung (planned cycle path)
- Radweg gesperrt (closed cycle path)
- Radstreifen mit Verkehr (cycle lane)
- Radstreifen, straßenbegleitender Radweg (cycle path along road)
- Straße für Radfahrer gesperrt (road closed to cyclists)
- Beschriebene Fahrtrichtung (described direction)
- 5 Wegpunkt (waypoint)

Steigungen / Entfernungen (gradient / distance)

- starke Steigung (steep gradient, uphill)
- leichte bis mittlere Steigung (light gradient, uphill)
- 2,4 Entfernung in Kilometern, gerundet (distance in km, rounded)

Radinformationen (important cycling information)

- Fahrradwerkstatt* (bike workshop*)
- Fahrradvermietung* (bike rental*)
- überdachter Abstellplatz* (covered bike stands*)
- abschließbarer Abstellplatz* (lockable bike stands*)
- E-Bike Ladestation (E-bike charging station)
- Infotafel* (information board*)
- Gefahrenstelle (dangerous section)
- Text beachten (read text carefully)
- Treppe (stairs)
- Tragestrecke (bicycle must be carried!)
- Engstelle* (constriction, bottleneck*)
- 17 42 Knotenpunktnummer der Wegweisung* (nodal point)
- Stadt-, Ortsplan (city map)

Nur in Ortsplänen (symbols only in the city maps)

- Parkhaus* (garage*)
- Theater* (theatre*)
- Post* (post office*)
- Apotheke* (pharmacy*)
- Krankenhaus* (hospital*)
- Feuerwehr* (fire-brigade*)
- Polizei* (police*)

* Auswahl (* selection)

Maßstab 1 : 50.000

1 cm ≙ 500 m   1 km ≙ 2 cm

0	1	2	3	4	5	6	7	8	9	10 km

Sehenswertes / Einrichtungen (sights of interest / facilities)

- Kirche; Kapelle (church; chapel)
- Kloster (monastery/convent)
- Synagoge; Moschee (synagogue; mosque)
- Schloss, Burg; Ruine (palace, castle; ruin)
- Turm; Leuchtturm (tower; lighthouse)
- Wassermühle; Windmühle (watermill; windmill)
- Kraftwerk (power station)
- Bergwerk; Höhle (mine; cave)
- Flughafen; Denkmal (airport; monument)

- sonstige Sehenswürdigkeit (other sight of interest)
- Museum (museum)
- Ausgrabungen; röm. Objekte (excavations; roman site)
- Tierpark; Natur-Information (zoo; nature info)
- Naturschutzgebiet, -denkmal (nature reserve, monument)
- sonstige Natursehenswürdigkeit (natural sight of interest)
- Aussichtspunkt* (panoramic view*)
- Tourist-Information; Gasthaus* (tourist information; restaurant)
- Unterkunft; Jugendherberge (hotel, guesthouse; youth hostel)
- Camping-; Naturlagerplatz* (camping site; simple tent site*)
- Einkaufsmöglichkeit*; Kiosk* (shopping facility*; kiosk*)
- Rastplatz*; Unterstand* (picnic tables*; covered stand*)
- Freibad; Hallenbad (outdoor pool; indoor pool)
- Naturbad; Thermal-; Erlebnisbad (natural pool; thermal baths; waterpark)

- Brunnen*; Parkplatz* (drinking fountain*; parking lot*)
- Schönern sehenswertes Ortsbild (picturesque town)
- Einrichtung im Ort vorhanden (facilities available)

Topographische Informationen (topographic information)

- Kirche, Kapelle (church; chapel)
- Kloster (monastery)
- Synagoge; Moschee (synagogue; mosque)
- Schloss, Burg; Ruine (palace, castle; ruins)
- Turm; Leuchtturm (tower; lighthouse)
- Wassermühle; Windmühle (windmill; water mill)
- Kraftwerk; Solaranlage (power station; solar power station)
- Bergwerk; Höhle (mine; cave)
- Denkmal; Hügelgrab (monument; burial mound)
- Flughafen; Flugplatz (airport; airfield)

- Windkraftanlage (windturbine)
- Funk- und Fernsehanlage (TV/radio tower)
- Umspannwerk, Trafostation (transformer station)
- Wegkreuz; hist. Grenzstein (wayside cross; boundary stone)
- Sportplatz, Stadion (playing field, stadium)
- Golfplatz; Tennisplatz (golf course; tennis courts)
- Schiffsanleger; Schleuse (boat landing; sluice/lock)
- Quelle; Kläranlage (natural spring; wastewater treatment plant)
- Staatsgrenze mit Übergang (international border crossing)
- Landesgrenze (country border)
- Kreis-, Bezirksgrenze (district border)
- Naturschutzgebiet, Naturpark, Nationalpark (nature reserve, national park)
- Truppenübungsplatz, Sperrgebiet (prohibited zone)
- Höhenlinie 100m/50m (contour line)

- Autobahn; Schnellstraße (motorway/freeway; expressway)
- Fernverkehrsstraße (highway)
- Hauptstraße (main roads)
- untergeordnete Hauptstraße (secondary main road)
- Nebenstraße; Fahrweg (secondary road; side street/access road)
- Weg; Fähre (track; ferry)
- Straße geplant/in Bau (road planned/under construction)
- Eisenbahn/Bahnhof; S-Bahnhof (railway/station; suburban station)
- Eisenbahn stillgelegt; geplant (railway disused; planned)
- Schmalspurbahn (narrow gauge railway)
- Bergbahn; Seilbahn (mountain railway; cable car)
- Wald; Parkanlage (forest; park)
- Sumpf; Heide (marsh/bog; heath)
- Weinbau; Gartensiedlung* (vineyards; allotment gardens*)
- Steinbruch, Tagebau* (quarry, open cast mine*)
- Friedhof; Düne, Strand (cemetery; dunes, beach)
- Watt; Gletscher (tidal flats; glacier)
- Felsen; Geröll (rock, cliff; scree)
- Gewächshäuser*, Plantage* (greenhouses*, plantation*)
- Gewerbe-, Industriegebiet (commercial/industrial area)
- Siedlungsfläche; öffentl. Gebäude (built-up area)
- Stadtmauer, Mauer (defensive wall, wall)
- Damm, Deich (embankment, dike)
- Kanal (canal)
- Fluss/Staumauer/See (river/dam/lake)

Inhalt

Stadtpläne

Der Saaleradweg

Die Saale entspringt im Fichtelgebirge in 707 Metern Höhe am Nordwesthang des großen Waldsteins. Nach ca. 430 Kilometern mündet sie bei der Stadt Barby in die Elbe.
Der Saaleradweg verläuft durch die drei Bundesländer Bayern, Thüringen und Sachsen-Anhalt. Besonders im Bereich der Saaletalsperren ist ein flussnahes Radeln oft nicht möglich und führt zu vielen, teils sehr starken Anstiegen mit Steigungen bis zu 16 Prozent! Erst ab Saalfeld werden die Anstiege weniger. Die besonderen Attraktionen des Saaleradweges sind die Burgen, die zu beiden Seiten der Saale in dichter Folge zu entdecken sind.

Streckencharakteristik

Länge

Insgesamt ist der Saaleradweg von der Quelle bis zur Mündung knapp **410 Kilometer** lang. Bitte beachten Sie bei der Tourenplanung, dass Sie für die Anreise ab Münchberg zur

Rudelsburg und Burg Saaleck

LiveUpdate

Als Online-Angebot finden Sie auf unserer Webseite eine Sammlung aktueller Änderungen und Korrekturen zu diesem Radtourenbuch. Diese Informationen sind immer auf dem neuesten Stand und ermöglichen Ihnen in Kombination mit der bestehenden Auflage dieses Buches die beste Reiseplanung. Das LiveUpdate zu diesem Titel ist frei verfügbar und auf unserer Webseite beim jeweiligen Buch oder unter folgendem Link zu finden:

www.esterbauer.com/saale-radweg

Sind Ihnen auf Ihrer Radreise Fehler und Änderungen zur Route, zum Übernachtungsverzeichnis oder den touristischen Daten aufgefallen? Über die Updateseite können Sie diese brandneuen Infos direkt an das *bikeline*-LiveUpdate-Team übermitteln. Wir freuen uns auf Ihr Update und bedanken uns im Namen aller Radler!

GPS-Tracks

Den aktuellen *bikeline*-Track zu diesem Titel finden Sie, wenn Sie folgende Adresse in die Adresszeile Ihres Browsers eingeben:

www.tracks.world/?dir=de/trk45ec346

Weitere Tracks:
www.saaleradweg.de/radweg/

Quelle 12,5 Kilometer und für die Fahrt von der Mündung zum nächstgelegenen Bahnhof ca. 11 Kilometer zusätzlich einrechnen müssen.

Wegequalität, Verkehr und Steigungen

Der Saaleradweg wird seit Jahren immer weiter ausgebaut, sodass die Wegequalität inzwischen als gut eingeschätzt werden kann. Viele der vormals schwierigen Passagen sind durch Asphaltwege oder Wege mit wassergebundener Oberfläche ersetzt worden. Dennoch kommen immer noch – meist nur kurze – Abschnitte mit einer holprigen Wegeoberfläche vor, beispielsweise die Granitpflasterstraßen in kleineren Ortschaften. Auch gibt es – vor allem im Oberlauf der Saale – noch einige Wege mit grobem Schotter. Auf kürzeren Streckenabschnitten verläuft die Route leider noch auf verkehrsreicheren Straßen. Auch das betrifft ebenfalls vorrangig den Oberlauf der Saale.

Im ersten Drittel, insbesondere zwischen Hof und Saalfeld, gibt es zahlreiche, teils stärkere Steigungen. Danach kommen nur noch wenige kurze Steigungen vor.

Streckenstatistik

Länge der Hauptstrecke: 410 km

HM/km: ↗ 4,5 m (1.850 m) ↘ 6,2 m (2.526 m)

Radweg: 57 % Unbefestigt: 11 % Verkehr: 10 %

Summe aller Strecken: 792 km

Beschilderung

Der Saaleradweg ist gut, in manchen Regionen inzwischen sogar sehr gut mit dem einheitlichen Logo und in beiden Richtungen beschildert. Vereinzelt können Zwischenwegweiser etwas ausgeblichen und dadurch

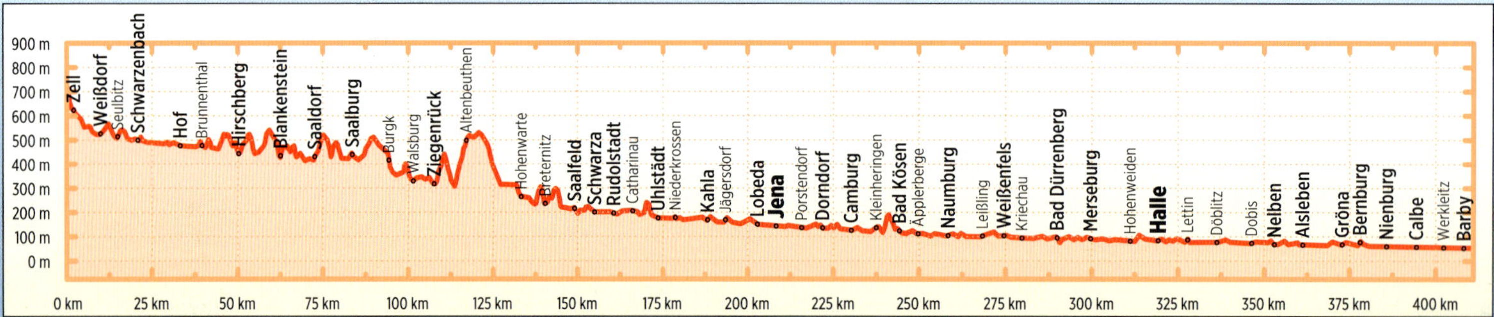

Beschilderung bei Trebnitz

schlecht erkennbar sein. Zur Kennzeichnung der Richtung sind manche Schilder mit einem Richtungssymbol versehen: „Q“ = Richtung Quelle, „M“ = in Richtung Mündung der Saale. Fast der gesamte Radweg ist Bestandteil der D-Netz-Route D 11 und als dieser bereits in einigen Abschnitten beschildert. Der Saaleradweg soll im Bereich von Zell, also kurz nach dem Startpunkt an der Sächsischen Saalequelle, bis Nienburg gegen Ende der Route zusätzlich als D 11-Route markiert werden.

Tourenplanung

Zentrale Infostellen

Saaleradweg e. V., Am Anger 15, 07743 Jena, ✆ 036601/905206, info@saaleradweg.de, www.saaleradweg.de

Tourismuszentrale Fichtelgebirge e. V., Gablonzer Str. 11, 95686 Fichtelberg, ✆ 09272/969030, info@fichtelgebirge.bayern, www.fichtelgebirge.bayern

Thüringer Tourismus GmbH, Willy-Brandt-Pl. 1, 99084 Erfurt, ✆ 0361/37420, service@thueringen-entdecken.de, www.thueringen-entdecken.de

Investitions- und Marketinggesellschaft Sachsen-Anhalt mbH, Am Alten Theater 6, 39104 Magdeburg, ✆ 0391/5689988, tourismus@img-sachsen-anhalt.de, www.sachsen-anhalt-tourismus.de

An- und Abreise mit der Bahn

Die Saalequelle ist mit öffentlichen Verkehrsmitteln nicht zu erreichen, wir empfehlen deshalb Münchberg als Ausgangspunkt für die Tour. Münchberg erreichen Sie mit regelmäßigen Regional-Express-Verbindungen über Hof, Bamberg oder Nürnberg.

Für die Rückreise können Sie den Bahnhof Calbe (Ost) ansteuern, der nordöstlich von Calbe liegt. Von dort nutzen Sie die regelmäßigen Verbindungen mit dem Regional-Express nach Magdeburg, Halle (Saale) oder Köthen, wo Sie Anschluss an die Fernbahn haben. Des Weiteren besteht die Möglichkeit, die am Ende des Buches dargestellte Variante auf dem Elbe-Radweg für die Abreise zu nutzen. Der

Saalebrücke in Sparnberg

Weinberge bei Roßbach

Bahnhof Schönebeck ist auf dem kürzesten Weg 20 Kilometer von der Saale-Mündung entfernt, der Magdeburger Hauptbahnhof je nach Wahl der Route zwischen 40 und 50 Kilometer.

Aufgrund der sich ständig ändernden Preise und Bedingungen für Fahrradtransport bzw. -mitnahme empfehlen wir Ihnen, sich bei nachfolgenden Infostellen über Ihre ganz persönliche Anreise mit der Bahn zu informieren.

Informationsstellen

Deutsche Bahn AG, Service-Hotline: ✆ 030/2970, Mo-So 0-24 Uhr, Auskünfte über Fahrpreise und Fahrpläne, Informationen über die Serviceleistungen der Deutschen Bahn, www.bahn.de, www.bahn.de/bahnundbike

Fahrradversand

Deutsche Bahn AG

Wenn Sie mit der Deutschen Bahn an- und abreisen, können Sie den Gepäckservice der DB nutzen. Ein E-Bike-Versand ist jedoch nicht möglich. Ihr Rad wird im Haus-zu-Haus-Versand an den vereinbarten Zielort gebracht, wenn Sie im Besitz einer entsprechenden Bahnfahrkarte sind. Das Fahrrad muss verpackt werden und dabei roll- und lenkbar bleiben, Gewicht max. 31,5 Kilogramm. Kostenlos kann eine Fahrradverpackung zugebucht werden. Informationen und aktuelle Preise finden Sie unter www.gepaeckservice-bahn.de .

An- und Abreise mit dem Fernbus

Viele Fernbusunternehmen bieten auf ihren Strecken eine Radmitnahme an. Aufgrund der großen Anzahl von Fernbuslinien und -unternehmen informieren Sie sich bitte im Internet z. B. unter www.fernbusse.de .

An- und Abreise mit dem Auto

Wenn Sie mit dem Auto anreisen, dann können Sie dieses in Münchberg abstellen, z. B. in der Park-Garage Luitpoldstraße 25/27. Am Ende der Radreise nutzen Sie für die Rückfahrt am besten den Bahnhof in Magdeburg. Von dort gelangen Sie im Stunden-Takt mit zwei- bis dreimaligem Umsteigen in knapp 5 Stunden wieder zurück nach Münchberg. Vom Bahnhof Calbe (Ost) unweit der Saalemündung ist ebenfalls eine stündliche Rückreise möglich, mit dreimaligem Umsteigen erreichen Sie in 5 Stunden den Ausgangspunkt der Tour.

Rad & Bahn

Da fast entlang des ganzen Saaleradweges eine Bahnlinie verläuft (ausgenommen ist die Strecke zwischen Hof und Eichicht), können Sie Teilbereiche der Route auch mit der Bahn zurücklegen. In Thüringen ist die Fahrradmitnahme in den Nahverkehrszügen kostenfrei möglich.

Rad & Bus

Der bayerische Abschnitt des Saaleradweges wird von Ende Mai bis Anfang Oktober von den Fahrradbussen des Frankenwaldmobils begleitet, das Liniennetz reicht von Zell über Hof bis nach Saalburg in Thüringen. Informationen finden Sie unter www.frankenwald-mobil.de . Ferner bietet die KomBus GmbH in ihren Regionalbussen an den Wochenenden und Feiertagen sowie auf Nachfrage auch an Wochentagen eine Fahrradmitnahme an. KomBus verkehrt in den Landkreisen Saalfeld-Rudolstadt und Saale-Orla. Es wird eine Reservierung unter ✆ 03671/5251999 empfohlen. Weitere Informationen und Abfahrtszeiten unter www.kombus-online.eu.

Saalfelder Feengrotten

Rad & Schiff

Es bietet sich ab und zu die Gelegenheit, Ihre Saale-Tour mit Schiffsfahrten zu bereichern. Besonders im anstrengenden Thüringer Wald ist dies eine reizvolle Alternative. Allerdings sind nur wenige Betriebe auf Linienfahrten eingerichtet. Dafür ist die Mitnahme von Fahrrädern fast nirgends ein Problem.
Sie können zum Beispiel in der Zeit von April bis Oktober zwei Mal täglich die Strecke zwischen Saaldorf und Saalburg auf der großen Bleilochtalsperre per Schiff zurücklegen. Genaue Informationen über Fahrtzeiten und Schifffahrtsgesellschaften finden Sie jeweils im Datenblock des betreffenden Ortes.

Übernachtung

In den Städten entlang der Saale finden Sie ein umfangreiches Angebot an Übernachtungsmöglichkeiten vor. Dennoch ist in der Ferienzeit und an den Wochenenden ein vorheriges Reservieren zu empfehlen. Zudem gibt es im ländlichen Raum abseits der Städte auf einigen Abschnitten nur wenige Übernachtungsbetriebe. Wenn Sie Ihre Tour im Herbst planen, dann beachten Sie bitte, dass im Bereich von Bad Kösen bis Bernburg Anfang September auf-

Naumburger Dom

grund diverser Weinfeste viele Quartiere ausgebucht sein können. In dieser Zeit sollten Sie auch an Wochentagen im Voraus reservieren. Bei unseren Recherchen haben wir eine größtmögliche Auswahl für Sie zusammengestellt. Für alle, die Alternativen oder einfach noch mehr Anbieter suchen, gibt es nachfolgende Internet-Adressen, die auch Beherbergungen anderer Art anbieten:

Der ADFC-Dachgeber funktioniert nach dem Gegenseitigkeitsprinzip: Hier bieten Radfreunde anderen Tourenradlern private Schlafplätze an. Mehr darüber unter www.dachgeber.de

Für das Übernachten in **Jugendherbergen** informieren Sie sich weltweit am besten beim internationalen Hostelling-Dachverband unter www.hihostels.com/de.

Auch die **Naturfreunde** bieten mit ihren **Naturfreundehäusern** eine Alternative zu anderen Beherbergungsarten an, mehr unter www.naturfreunde.de

Die Plattform Airbnb bietet die Möglichkeit, weltweit private Unterkünfte zu suchen und zu buchen. Infos dazu und Anbieter finden Sie auf: www.airbnb.com

Unter www.camping.info finden Sie flächendeckend den **Campingplatz** nach Ihrem Geschmack.

Weiterhin bietet **Bett+Bike** unter www.bettundbike.de zusätzliche Informationen zu den beim ADFC gelisteten Beherbergungsbetrieben in ganz Deutschland.

Gepäcktransfer

Viele der radfahrerfreundlichen Unterkünfte am Saaleradweg bieten für ihre Gäste einen Gepäcktransfer zum nächsten Quartier an (s. auch www.saaleradweg.de unter Gastgeber).

Mit Kindern unterwegs

Die Route weist am Oberlauf der Saale sehr viele und zum Teil sehr starke Steigungen auf. Außerdem sind in diesem ersten Teil des Saaleradweges noch einige Streckenabschnitte auf verkehrsreichen Straßen oder groben Schotterwegen zu fahren. Deshalb ist eine Radtour entlang der Saale erst ab Saalfeld für den Urlaub mit Kindern geeignet. Da stellenweise naturnahe Wege mit unbefestigter und sehr holpriger Oberfläche vorkommen, sollte das Mindestalter der Kinder etwa 10 Jahre betragen. Beachten Sie bei Ihrer Radtour mit Kindern bitte auch, dass Sie auf manchen Abschnitten kilometerlang durch Regionen radeln, in denen es nur wenige Möglichkeiten zum Einkehren oder Einkaufen gibt. Nehmen Sie ausreichend Getränke und Proviant mit.

Radreiseveranstalter

Eurobike, Mühlstr. 20, A-5162 Obertrum am See, ✆ 0043/6219/7444, eurobike@eurobike.at, www.eurobike.at
AugustusTours, Turnerweg 6, D-01097 Dresden, ✆ 0049/351/5634820, info@augustustours.de, www.augustustours.de
Corso... die reiseagentur, Jagdsteig 25, D-01662 Meißen, ✆ 0049/3521/710501, info@corso-reisen.de, www.corso-reisen.de
Elbe Rad Touristik, Olvenstedter Str. 61, D-39018 Magdeburg, ✆ 0049/391/6609890, info@elbe-rad-touristik.de, www.elbe-rad-touristik.de
Saale Unstrut Tours, Blütengrund 6/Fahrradstation Blütengrund, D-06618 Naumburg/Saale, ✆ 0049/3445/202051, info@saale-unstrut.de, www-saale-unstrut-tours.de
Travel Butler, Hermannstr. 25, D-99817 Eisenach, ✆ 0040/3691/8867277, service@radfahren-in-thueringen.info, www.radfahren-in-thueringen.info
Velociped Fahrradreisen, Alte Kasseler Str. 43, D-35039 Marburg, ✆ 0049/6421/886890, info@velociped.de, www.velociped.de

Zu diesem Buch

Dieser Radreiseführer enthält alle Informationen, die Sie für den Radurlaub entlang der Saale benötigen: Exakte Karten, eine detaillierte Streckenbeschreibung, ein ausführliches Übernachtungsverzeichnis, Stadt- und Ortspläne und die wichtigsten Informationen zu touristischen Attraktionen und Sehenswürdigkeiten.

Und das alles mit der ***bikeline*-Garantie**: die Routen in unseren Büchern sind von unserem professionellen Redaktionsteam vor Ort auf ihre Fahrradtauglichkeit geprüft worden. Um höchste Aktualität zu gewährleisten, nehmen wir nach der Befahrung Korrekturen von Lesern bzw. offiziellen Stellen bis Redaktionsschluss entgegen, die dann jedoch teilweise nicht mehr an Ort und Stelle verifiziert werden können.

Die Radtour ist nicht in Tagesetappen, sondern in logische Abschnitte aufgeteilt, weil die Tagesleistung zu sehr davon abhängt, wie sportlich oder genussvoll Sie die Strecke in Angriff nehmen möchten.

Die Karten

Die Detailkarten sind im Maßstab 1 : 50.000 erstellt. Dies bedeutet, dass 1 Zentimeter auf der Karte einer Strecke von 500 Metern in der Natur entspricht. Zusätzlich zum genauen Routenverlauf informieren die Karten auch über die Beschaffenheit des Bodenbelages (befestigt oder unbefestigt), Steigungen (leicht oder stark), Entfernungen sowie über kulturelle, touristische und gastronomische Einrichtungen entlang der Strecke.

Allerdings können selbst die genauesten Karten den Blick auf die Wegbeschreibung nicht ersetzen. Komplizierte Stellen werden in der Karte mit diesem Symbol ⚠ gekennzeichnet, im Text finden Sie das gleiche Zeichen zur Markierung der betreffenden Stelle wieder. Beachten Sie, dass die empfohlene Hauptroute immer in Rot und Violett, Varianten und Ausflüge hingegen in Orange dargestellt sind. Die genaue Bedeutung der einzelnen Symbole wird in der Legende auf den Seiten 4 und 5 erläutert.

Höhen- und Streckenprofil

Das in der Einleitung dargestellte Höhen- und Streckenprofil gibt Ihnen einen grafischen Überblick über die Steigungsverhältnisse, die Länge und die wichtigsten Orte entlang der Radroute. Zusätzlich wird am Beginn jedes Streckenabschnitts ein detaillierteres Höhen- und Streckenprofil gezeigt, in dem über die Wegpunkte eine Zuordnung zu Karte und Text möglich ist. Es können in diesem Überblick nur die markantesten Höhenunterschiede dargestellt werden, jede einzelne kleinere Steigung wird in dieser grafischen Darstellung nicht berücksichtigt. Die Steigungs- und Gefälleverhältnisse entlang der Route finden Sie im Detail mit Hilfe der Steigungspfeile in den genauen Karten.

Der Text

Der Textteil besteht im Wesentlichen aus der genauen Streckenbeschreibung, welche die empfohlene Hauptroute enthält. Stichwortartige Streckeninformationen werden von dem Zeichen ⋯ begleitet. Manche besonders markante oder wichtige Punkte auf der Strecke sind als Wegpunkte **1**, **2**, **3**,... oder als Knotenpunkte KP1, KP2, KP3,... durchnummeriert und – zur besseren Orientierung – mit dem selben Symbol in den Karten wieder zu finden. Unterbrochen wird dieser Text gegebenenfalls durch orangefarbige Absätze, die Varianten und Ausflüge beschreiben.

TIPP Textabschnitte in Violett heben Stellen hervor, an denen Sie Entscheidungen über Ihre weitere Fahrstrecke treffen müssen, z. B. wenn die Streckenführung von der Wegweisung abweicht oder mehrere Varianten zur Auswahl stehen u. ä.

AUSFLUG Sie weisen auch auf Ausflugstipps, interessante Sehenswürdigkeiten oder Freizeitaktivitäten etwas abseits der Route hin.

Ferner sind alle wichtigen **Orte** zur besseren Orientierung aus dem Text hervorgehoben. Gibt es interessante Sehenswürdigkeiten in einem Ort, so finden Sie unter dem Ortsbalken die jeweiligen Adressen, Telefonnummern, Öffnungszeiten-Kategorien und Weblinks.

Die Beschreibung der einzelnen Orte sowie historisch, kulturell oder naturkundlich interessanter Gegebenheiten entlang der Route trägt zu einem abgerundeten Reiseerlebnis bei. Diese Textblöcke sind kursiv gesetzt und unterscheiden sich dadurch auch optisch von der Streckenbeschreibung.

Öffnungszeiten – Kategorien

- Öffnungszeiten
- (24) frei zugänglich
- (7d) täglich
- häufig (5-6 Tage/Wo.)
- durchschnittlich (3-4 Tage/Wo.)
- selten (bis 2 Tage/Wo.)
- nach tel. Anfrage

Diese Angaben gelten während der Radsaison und dienen als Orientierungshilfe. Die tagesaktuellen Öffnungszeiten finden Sie über den Weblink.

Weblink

Im Ortsdatenblock bei dem jeweiligen touristischen Eintrag befindet sich nach dem @ Symbol eine sechsstellige Zahlen- und Buchstabenkombination ***(z. B. @ abc123)***. Die Eingabe dieser Weblink-ID auf unserer Internetseite www.esterbauer.com leitet Sie direkt auf die entsprechende Webseite weiter und ersetzt somit die mühsame Eingabe ellenlanger Webadressen.

Übernachtungs- und Serviceverzeichnis

Auf den letzten Seiten dieses Radtourenbuches sind zu fast allen Orten entlang der Strecke eine Vielzahl von Übernachtungsmöglichkeiten aufgelistet, vom einfachen Zeltplatz bis zum 5-Sterne-Hotel. Zusätzlich finden Sie umfangreiche Informationen zu Radwerkstätten und Radverleihstationen.

Mit dem E-Bike

Mittlerweile sind immer mehr Radler mit einem E-Bike unterwegs. Im Grunde sind dabei die Anforderungen dieselben, auch wenn damit längere Etappen und mehr Steigungen zurückgelegt werden können. Da auch die Leistungsfähigkeit bei unmotorisierten Radlern sehr unterschiedlich ist, haben wir schon bisher keine Etappenlängen vorgegeben.

Engstellen, Treppen oder Tragestellen, die wegen des Gewichts des E-Bikes schwer zu überwinden sind, sind in den Karten verzeichnet und wo möglich Alternativen angegeben.

Wir verzichten bewusst auf das systematische Erfassen offizieller Ladestationen, da die „inoffiziellen" Ladestationen (Steckdosen) ungleich häufiger sind. Vergessen Sie das Ladekabel nicht.

Stadt Hof

Anreisevariante Hof

Genussradeln

Mit einer Übernachtung in Hof können Sie bequem zur Quelle und zurück fahren und am nächsten Morgen ausgeruht die zweite Etappe in Angriff nehmen.

- Einfache Bahnanbindung nach Hof Hbf
- Kostengüstige PKW-Abstellmöglichkeiten
- Preiswerte und radlerfreundliche Übernachtungen
- Lassen Sie sich in einem bayerischen Genussort verwöhnen

Tourist-Information Hof
Ludwigstr. 24
95028 Hof
Tel. 09281/815-7777
Fax 09281/815-7779
touristinfo@stadt-hof.de
www.hof.de

Von der Saalequelle nach Saalfeld

149,4 km

HM/km: ↗ 8,8 (1.317m) ↘ 12,2 (1.828m) **Radweg:** 48 % **Unbefestigt:** 19 % **Verkehr:** 19 %

Der erste Teil der Tour ist aufgrund der zahlreichen und teils starken Steigungen ein sportlich sehr anspruchsvoller Weg von der Quelle im Fichtelgebirge über die große Bleiloch- und Hohenwartetalsperre bis nach Saalfeld, wo der Fluss das Gebirge verlässt. An der Oberen Saale lernen Sie Hof am Rande des Frankenwaldes und das Thüringer Schiefergebirge kennen und fahren durch stille Wälder, zwischen Wiesen und Äckern im ehemals deutsch-deutschen Grenzgebiet.

Dieser sehr bergige Abschnitt ist nur für sportliche Radfahrer mit Trekkingrad oder Mountainbike sowie für Radler mit E-Bikes zu empfehlen. Die Streckenführung, die nicht immer dem Saalelauf folgen kann, weist starke Kontraste auf: Nur selten radeln Sie auf Radwegen, oft über verkehrsarme Landstraßen und Forststraßen. Es kommen auch felsige, steile Wege vor. Die Beschilderung lässt Sie nur selten im Stich, und Sie haben die Möglichkeit, auf Schiff, Bus oder Bahn umzusteigen.

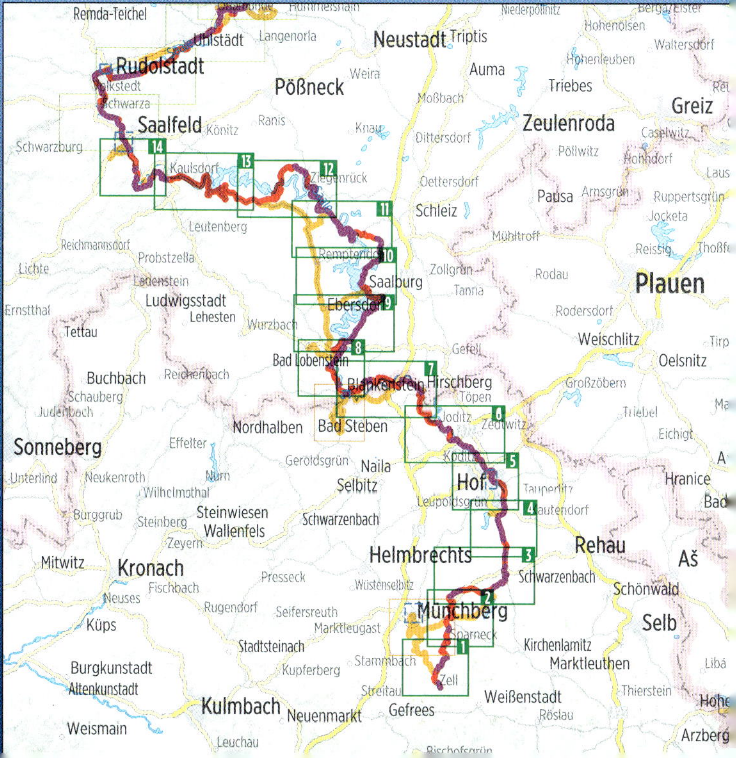

Anreisevariante: Von Münchberg zur Saalequelle 12,5 km

TIPP Da die Saalequelle nicht mit öffentlichen Verkehrsmitteln erreichbar ist, haben wir den Bahnhof in Münchberg als Ausgangspunkt der Tour gewählt. Falls Sie die Quelle nicht besuchen wollen, können Sie ab Münchberg auf einer unkommentierten Alternative auch direkt zum Saaleradweg bei Weißdorf gelangen.

Münchberg

Vorwahl: 09251

- **Stadt Münchberg**, Ludwigstr. 15, ✆ 8740, @ mdv722
- **Evang. Friedhofskirche**, Friedhofweg. Die Kirche (1747) ist eines der ältesten erhaltenen Bauwerke der Stadt.
- **Stadtkirche St. Peter und Paul**, Kirchg., ✆ 8993210
- **Historischer Münchberg Weg**. Prämierter Weg im Stadtgebiet, der zahlreiche Sehenswürdigkeiten berührt und auf eine spielerische Erkundung der Stadt neugierig macht. Interaktiver Führer für mobile Endgeräte verfügbar. Der vorgeschlagene Startpunkt liegt im Stadtpark an der Hofer Straße, davon abgesehen lässt sich an jeder beliebigen Stelle einsteigen. @ krc131
- **Historisches Rathaus**, Ludwigstr.
- **Siebenbrüderhaus**, Klosterpl. 1. Das neubarocke Gebäude wurde 1790 anstelle eines Siechenhauses errichtet.
- **GeoPark**, im Stadtpark Münchberg. Der GeoPark informiert über die Besonderheiten der Münchberger Gneismasse und die in der Region vorkommenden Gesteine. @ cfl728

Der Ausgangspunkt der Tour ist der Bahnhof von Münchberg ~ Sie wenden sich nach links und folgen dem Bahnverlauf bis zur Querstraße bei der Bahnunterführung ~ links unter der Bahn hindurch ~ geradeaus verlassen Sie auf der **Bayreuther Straße** die Stadt ~ gleichmäßig leicht bergauf ~ vor dem Kreisverkehr am Ortsende beginnt ein linksseitiger Radweg entlang der **B 2**, der Sie nach Mussen bringt ~ am Ende des Radweges nach links in den Ort, es bietet sich ein herrlicher Panoramablick auf das Fichtelgebirge.

Mussen

Nach dem Rechtsbogen der Straße links und gleich nochmal nach links ~ auf der fast unbefahrenen Dorfstraße kommen Sie nach Mechlenreuth.

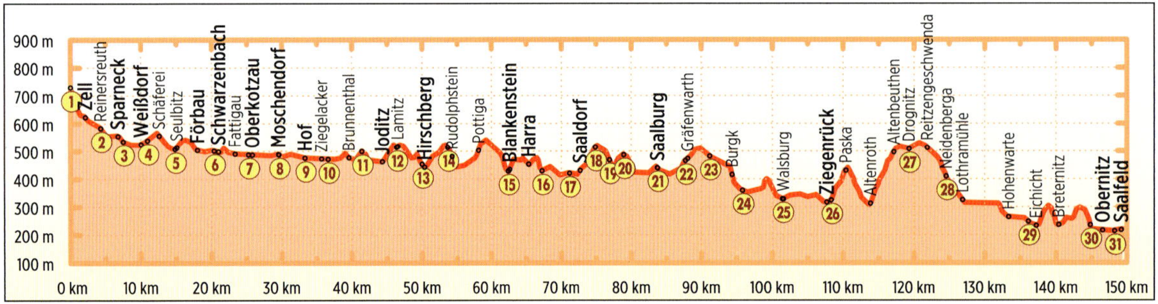

Mechlenreuth

Nach dem Linksbogen der Straße scharf rechts abbiegen und in Richtung Kleinlosnitz ~ am Wald nach rechts, nun auf Schotter ~ kurz nach der Linkskurve wieder auf Asphalt ~ vor dem Ortsbeginn von Kleinlosnitz an der Weggabelung nach rechts, Sie kommen direkt am Eingang vom Oberfränkischen Bauernhofmuseum vorbei.

Kleinlosnitz (Zell im Fichtelgebirge)

Vorwahl: 09251

Oberfränkisches Bauernhofmuseum, Kleinlosnitz 5, ✆ 3525 Das Museum zeigt einen Vierseitenhof von 1790, einen Wirtschaftshof mit Einkehrstube sowie Details vorindustrieller bäuerlicher Lebens- und Bauweise aus dem Fichtelgebirge und dem Frankenwald. Mit Brotzeitstube (Di-So 10-17 Uhr). @ tph172

Naturpark-Informationsstelle, Kleinlosnitz 5, im Bauernhofmuseum, ✆ 09257/9420 Neben einer geschichtlichen Darstellung der Marktgemeinde werden die Lebensräume Wald, Hecken und Feldgehölze sowie Gewässer und Feuchtgebiete dargestellt. Informationen über Gesteine und Mineralien, die Landschaft im Wandel und die Wohnkultur im 19. Jh. runden das Angebot ab. @ qbf713

An der T-Kreuzung links nach Großlosnitz, hier geradeaus durch den Ort.

Münchberg

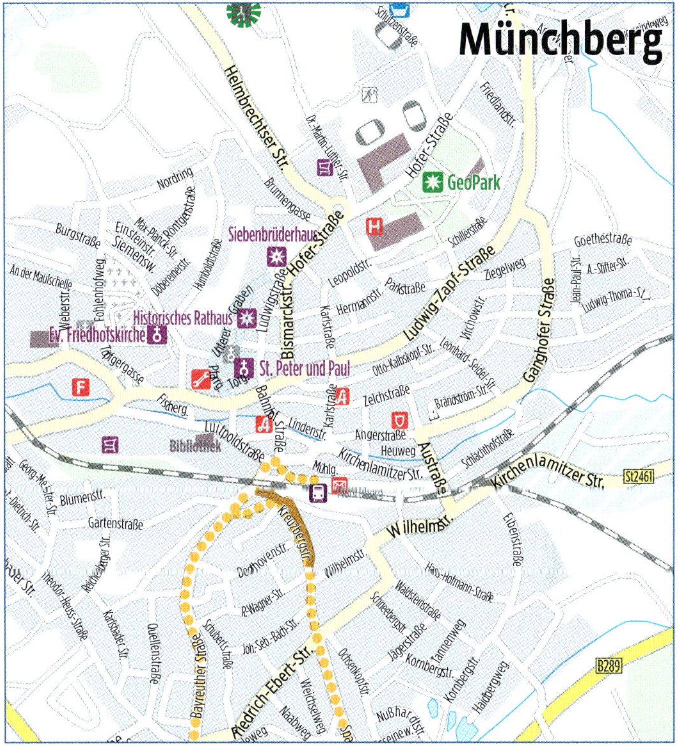

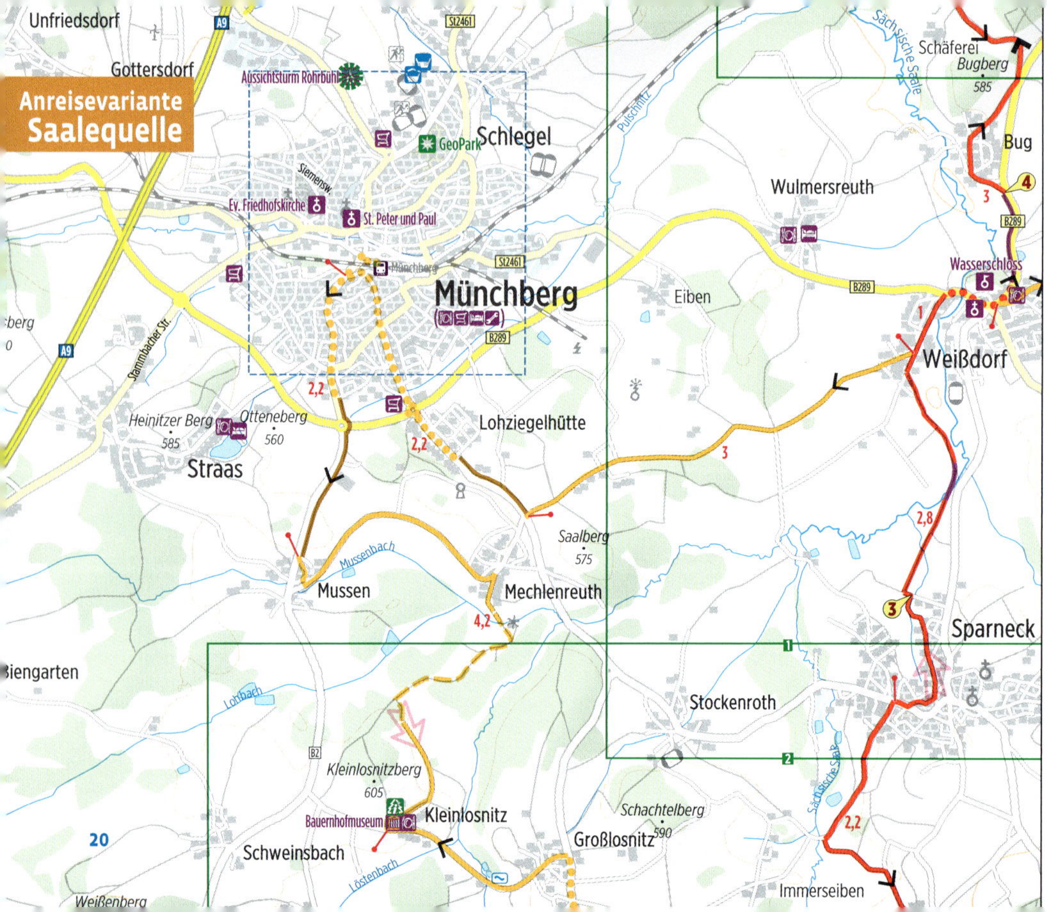

Großlosnitz

An der T-Kreuzung nach rechts in Richtung Zell ~ Sie fahren weiter durch das leicht hügelige Land, vorbei an einigen Weilern ~ nach leichtem Anstieg kommen Sie in Zell im Fichtelgebirge an, wo Sie am Marktplatz den ausgeschilderten Saaleradweg erreichen.

Zell im Fichtelgebirge

Vorwahl: 09257

Markt Zell im Fichtelgebirge, Bahnhofstr. 10, ✆ 9420, @ qrd582

Waldlehrpfad, im Münchberger Stadtwald. Beginn an der Quelle der Sächsischen Saale.

Sie steuern auf die Kirche zu, vor ihr wendet sich dann die Straße nach links ~ Sie durchqueren den steilen **Markt** und biegen dann rechts ab in die **Walpenreuther Straße** ~ Wegweiser kündigen bereits die Quelle an ~ am Ortsrand bei den Tennisplätzen nehmen Sie den unbefestigten Weg nach links, es geht bergauf ~ zwei Abzweige zur Rechten unbeachtet lassen, bis der Wald erreicht ist ~ erst hier auf einen Waldweg nach rechts einbiegen, es geht immer stärker bergauf ~ oben an der Quelle können Sie sich mit kühlem Quellwasser erfrischen und an einem Rastplatz, inselartig von Laubbäumen umgeben, ausruhen.

Saalequelle

Eine große Übersichtstafel informiert über die wichtigsten Stationen des Saaleradwegs und stimmt so auf die lange Reise ein. Das Wasser der Saale selbst sprudelt noch jung und rein aus dem Stollen eines ehemaligen Bergwerks hervor, eingefasst im Jahr 1869. Waldwege rundherum laden zu einem Spaziergang im Fichtelgebirge ein.

Wie kam die Saale zu ihrem Namen?

Der Sage nach rettete vor langer Zeit eine Nymphe namens Saale einen jungen Jäger vor dem Verdursten, der sich in den Dickichten und Felsklüften des Fichtelgebirges verirrt hatte. Sie sagte: „Alle tausend Jahre verschlägt es ein Menschenkind zu mir. Wenn ich es vom Tode retten kann, so wird mir für ein neues Jahrtausend das Leben gegeben." Für ihre Wohltat nahm die Nixe keine Geschenke an, und so versprach der Jäger, allen von seiner wunderbaren Rettung zu erzählen. Das Bächlein soll ihr zu Ehren von nun an Saale heißen.

Die historische Annäherung hat hingegen zutage gefördert, dass der Fluss seinen Namen durch vorhandene Salzquellen erhielt, deren Wasser wohl niemanden lang am Leben erhalten würde. Im Jahr 867, der ersten urkundlichen Erwähnung, wurde

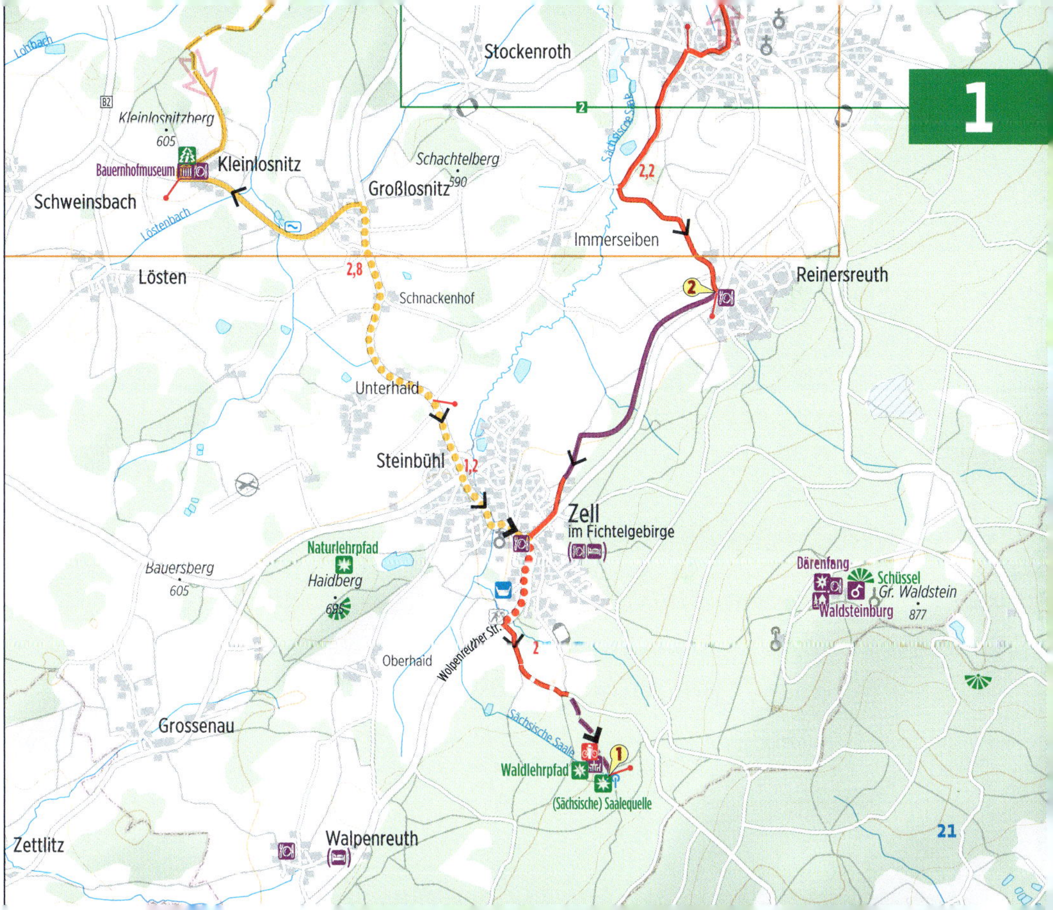

die Saale noch als „Salaha" bezeichnet. Demnach soll „Sal" soviel wie Salz und „aha" soviel wie aqua = Wasser bedeuten. Um Verwechslungen mit ihrer kleineren Namensschwester im Einzugsbereich des Mains, der Fränkischen Saale, zu vermeiden, wird der 427 Kilometer lange Fluss Goethes und Schillers auch Sächsische Saale genannt. Dies wohl aus historischen Gründen, fließt sie doch heute keinen Meter mehr durch Sachsen.

Von der Saalequelle nach Schwarzenbach 21 km

1 Sie fahren den Weg nach Zell im Fichtelgebirge zurück und folgen dort am Marktplatz vorbei der Straße noch etwas weiter geradeaus ~ am Ortsrand schräg links, nach den letzten Häusern auf dem Radweg weiter ~ erst an Feldern entlang, nach dem Rechtsbogen dann in den Wald ~ bald parallel zur Straße zwischen den Feldern weiter nach Reinersreuth, links im Tal fließt die kleine Saale, die sich neugierigen Blicken noch entzieht.

Reinersreuth

2 Bei den ersten Häusern zweigen Sie vom Radweg nach links auf die Straße ab ~ Sie folgen dem Straßenverlauf für 1 km ~ an der querenden Straße fahren Sie rechts, 20 m weiter links können Sie bei der Brücke zuvor noch einen Blick auf das Flüsschen Saale werfen ~ der Straße folgend gelangen Sie in den nächsten Ort.

Sparneck

Gemeindeverwaltung, Marktpl. 4, ✆ 09251/99030, @ nkk874

Sie fahren an der Hauptverkehrsstraße rechts und zweigen nach 100 m links ab in die **Talstraße** ~ an der Vorfahrtsstraße **Peuntstraße** links ~ links vorbei an der Feuerwehr und danach links halten ~ Sie verlassen den Ort ~ **3** nach dem Rechtsbogen an der T-Kreuzung links und gleich wieder rechts ~ nach der Saalebrücke weiter auf dem Radweg und im weiten Linksbogen durch die Wiesen ~ am Rand von Weißdorf rechts auf die **Karl-Reichel-Straße** ~ bis zur **B 289** und dort nach rechts ~ über die Saale sowie am Wasserschloss und der sehenswerten Dorfkirche vorbei.

Weißdorf

Vorwahl: 09251

Gemeinde Weißdorf, Schwarzenbacher Str. 6, ✆ 1289, @ epa444

Dorfkirche, ✆ 5356. Die spätgotische Hallenkirche (1470-1500) gehört mit ihrem prächtigen Netzgewölbe und den Wandmalereien zu den schönsten in Oberfranken.

Wasserschloss. Gehörte einst zum Sparnecker Herrschaftsbesitz und wurde 1523 im Zuge der Strafexpedition des Schwäbischen Bundes zerstört. Heute in Privatbesitz.

VARIANTE In der Karte ist eine Variante verzeichnet, die zwar hügelig ist, aber weniger Steigungen als die Hauptroute aufweist. Für die Nutzung der Route entlang des Förmitz-Speichers zweigen Sie in Weißdorf kurz nach der Kirche rechts in die Hallersteiner Straße ab.

Förmitz-Speicher

Der Förmitz-Speicher ist eine Talsperre, die aus der Förmitz – rechter Nebenfluss der Saale – gespeist wird. Die Wasserfläche im gefüllten Hauptspeicher beträgt 116 Hektar.

Auf der Hauptroute folgen Sie der Straße durch den Ort und wechseln am Ortsende auf den linksseitigen Radweg **4** nach 800 m links ab nach **Bug** das kleine Dorf wird der Straße folgend durchquert, an der Weggabelung am Ortsausgang nach rechts nach einer Allee, auf einer Seite mit beachtlichen Kastanien bestanden, tangiert der Weg kurz die Bundesstraße und führt dann über den Sattel zwischen zwei kleinen Bergen bergauf

Förmitz-Speicher bei Förbau

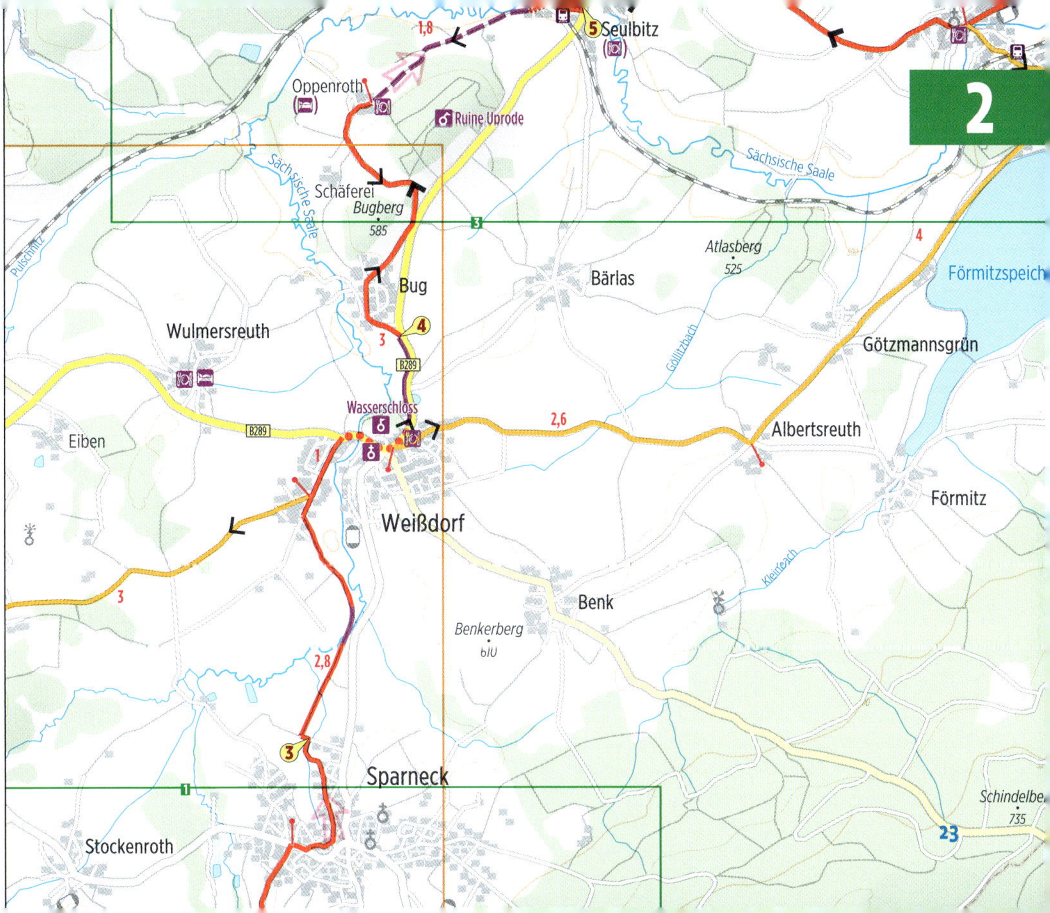

Schwarzenbach an der Saale

und bergab eine Wegbiegung nach rechts, schon radeln Sie durch den nächsten Weiler namens **Oppenroth** nach der Gaststätte ist der Weg unbefestigt danach auf gröberem Untergrund wieder ins Saale-Tal hinunter, schöne Landschaftsblicke eröffnen sich nach der Bahnunterführung treffen Sie auf die **B 289**.

Seulbitz

5 An der Bundesstraße links über den Fluss und kurz darauf rechts Richtung Förbau nach Ortsende erwartet Sie ein kräftiger Anstieg oben angekommen können Sie sich einer prächtigen Aussicht erfreuen unter den verstreut liegenden Waldinseln lugt die ansehnliche Wasserfläche des **Förmitz-Speichers** hervor auf achtprozentigem Gefälle verlassen Sie den Berg und rollen nach **Förbau** hinein.

Förbau

Auf der Vorfahrtsstraße an der Brücke vorbei.

AUSFLUG: Badelustige können hier nach rechts über die Saale-Brücke fahren, nach 1,5 km erreichen Sie die Badestelle am Förmitz-Speicher.

Auf einem Radweg entlang der Landstraße radeln Sie durch den reizvollen Wiesengrund kurz nach dem Abzweig nach Schwarzenbach auf dem Radweg rechts ab nahe am Saalelauf entlang erreichen Sie **Schwarzenbach** den Schildern nach rechts über den Saalesteg folgen dann links an einem Altarm entlang an der **Schützenstraße** nach links **6** kurz vor dem Bahnhof nach links auf dem Radweg neben der Saale fahren Sie durch die liebevoll restaurierte Altstadt von Schwarzenbach Sie entdecken Kunstobjekte und Skulpturen in Gärten, stoßen auf Spuren des Dichters Jean Paul und blicken auf den Malerwinkel.

Schwarzenbach a. d. Saale

Vorwahl: 09284

- **Stadt Schwarzenbach a. d. Saale**, Ludwigstr. 4, ✆ 93330, @ tce366
- **Erika-Fuchs-Haus**, Bahnhofstr. 12, ✆ 9498120 Das Museum informiert über Dr. Erika Fuchs – Comic-Übersetzerin, die u. a. auch die dt. Übersetzung für Donald Duck erarbeitet hat – und zeigt eine Dauerausstellung zum Thema Comic. @ ycn235
- **Oldtimer-Traktormuseum**, Am Bahnhofspl. 7, ✆ 93331 In der alten restaurierten Güterhalle am Bahnhof stehen 15 Oldtimer-Traktoren aus den Jahren 1930-1960.
- **Kunstgalerie Altes Rathaus**, Marktpl. 5, ✆ 93331, Fr 16-18 Uhr, So 14-16 Uhr od. n. tel. Vereinb. Wechselnde zeitgenössische Ausstellungen. @ wjh816

Von Schwarzenbach nach Hof — *13 km*

Vom Radweg kommen Sie in die **Bachgasse** an der **Rehauer Straße** nach links vor der Bahnbrücke wieder links zur Saale über den Saalesteg, die Brücke ist überdacht Sie kommen zum **Ökopark Hertelsleite** auf dem Radweg durch den Park und unter einer Straßenbrücke hindurch bis Hof, der größten Stadt zwischen Saalequelle und Saalfeld, sind noch 13 km zurückzulegen.

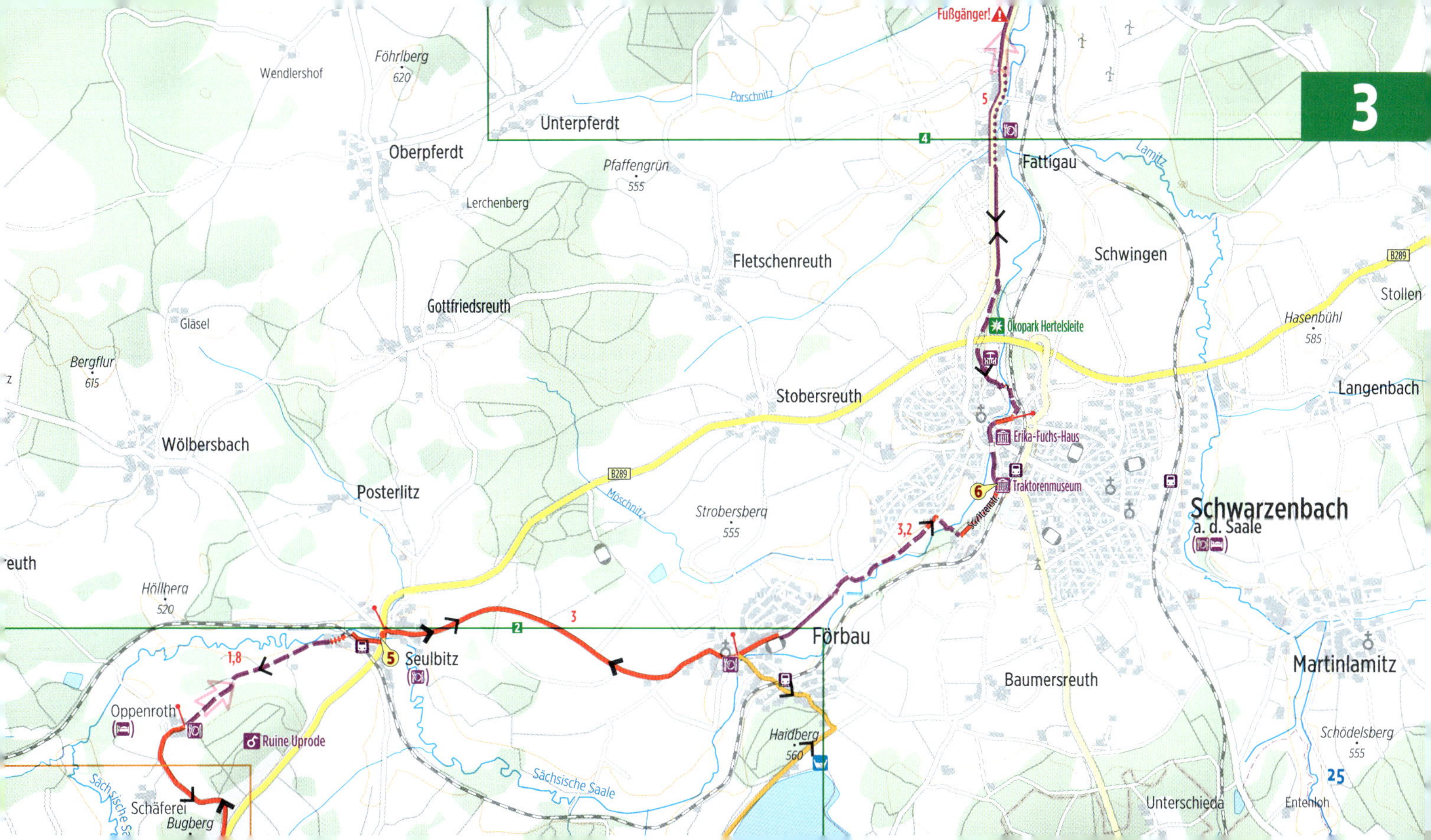

3
Fußgänger!
Wendlershof
Föhrlberg 620
Unterpferdt
Porschnitz
Oberpferdt
Fattigau
Lamitz
Pfaffengrün 555
Lerchenberg
Fletschenreuth
Schwingen
B289
Stollen
Gottfriedsreuth
Gläsel
Ökopark Hertelsleite
Hasenbühl 585
Bergflur 615
Stobersreuth
Langenbach
Wölbersbach
Erika-Fuchs-Haus
Posterlitz
Möschnitz
Traktorenmuseum
Schwarzenbach a. d. Saale
Strobersberg 555
Schützenstr.
3,2
reuth
Höllberg 520
3
Förbau
1,8
Seulbitz
Martinlamitz
Baumersreuth
Oppenroth
Ruine Uprode
Haidberg 560
Schödelsberg 555
25
Sächsische Saale
Schäferei
Bugberg
Unterschieda
Entenloh

Oberkotzau, Fernwehpark

TIPP Sie radeln durch Oberfranken – eine Region mit einer weltweit einzigartigen Brauereidichte. In unmittelbarer Nähe zum Routenverlauf lassen sich vier Brauereien finden.

Genussregion Oberfranken

Die fränkische Genussregion sucht ohne Übertreibung landes- und weltweit ihresgleichen: In Oberfranken gibt es nämlich – gemessen an der Einwohnerzahl – die meisten Brauereien, Metzgereien und Bäckereien der Welt. Nicht nur die Zahl der regionalen Erzeuger von Lebensmitteln – es gibt in Oberfranken fast 11.000 solcher klein strukturierter Familienunternehmen – ist ausgesprochen hoch, auch die Vielfalt der unterschiedlichen Spezialitäten fällt in der fränkischen Kulturlandschaft besonders groß aus. So werden beispielsweise in den mehr als 200 Brauereien über 1.000 verschiedene Biere gebraut. Die meisten oberfränkischen Brauereien bieten das dort gebraute Bier im eigenen Wirtshaus und Biergarten an. Neben den urigen Brauereigasthöfen laden viele Wirtshäuser und Spezialitätenrestaurants zum Genuss der fränkischen Lebensart ein. Ob urfränkische Brotzeit mit blauem Zipfel, Zwetschgenbames und Pressack oder Schweineschäufele, fränkischer Sauerbraten und fränkische Klöße, die kulinarische Vielfalt verspricht zu jeder Jahreszeit eine vergnügliche Einkehr.

Sie folgen dem straßenbegleitenden Radweg, rechter Hand schlägt die Saale ihre anmutigen Schleifen – dann erreichen Sie Fattigau, nun auf der Radspur durch den Ort.

Fattigau (Oberkotzau)

An einem einstigen Brauereigasthof vorbei – ab Ortsende auf dem linksseitigen Radweg weiter nach Oberkotzau – fahren Sie im Ort nicht zu schnell, denn der Radweg endet abrupt und Sie müssen auf die andere Straßenseite wechseln.

Oberkotzau

Vorwahl: 09286

- **Markt Oberkotzau**, Am Rathaus 2, ✆ 9410, @ txf528
- **Schloss Oberkotzau**, Schlossstr. 1a. Das heutige Schloss wurde Mitte des 19. Jhs. erbaut. Bereits im 10. Jh. soll es an dieser Stelle ein Schloss im Besitz des Rittergeschlechts von Kotzau gegeben haben.
- **Freizeitgelände Summa-Park mit Fernwehpark „Signs of Fame“**, Fabrikstr. 11, ✆ 94110. Unweit des Saaleradweges gelegen findet sich der Summa-Park mit vielen Freizeitzeinrichtungen. Auf dem Gelände liegt auch der Fernwehpark, eine europaweit einmalige Sammlung von Ortsschildern aus aller Welt. Zusatzattraktion sind die „Signs of Fame“ – Schildergrüße von Prominenten aus Showbusiness, Sport und Politik. @ rgn354
- **Terrassenfreibad**, Schlossparkstr. 2, ✆ 973694

7 Sie folgen den Schildern nach rechts über die **Schwarzenbacher Straße** und fahren auf einem Radweg am renaturierten Saalelauf durch Oberkotzau – unter einer kleinen Brücke hindurch – vor dem Parkplatz nach rechts auf dem Saalesteg über die Saale, danach links und zwischen Saale und Bahnlinie in Richtung Hof – auf dem Uferweg unterqueren Sie die Frankenbrücke, kurz danach geht es noch unter einer kleineren Brücke hindurch danach geradeaus weiter auf dem unbefestigten **Schwarzen Weg** bei Döhlau unterqueren Sie die **B 15**.

AUSFLUG Empfehlenswert ist ein Abstecher zum Naherholungsgebiet Untreusee. Eine Sommergaststätte an dem sehr sauberen See lädt zur Rast ein. Folgen Sie einfach der Alternativroute in Karte 4.

8 Nach den steinernen Bögen einer Bahnbrücke gelangen Sie auf einen asphaltierten Radweg entlang der Saale, der Sie in und durch die Stadt Hof führt entlang der **Ascher Straße** radeln Sie an Sportplätzen und am Freibad vorbei hinter dem Parkplatz des **Freibades** links wieder nahe an den Fluss am Ufer der Saale fahren Sie auf beschaulichem Weg ins Stadtzentrum ein Wehr beim Hallenbad bringt das Wasser der Saale zum Rauschen Sie überqueren den Fluss links auf einem Steg mit modernem Beton-Stahl-Design **9** auf der anderen Seite weiter durch die Saaleauen am linken Ufer der Saale entlang.

INS ZENTRUM Nach dem Verlassen der Grünanlage beim Parkplatz empfiehlt sich ein kurzer Abstecher zur Innenstadt von Hof. Die Hauptroute führt hier weiter entlang der Saale.

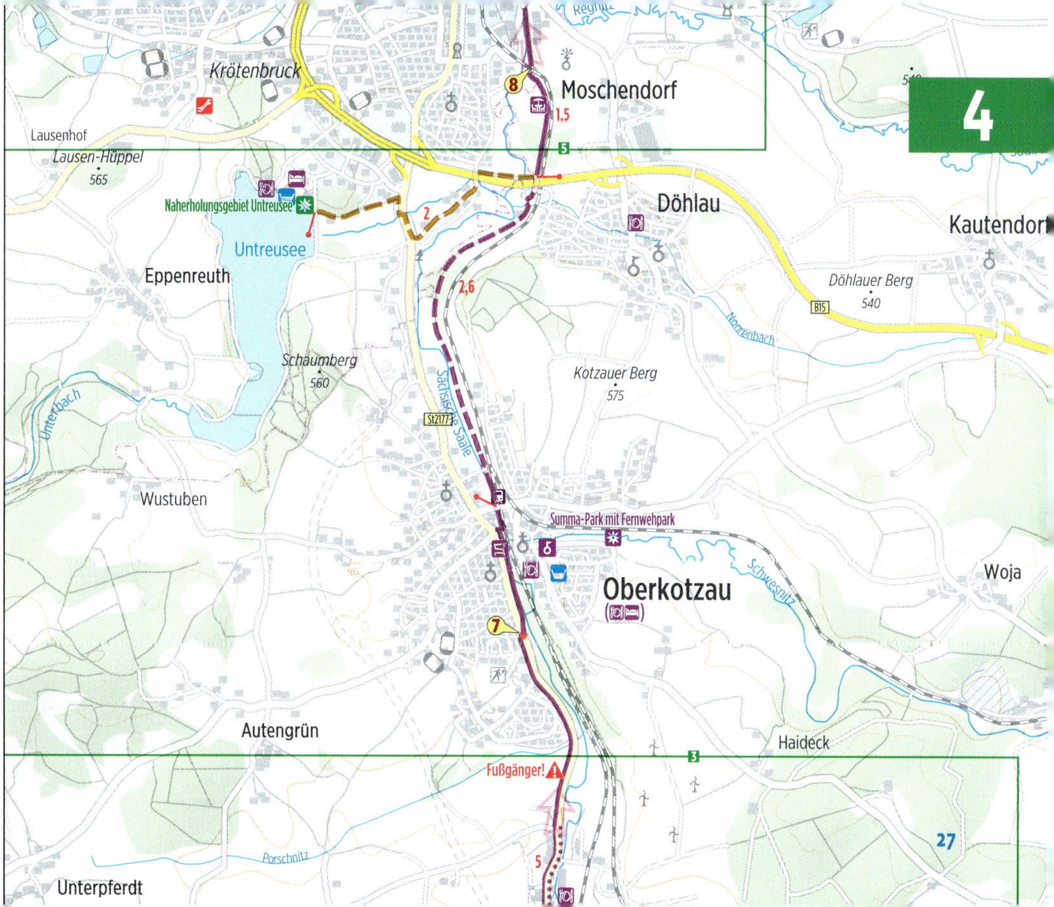

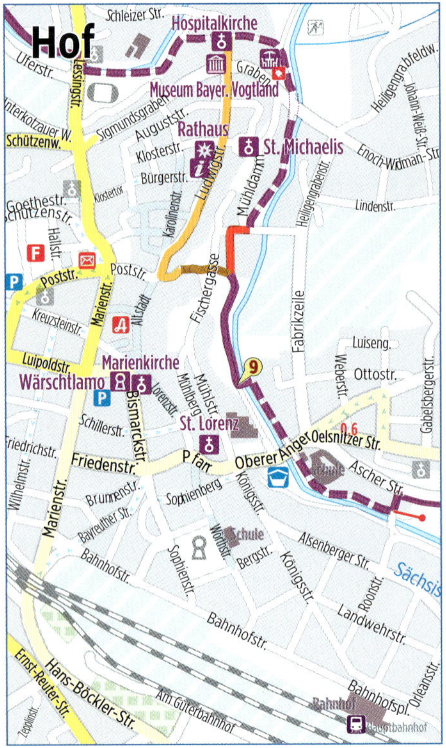

Alternative durch das Stadtzentrum

Für die Fahrt durch die Innenstadt fahren Sie am Parkplatz links und dann den **Rähmberg** bergauf ⇝ oben finden Sie zur linken Hand die Fußgängerzone, der Weg führt aber nach rechts in die **Ludwigstraße** und dann immer geradeaus ⇝ zwischen Rathaus und Michaeliskirche über eine Straßenkreuzung ⇝ nach der nächsten Kreuzung hinter der kleinen Kirche am Zebrastreifen wieder nach links zur Hauptroute zurück.

Hof

Vorwahl: 09281

- **Tourist-Information**, Ludwigstr. 24, ☎ 8157777, @ qsb365
- **Museum Bayerisches Vogtland**, Sigmundsgraben 6, ☎ 8152701, ⌚ Di-Fr 10-16 Uhr, Sa, So/Fei 13-18 Uhr. Schwerpunkt der Sammlung ist die ständische und gewerbliche Stadtgeschichte. Zwei naturkundliche Abteilungen umfassen nahezu den gesamten Tierbestand Europas. Im Neubau befindet sich eine große Sonderausstellung zum Thema „Flucht und Vertreibung". @ hhx753
- **St. Michaelis**, Kirchpl. Die Kirche stammt ursprünglich aus dem Jahre 1230. Nach dem großen Stadtbrand von 1823 neu erbaut, verbinden sich hier in harmonischer Weise neugotische, klassizistische und Biedermeierelemente zu einem beeindruckenden Sakralbau. @ cmt424

Wärschtlamo-Brunnen in Hof

- **St. Lorenz**, Lorenzstr. 47. Die Lorenzkirche (12. Jh.) ist die älteste Kirche der Stadt. Im Inneren befindet sich der Hertnid-von-Stein-Altar, vermutlich aus Bamberger Werkstätten um 1480. @ ttc273
- **Hospitalkirche**, Unteres Tor 9. Die Kirche (13. Jh.) wirkt im Äußeren wie eine gotische Kirche und überrascht beim Eintreten durch eine reiche künstlerische Barockausstattung. Die 90 bemalten Felder der Kirchendecke, mit Darstellungen aus dem Alten und dem Neuen Testament, wurden zwischen 1688 und 1689 geschaffen. Der geschnitzte Marienaltar ist gotisch und stammt aus dem Jahre 1511. Die farbigen Kirchenfenster wurden 1938 eingesetzt. @ tia177

Hofer Wärschltamo, Sonnenpl. Der mobile Würstchenverkäufer mit dem typischen Messingkessel gehört seit 1871 zum Stadtbild.

Rathaus, Klosterstr. 1, Ecke Ludwigstr. 1563-1566 entstanden und nach Bränden immer wieder errichtet ist das Rathaus ein sehenswertes Beispiel deutschen Städtebaus. Vom Turm des Rathauses hat man einen herrlichen Rundumblick über die Stadt. @ rlt525

Bürgerpark Theresienstein, im Norden der Stadt. Der Landschaftspark im Stil eines englischen Gartens – er ist ältester Bürgerpark Deutschlands – repräsentiert 200 Jahre Gartenarchitektur. Er beinhaltet einen zoologischen, botanischen und geologischen Garten. @ njv825

Naherholungsgebiet Untreusee, am südlichen Stadtrand. Mit über 60 ha Wasserfläche und vielfältigen Angeboten für Wassersport ist die Freizeitanlage bei den Hofern und in der ganzen Region sehr beliebt. @ pid531

FreiBad, Ascher Str. 32, ☎ 812450, @ ort673

HofBad, Oberer Anger 4, ☎ 812440, @ kad623

Die heutige Hofer Altstadt entstand aus der Siedlung Rekkenze im Umfeld der 1080 erbauten Lorenzkirche. 1230 gründete Otto I., Graf von Andechs und Meranien, die Neustadt, die heute noch den Namen Hof führt. 1373 erwarben die Burggrafen von Nürnberg das Regnitzland samt der Stadt Hof. So gehörte die Stadt zunächst zur Burggrafschaft Nürnberg, später zur Markgrafschaft Brandenburg-

Bürgerpark Theresienstein in Hof

Bayreuth und fiel schließlich 1792 an das Königreich Preußen, 1806 an die Franzosen. Erst im Jahre 1810 gab Kaiser Napoleon I. von Frankreich das Regnitzland und die Stadt Hof an das Königreich Bayern und beendete damit eine über 400-jährige Hohenzollernherrschaft.

Im Jahre 1823 vernichtete ein großer Stadtbrand nahezu alle Gebäude der Neustadt. Beim Wiederaufbau bediente man sich klassizistischer Architekturelemente, was der Stadt ein jüngeres Aussehen gibt, als es ihrem tatsächlichen Alter entspricht.

Mit Eröffnung der Bahnlinie im Jahre 1848 begann für Hof und seine Textilunternehmen der wirtschaftliche und industrielle Aufschwung.

Hof hat heute ca. 45.000 Einwohner und ist ein beliebtes Ziel für Tagesausflüge. Die Stadt zeichnet sich durch eine hohe Dichte an Bäckereien und Metzgereien aus. Einher damit geht eine große Vielfalt: Angefangen von den vielen Bratwurst-, Schinken- und Wurstvariationen bis hin zu guten fränkischen Gerichten und Brotzeiten in den Gaststätten. Neben diesen kulinarischen Genüssen sind es vor allem die herausragenden kulturellen Veranstaltungen, die reichlich Besucher in die Stadt bringen.

Von Hof nach Blankenstein 29 km

Sie fahren geradeaus am Parkplatz entlang bis zur T-Kreuzung kurz rechts und dann vor der Brücke links auf einen Rad- und Fußweg entlang der Saale, der sich als gemütlicher Promenadenweg entpuppt bei der Michaelisbrücke vorbei an einem servicereichen Radler-Pausenplatz wo Sie das Edelstahl-Kunstwerk mitten im Fluss sehen, biegen Sie nach links ab.

AUSFLUG

Geradeaus erreichen Sie den Bürgerpark Theresienstein. Ein Besuch des Botanischen Gartens oder Zoologischen Gartens ist sehr empfehlenswert. Wahlweise können Sie im Biergarten eine Brotzeit und den herr(schaft)lichen Blick auf die Stadt genießen.

Hof, Rathaus

Auf dem beschilderten Weg kreuzen Sie am Zebrastreifen eine Straße → vorbei an einem Biergarten kommen Sie wieder direkt an die Saale, an deren Ufer Sie die Stadt verlassen → am Spielplatz vorbei zur Brücke → für ein kurzes Stück auf die rechte Seite der Saale wechseln → wieder linkssaalisch am Klärwerk vorbei → **10** bewundernswert ist die hohe Bogenbrücke aus dem Jahr 1848, über welche die Bahnstrecke nach Plauen führt.

Unterkotzau (Hof)

Auf der Brücke überqueren Sie erneut die Saale.

TIPP Nach der Brücke sollten Sie einen Blick auf die Informationstafel auf der linken Seite werfen, denn von hier bis Joditz erfahren Sie interessante und unterhaltsame Episoden aus dem Leben des Dichters Jean Paul, der diesen Weg als Kind oft ging.

Kurz danach in der Rechtskurve der Straße nach links abzweigen und den Ort verlassen → nach dem Überqueren eines Bächleins an der Weggabelung links → über dem Fluss erhöht und von Wiesen umgeben oder auch mal ein Stück durch den Wald verläuft der Weg weiter → an der Weggabelung nach links und hinab zum Ufer → unterhalb der Burgruine vorbei → auf dem Machersteg über die Saale → danach unter der **Autobahnbrücke** hindurch → hinauf nach Saalenstein.

Saalenstein (Köditz)

Vorwahl: 09281

Burgruine Saalenstein, Burgweg 2, ✆ 67304, ⏲ Do, Fr 17-22 Uhr, Sa, So/Fei 11-22 Uhr. Die Burg war ehemals vermutlich ein wichtiges Kastell, heute ist sie in Privatbesitz, Besichtigung nur bei Besuch der Gaststätte. @ pvq255

11 An der nächsten Kreuzung rechts und durch Saalenstein → danach rollen Sie geradewegs ins Tal hinunter mit Blick auf das Gehöft der **Fattigsmühle** → ein Steg führt über die gemächlich plätschernde Saale.

Fattigsmühle (Töpen)

An dem beachtlichen Fachwerkbau der Mühle weist eine Mauerinschrift auf das Entstehungsjahr 1789 hin. In der ehemaligen Mühle ist eine Ausflugsgaststätte untergebracht.

Nach der Mühle links auf Asphalt steil bergauf → kurz danach rollen Sie wieder zur Saale hinab → nach einer Rechtskurve auf geschottertem und teilweise sehr holprigem Weg weiter → Sie können Ihren Blick über ein angenehmes Abwechseln von Tal und Anhöhe, Wald und Feld schweifen lassen → vor Joditz, auf der Straße radelnd, wieder an das andere Saaleufer → an der T-Kreuzung nach rechts.

Joditz (Köditz)

Vorwahl: 09295

i **Ferienregion Selbitztal-Döbraberg**, Bahnhofspl. 1, Naila, ✆ 09282/6829, @ nja758

i **Verkehrsverein Auental**, Am Mühlberg 7, ✆ 914848, @ bwd474

TIPP Zum Badesee und Campingplatz in der Flussschleife kommen Sie, wenn Sie vor der Kirche rechts in die Jean-Paul-Gasse einbiegen.

Fattigsmühle bei Saalenstein

Die Saale beschreibt hinter Joditz eine ihrer reizvollen Schlingen ~ die Route verlässt den Ort auf der Hauptstraße und zweigt auf halbem Weg auf der noch mäßigen Steigung rechts nach Lamitz ab ~ einige hundert Meter weiter lädt einer der schönsten Landschaftsblicke auf die Obere Saale zum Verweilen ein ~ zur Anhöhe geht es steil bergauf ~ **12** im weiten Linksbogen durch **Lamitz**.

Lamitz

Hinter Lamitz rollen Sie zunächst stärker, dann sanfter bergab ~ neben der Straße strebt der Weißenbach seinem Vorfluter zu ~ nach einem leichten Anstieg nach links mit deutlichem Schwung wieder talwärts ~ das Dörfchen **Untertiefengrün** in einer Links- und dann Rechtskurve durchqueren ~ **13** bald treffen Sie wieder auf die Saale und biegen noch vorher links ab auf die Uferstraße.

AUSFLUG Für einen Besuch der Stadt Hirschberg, die terrassenförmig am Saaleufer liegt, fahren Sie über die Brücke und halten sich dann rechts in Richtung Altstadt.

Hirschberg

Vorwahl: 036644

Stadtverwaltung, Marktstr. 2, ✆ 4300, @ sid847

Museum für Gerberei- und Stadtgeschichte, Saalg. 2, ✆ 43139, Di, Do 10-16 Uhr. Das Museum ist in einer ehem. Lederfabrik untergebracht. @ iew721

Schloss, Alte Allee. Der schlichte Barockbau von 1678 thront auf einem hohen Felsen aus „Hirschberger Gneis" und bietet einen Rundblick über Saaletal, Frankenwald und Altstadt. Nur Außenbesichtigung möglich.

Gondelstation, Hängesteg, am Eingang zum Landschaftspark Hag. Verleih von Ruder- und Tretbooten. Auf der angestauten Saale können die Stadt und die ehemalige Grenze aus einer anderen Perspektive erlebt werden. Infos über die Stadtverwaltung.

Landschaftspark Hag, Saaleufer. Die Sehenswürdigkeiten der mit angenehmen Wanderwegen ausgestatteten und nach dem Wegfall der „Grenzmaßnahme" wiedererschlossenen Anlage sind die Wenzelshöhle und die längste Sitzbank Thüringens, geschnitzt aus einem Stamm.

Hirschberg ist ein kleines Städtchen mit ca. 2.100 Einwohnern. Der alte Stadtkern erstreckte sich als zusammenhängende Häuserreihe in der Nähe des heutigen Ginggässleins bis hinunter zur Saalgasse. Die breit angelegte Marktstraße bildete gleichzeitig den Markt. Der heutige Kirchplatz wurde erst nach dem Brand von 1835 geschaffen. Die mittelalterliche Altstadt wurde durch das Obere Tor an der Marktstraße beim Ginggässlein und das Untere Tor am Bach begrenzt. Nach 1945 wurden wegen der Grenznähe einige Häuser an der Saale abgerissen. Bis zum Ende der DDR prägten Mauern, Stacheldraht und Todesstreifen das Leben in der Stadt.

Auf dem steilen Felsen des Lohberges steht das Schloss. Von der Höhe des Schlossfelsens aus hat man eine herrliche Aussicht auf die Stadt, die Saale und das gegenüberliegende fränkische Land.

Auf dem schmalen Asphaltweg setzen Sie die Tour flussabwärts fort ~ Sie folgen hier der ehemaligen Staatsgrenze, zu DDR-Zeiten war die Saale von hier bis Blankenstein Grenzfluss ~ das Tal öffnet sich, die steilen Flanken gehen in sanftere Hänge über ~ sie haben noch rund 4 km bis zum ersten „verschieferten" Dorf im Frankenwald, **Rudolphstein** ~ eine gleichmäßige Steigung hält eine Weile an ~ Sie sehen entlang des Weges kleine Steinbrüche, wo einst Schiefer abgebaut wurde ~ an der nächsten Wegkreuzung halten Sie sich weiterhin geradeaus ~ ein schönes Landschaftspanorama liegt vor Ihnen.

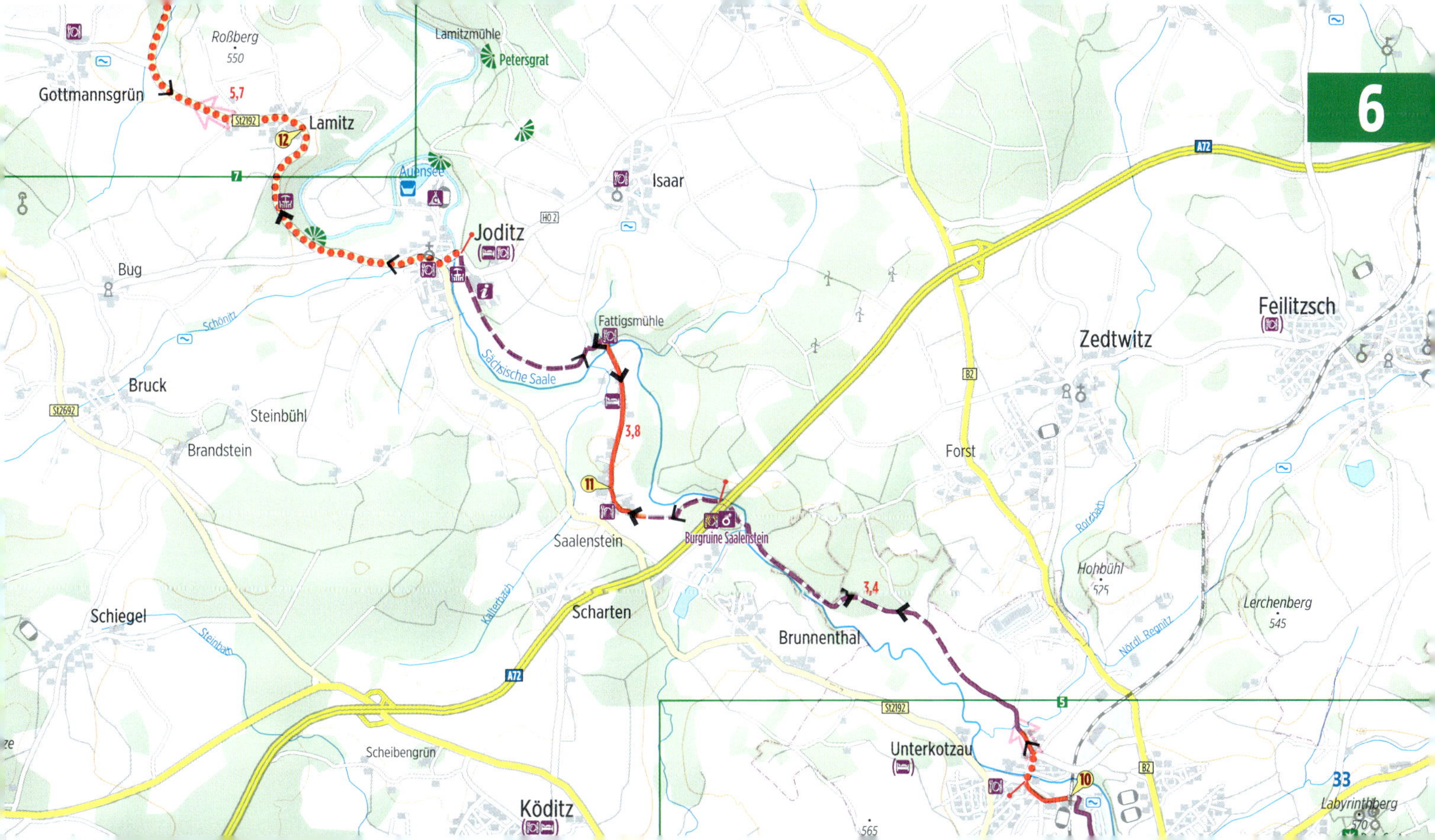

6
Roßberg
550
Gottmannsgrün
5,7
St2192
Lamitz
12
Lamitzmühle
Petersgrat
Auensee
7
Isaar
HO 2
Joditz
Bug
Schönitz
Fattigsmühle
Sächsische Saale
A72
Feilitzsch
Zedtwitz
B2
Bruck
St2692
Steinbühl
Brandstein
3,8
Forst
11
Saalenstein
Burgruine Saalenstein
Rorbach
Hohbühl
525
Lerchenberg
545
Schiegel
Steinbach
Kalterbach
Scharten
Brunnenthal
3,4
Nördl. Regnitz
A72
St2192
5
Unterkotzau
B2
10
33
Scheibengrün
Köditz
565
Labyrinthberg
570

Schiefer

Verschieferte Hauswände und Schieferdächer gehören sowohl im nördlichen Oberfranken, wo sich auf der Hochfläche des Frankenwaldes Deutschlands größte Schieferbrüche befanden, als auch im Thüringer Wald zum Ortsbild.

In der kühl-feuchten Klimaregion muss das Holz der Hauswände vor Fäulnis geschützt werden. Der feinplattige Schiefer erwies sich als ein für diesen Zweck besonders geeigneter Werkstoff. Außerdem war er in der Region reichlich vorhanden und konnte in der Nähe abgebaut werden. So ist die Kunst der Schieferverarbeitung in den Städten entwickelt und jahrhundertelang gefördert worden. Sie griff dann aufs Land über und wird dort noch heute bewahrt. Im Thüringer Wald werden sogar jüngste Bauten mit natürlichem Schiefer „eingekleidet". Als Wetterschutz wird Schiefer im großen Stil erst seit etwa 200 Jahren verwendet.

Bevor es hinunter ginge nach Sachsenvorwerk, biegen Sie links ab und fahren steiler bergauf ⇝ **14** an der Vorfahrtsstraße **HO 11** rechts, dann über die Autobahn nach Rudolphstein ⇝ der Ort besticht schon von der Höhe aus durch sein geschlossenes Ensemble aus schwarzblauen Schieferdächern, das Kirchendach inbegriffen.

Rudolphstein (Berg)

VARIANTE Zwischen Rudolphstein und Blankenstein verläuft alternativ eine beschilderte Route über Eisenbühl mit seinem sehenswerten Eisenpark. Die recht verkehrsreiche Strecke weist im ersten Abschnitt eine sehr starke Steigung auf. Wir empfehlen die nicht ganz so bergige Hauptroute über Pottiga.

Alternative über Eisenbühl 8 km

In Rudolphstein folgen Sie dem Straßenverlauf nach links ⇝ Sie haben nun die bis jetzt stärkste Steigung der Route zu überwinden ⇝ vor der Autobahn rechts ab, mit einem prächtigen Ausblick auf das Tal ⇝ mit unterschiedlicher Stärke kontinuierlich bergauf durch den Wald ⇝ bei der querenden Vorfahrtsstraße rechts ab ⇝ auf ebenem Weg durch Eisenbühl.

Eisenbühl (Berg)

Eisenpark, Zur Schieferleite 16. Der Eisenskulpturengarten des Künstlers Prof. Dr. Claus-Frenz Claussen steht unter dem Motto „Brücke zwischen Wissenschaft und Kunst". Claussen war bis zu seiner Emeritierung Professor an der Universität Würzburg. @ goe114

Nach dem Ort geht es bergab ⇝ es folgt ein kleiner, leichter Anstieg ⇝ das faszinierende Bild des Thüringer Hochlandes im Norden lenkt Sie von kleinen Strapazen ab ⇝ Sie halten sich geradeaus und erreichen nach einer berauschenden Talfahrt wieder die Saale ⇝ unten folgt der Weg den Windungen des Flusses und Sie sehen auf die Rennsteiggemeinde **Blankenstein** ⇝ gegenüber des Ortes, gleich nach dem Ortsschild Unterwolfsteins, fahren Sie über den **Selbitzsteg** und befinden sich bereits in Thüringen ⇝ der kleine Fluss Selbitz hat nicht weit entfernt im Gebirge das romantische Höllental gebildet, ein Ausflug in dieses Tal wird auf Seite 38 beschrieben ⇝ nach dem Steg rechts ⇝ weiter bis zur Hauptstraße vor.

Blankenstein

Auf der Hauptroute in Rudolphstein verlassen Sie die **Panoramastraße** in der Linkskurve nach rechts ⇝ leicht bergab, unten über eine alte Holzbrücke und dahinter der Straße nach links folgen ⇝ an der Weggabelung nach links und stark bergauf ⇝ Sie fahren nun auf der hügeligen Strecke hinauf nach Pottiga, unterwegs bietet sich immer wieder ein Blick in das Tal ⇝ am Ortsausgang zweigen Sie für einen Schlenker zum Aussichtspunkt auf dem Wachhügel nach links ab, bei schlechtem

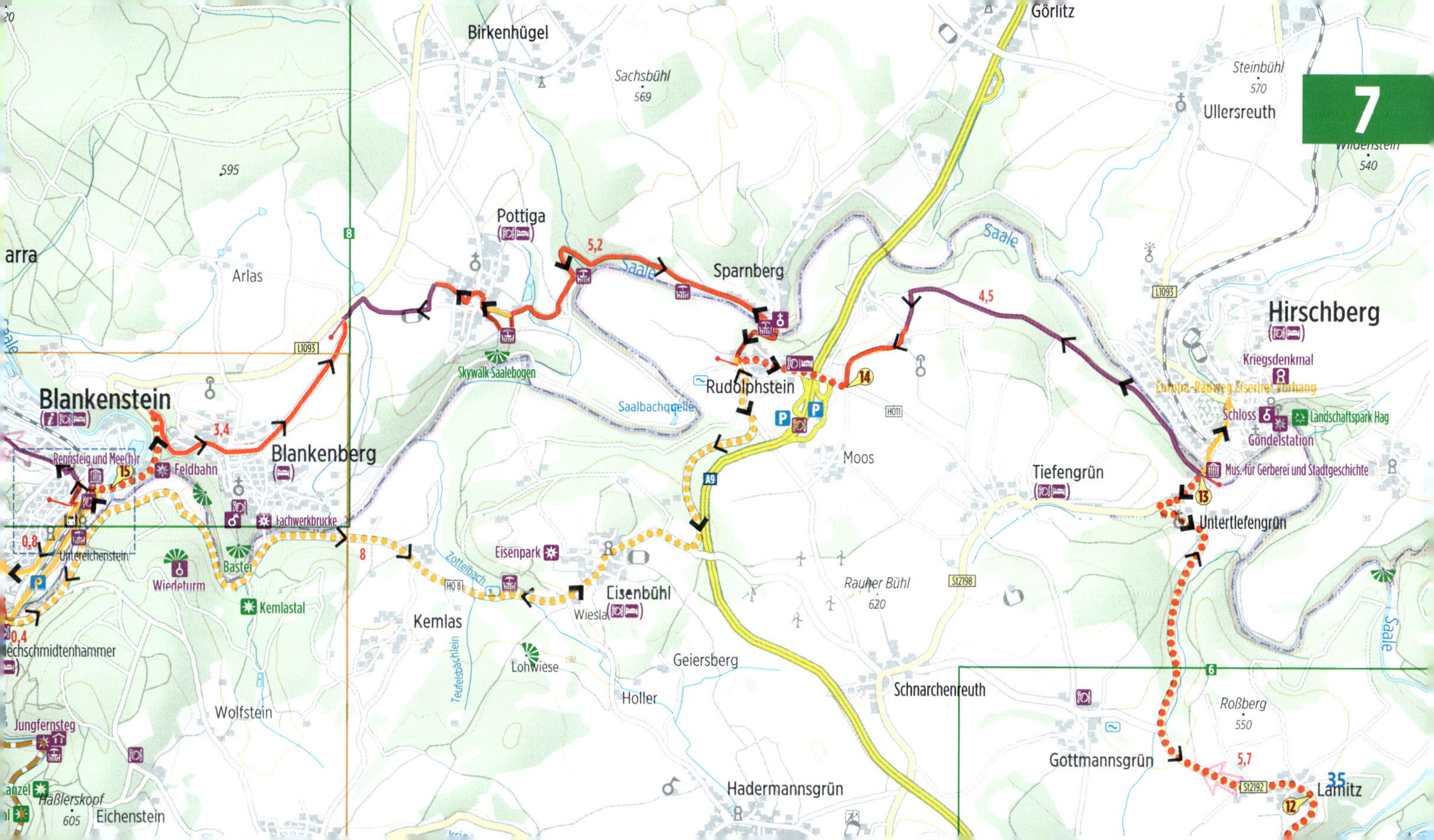

7
Görlitz
Birkenhügel
Sachsbühl
569
Steinbühl
570
Ullersreuth
Wildenstein
540
595
arra
Arlas
Pottiga
5,2
Saale
Sparnberg
4,5
Saale
L1093
Hirschberg
Kriegsdenkmal
Europa-Radweg Eiserner Vorhang
Schloss
Landschaftspark Hag
Gondelstation
Mus. für Gerberei und Stadtgeschichte
L1093
Skywalk Saalebogen
14
Rudolphstein
Saalbachquelle
H011
Moos
Blankenstein
3,4
Blankenberg
Rennsteig und Mee(h)r
15
Feldbahn
Fachwerkbrücke
A9
Tiefengrün
13
Untertiefengrün
0,8
Untereichenstein
Bastei
Wiedeturm
Kemlastal
8
Eisenpark
Zottelbach
HO 8
Eisenbühl
Wiesla
Rauher Bühl
620
St2198
0,4
Blechschmidtenhammer
Kemlas
Lohwiese
Teufelsbächlein
Geiersberg
Holler
Wolfstein
Schnarchenreuth
6
Roßberg
550
Jungfernsteg
Gottmannsgrün
5,7
35
Lamitz
St2192
12
Kanzel
Häßlerskopf
605
Eichenstein
Hadermannsgrün

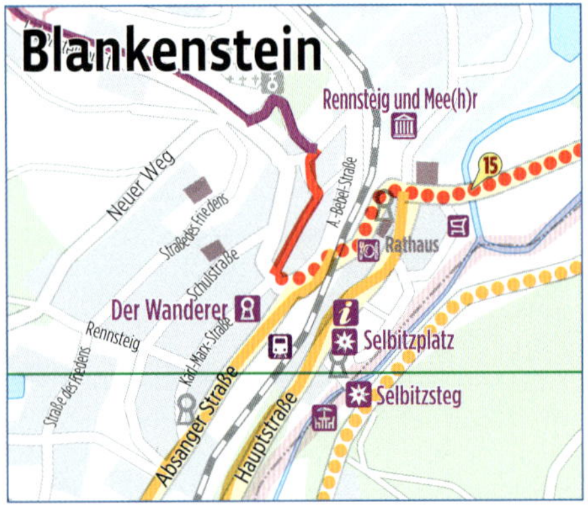

Wetter können Sie auch weiter der Straße folgen.

Pottiga (Rosenthal am Rennsteig)

- **Aussichtsplattform Pottiga Skywalk**, auf dem Wachhügel. Die 2011 erbaute Stahlkonstruktion thront hoch oberhalb der Saale und bietet einen weiten Blick ins Saaleland. Mit Ruheinsel „Naturpark Thüringer Meer".

Auf der Ortsdurchgangsstraße durch Pottiga, weiterhin bergauf am Ortsausgang nach dem letzten Haus nach links, dann nach knapp 200 m rechts und vorbei am **Sportplatz** an der T-Kreuzung links und parallel zur Straße an der Landstraße nach links auf der **Bahnhofstraße** durch Blankenberg.

Blankenberg (Rosenthal am Rennsteig)

- **Alte Feldbahn**, am Wanderparkplatz Ziegelhütte. Über 2 km zuckelt die kleine Bahn dicht entlang der Saalekurven von der Alten Papierfabrik Blankenberg bis zum Blankensteiner Ortsrand. Über das Jahr verteilt gibt es dafür nur eine Handvoll Termine. @ gkv415

Nach dem Ortsausgang an der Querstraße links in einer Spitzkehre bergab **15** über die Saale, Sie kommen nach Blankenstein.

Blankenstein (Rosenthal am Rennsteig)

Vorwahl: 036642

- **Tourist-Information**, Selbitzpl. 1, ✆ 29533, @ dxg423
- **Museum Rennsteig und Mee(h)r**, Hauptstr. 15, ✆ 29533 Das Museum präsentiert zahlreiche Themen rund um Blankenstein, darunter der Rennsteig, die Entwicklung der Zellstoff- und Papierfabrik und die Innerdeutsche Teilung. @ jaq421
- **Rennsteig-Denkmal „Der Wanderer"**, Absanger Str. Das Denkmal aus Stein wurde 1903 vom Gründer der Papierfabrik Rosenthal, Gotthelf Anton Wiede, gestiftet.
- **Alte Feldbahn**, am Wanderparkplatz Ziegelhütte, Blankenberg (Rosenthal am Rennsteig), ✆ 0176/43264944. Über 2 km zuckelt die kleine Bahn dicht entlang der Saalekurven von der Alten Papierfabrik Blankenberg bis zum Blankensteiner Ortsrand. Über das Jahr verteilt gibt es dafür nur eine Handvoll Termine. @ gkv415
- **Historischer Rennsteigkeller**, Selbitzpl. 1, am Wanderstützpunkt, ✆ 29533. Zugang zu einem unterirdischen Felsgang. Führungen finden jedes 2. Wochenende im Monat 14-17 Uhr statt. Nähere Informationen bei der Tourist-Information.
- **Selbitzplatz**. Der an der Saale gelegene Platz gilt als Drehkreuz des Wanderns, weil sich an dieser Stelle viele regionale und überregionale Wanderwege treffen. Seit 2012 befindet sich hier auf einem Spielplatz ein ca. 6 m hoher und 14 m langer bespielbarer Wanderschuh – von innen und außen begehbar!

Aussichtsplattform Wachhügel bei Pottiga

Blankenstein, Selbitzmündung in die Saale

Seit die einstige Staatsgrenze zur einfachen Landesgrenze zwischen Bayern und Thüringen „schrumpfte“, besinnt sich Blankenstein wieder seiner Tradition als beliebter Ausflugs- und Erholungsort. Zahlreiche Rad- und Wanderwege beginnen in bzw. führen durch Blankenstein, so neben dem Rennsteig und dem Saale-Radweg auch der Saale-Orla-Weg, der Kammweg, der Östliche Rennsteig, der Fränkische Gebirgsweg und der Frankenweg.

Blankenstein ist geprägt durch die Papierindustrie. Die Zellstoff- und Papierfabrik konnte ihre führende Stellung über hundert Jahre halten und überdauerte auch die Privatisierung.

ANSCHLUSS In Blankenstein treffen sich gleich mehrere Fernwanderwege, darunter der bekannte Höhenwanderweg „Rennsteig“. Sie treffen hier ebenfalls auf den Rennsteig-Radweg.

Der Rennsteig

Dieser 169 Kilometer lange Höhenwanderweg führt auf dem Kamm des Thüringer- bzw. Frankenwaldes vorbei an der Wartburg nach Hörschel an der Werra. Sein Verlauf entspricht etwa der Wasserscheide zwischen Weser-, Rhein- und Elbstromgebiet. Aus dem einstigen Kurierweg an der historischen Grenzlinie zwischen Thüringen und Hessen/Franken machte die erwachende Wanderlust der Romantik einen beliebten Wanderweg. Sein Name stammt weniger von schnellfüßigen Wanderern, sondern vom „Rainweg“, also „Grenzweg“. Die erste Erwähnung findet sich in einem Handelsvertrag aus dem Jahr 1330. Seit dem Jahr 2000 gibt es zusätzlich zum Fußweg auch einen speziellen, ausgeschilderten Radweg. Vielleicht die richtige Idee für den nächsten Urlaub?

AUSFLUG Wir empfehlen einen Ausflug ins Höllental, wo sich entlang der Selbitz ein ganz besonderes Naturerlebnis genießen lässt. Das enge und schluchtartige Tal des Baches durch das grüne Diabasgestein des Frankenwalds zeigt sich als wilde Naturschönheit. Wer über ausreichend Kondition verfügt, kann den Rückweg über die weit oberhalb des Tals liegende und sehenswerte Stadt Lichtenberg nehmen, dabei fahren Sie jedoch im teils starken Verkehr. Optional fahren Sie wieder im Höllental zurück nach Blankenstein.

Brücke über die Selbitz

Ausflug ins Höllental 10 km

Nach der Saale-Brücke in Blankenstein fahren Sie auf Höhe der Papierfabrik nach links ~ auf dem Selbitz-Steg nach links über die Selbitz ~ an der Straße nach rechts ~ mit leichtem Auf und Ab weiter an der Selbitz entlang ~ nach der Brücke im Linksbogen, der hübsche Fachwerkbau am Straßenrand ist das ehemalige Bahnhofsgebäude von Blechschmidtenhammer, das 2012 als Naturpark-Informationszentrum eröffnet wurde.

Blankenstein, Wanderschuh am Selbitzplatz

Blechschmidtenhammer (Lichtenberg)

Vorwahl: 09288

- **Besucherbergwerk Friedrich-Wilhelm-Stollen**, Friedrich-Wilhelm-Stollen 1, ✆ 216 Von dem fast 1 km langen Stollen können während der Führungen 250 m besichtigt werden. @ otg784
- **Bahnhofsgebäude Blechschmidtenhammer mit Naturparkinformationszentrum**, Blechschmidtenhammer 1, zwischen Blankenstein und Selbitzmühle, ✆ 09282/6829 Der 1901 errichtete ehemalige Bahnhof ist das einzige in Bayern noch erhaltene Bahngebäude im thüringischen Stil. Videodokumentationen informieren über die Landschaft „Naturpark Frankenwald“, das Höllental und geologische Besonderheiten. @ ydd165

Bei der Selbitzmühle knickt die Landstraße rechts in Richtung **Friedrich-Wilhelm-Stollen** und **Lichtenberg** ab, Sie folgen aber weiter dem unbefestigten Weg entlang der Selbitz ~ die Felswände ragen bis zu 160 m hoch empor ~ eine alte Bahnbrücke spannt sich malerisch über die Schlucht ~ Sie radeln in ruhiger Waldatmosphäre weiter, in der Talsohle schäumt die Selbitz über herabgestürzte Felsbrocken ~ nach einem kleinen Wehr steigt der beschauliche Weg leicht an und endet bei der Siedlung **Hölle** ~ die Rückfahrt nach Blankenstein erfolgt dann auf dieselbe Weise oder, etwas kräfteraubender, über Lichtenberg auf der Landstraße ~ hierzu biegen Sie in Hölle rechts auf die querende Landstraße ein und halten sich bei der nächsten Möglichkeit wieder rechts.

Lichtenberg

Vorwahl: 09288

- **Ferienregion Selbitztal-Döbraberg**, Bahnhofspl. 1, Naila, ✆ 09282/6829, @ nja758
- **Stadtverwaltung**, Marktpl. 16, ✆ 97370, @ bct831
- **Burgruine**. Die einst starke Veste an der Ostgrenze des karolingischen Reiches wartet heute noch mit sehenswerten Kasematten und Kellergewölben auf. Der Bergfried dient als Aussichtsturm.
- **Marktplatz**. Mittelpunkt des historischen Plätzchens ist das wappengeschmückte Rathaus von 1560, nach den Zerstörungen des Dreißigjährigen Krieges 1644 wiederaufgebaut.
- **Musikbegegnungsstätte Haus Marteau**, Lobensteiner Str. 4, ✆ 6495. In dem ehemaligen Wohnhaus von Henri Marteau (1874-1934), einem Geiger von Weltrang, ist eine internationale Musikbegegnungsstätte untergebracht. @ mem535
- **Höllental**. Das Höllental ist eines der schönsten Engtäler Deutschlands. Bis zu 160 m hoch sind die schroffen Diabas-Felsen im Tal der Selbitz. Die Hänge sind von Mischwald bedeckt.

Die Selbitz im Höllental

In Lichtenberg nehmen Sie rechter Hand die erste Abzweigung nach Blankenstein.

Von Blankenstein nach Saalburg 21 km

Auf der Hauptroute fahren Sie in **Blankenstein** auf der Vorfahrtsstraße über die Bahn im Rechtsbogen rechts abbiegen in die **Karl-Marx-Straße** und nach 100 m links halten kurz darauf rechts, dann gleich links in den Radweg vor dem Friedhof links halten, dann an der **Lobensteiner Straße** rechts auf den Radweg weiter im steilen Anstieg.

TIPP Auf den nächsten 4 km wird die Fahrt wegen der teils sehr starken Steigungen äußerst anstrengend. Zum Teil gibt es hinter Harra auch stärkeres Verkehrsaufkommen.

Die Steigung hält bis zum Ortsende an bald folgt eine weitere sehr starke Steigung die breiter werdende Saale

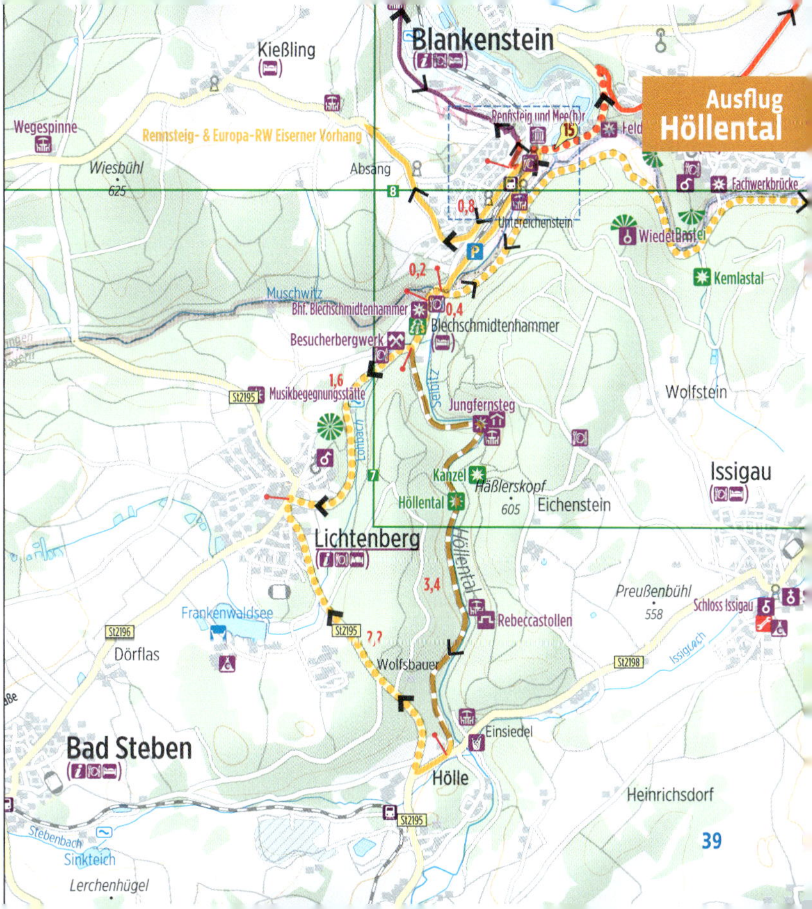

kündigt bereits die **Bleilochtalsperre** an, den größten Stausee Deutschlands ⤳ auf der herabführenden Straße rollen Sie in die nächste Ortschaft Harra ⤳ dort weiter auf der Straße.

Harra (Rosenthal am Rennsteig)

Vorwahl: 036642

- **Heimatmuseum**, Angerg. 2, ✆ 22626, ⌚ So 14-16 Uhr. In dem Museum sind vor allem Werkzeuge und Alltagsgegenstände des Kunst- und Möbeltischlers Johann August Karl Horn (1787-1848) zu sehen. Neben der Tischlerwerkstatt u. a. gibt es einen Tante-Emma-Laden aus den 1930er Jahren und eine Sammlung aus der Bergbauzeit.
- **St. Nikolaus.** Mit gotischem Schnitzaltar aus der Riemenschneidertradition.

Auf der windungsreichen Dorfstraße durch den Ort ⤳ rechts entlang am **Heimatmuseum** und danach weiter bergab am Gasthof mit Biergarten vorbei ⤳ nach ca. 500 m Anstieg geht es steil bergab nach **Lemnitzhammer** ⤳ **16** nach Überqueren der Lemnitz rechts auf den **Strandweg** abbiegen, Sie durchfahren hier ein ehemaliges Erzbaugebiet ⤳ Sie radeln nun auf der Uferstraße an der südlichen Spitze des großen Stausees dahin ⤳ nach etwa 600 m hebt sich diese vom Seeniveau ab und die Kühle des Waldes umfängt Sie ⤳ nach etwa 1 km halten Sie sich an der Gabelung schräg rechts.

Ardesia-Therme in Bad Lobenstein

AUSFLUG Für einen Abstecher ins gut 4 km entfernte Moorheilbad Bad Lobenstein mit der Ardesia-Therme halten Sie sich hier an der Gabelung links, auf dem hügeligen Weg sind 100 Höhenmeter zu überwinden. Die Route finden Sie in Karte 8.

Bad Lobenstein

Vorwahl: 036651

- **Tourist-Information**, Graben 18, ✆ 2543, @ pwd453
- **Bergmuseum Markt-Höhler**, Schulweg 7, ✆ 30792, ✆ 39557, ⌚ Führungen Mo, Do und Sa 14.10 und 15.30 Uhr. Thema: geologische Einmaligkeiten, historische Bierlagerkunst. @ beo861
- **Regionalmuseum**, Schlossberg 20, beim Alten Turm, ✆ 2492 ⊜ Ausstellung zur Stadtgeschichte, Handwerke der Region, Kräuter-, Jagd- und Biedermeierzimmer, Wechselausstellungen. @ qsu882
- **Neues Schloss**, Leonberger Pl. 2, ✆ 2543, ✆ 77165 ⊜ Dauerausstellung zur Apothekengeschichte und zur Reußischen Landes- und Münzgeschichte, Konzerte, Lesungen, Wechselausstellungen. @ bnu411
- **Alter Turm**, Schlossberg 20. Wahrzeichen der Stadt und Aussichtsturm.
- **Ardesia-Therme**, Parkstr. 8, ✆ 3939200, @ vlj253

Auf der Hauptroute rollen Sie stark beschleunigt wieder zum Wasser hinunter ⤳ auf einer Landzunge, vorbei am ersten Badeplatz und der Feriensiedlung, krümmt sich der Weg nach links ⤳ eine weite Brücke bei Saaldorf überspannt den See, um dorthin zu gelangen, müssen Sie zuerst landeinwärts radeln ⤳ **17** an der recht stark befahrenen **B 90** führt die Hauptroute nach rechts.

VARIANTE Auf der Hauptroute radeln Sie östlich vom Stausee über Saaldorf nach Saalburg. Diese recht bergige und landschaftlich sehr reizvolle Strecke durch den Wald verläuft auf Forstwegen, größtenteils auch auf Asphaltwegen. Die unbeschilderte Variante in Karte 9 ist etwas kürzer als die Hauptroute und weist weniger Steigungen auf. Sie müssen für diese Route aber über lange

Passagen auf einer zeitweise stärker befahrenen Landstraße radeln.
Zwischen Saaldorf und Saalburg verkehrt von Mai bis Sept. ein Kabinenschiff (tägl. mind. 2 Fahrten), sodass Sie für diesen Abschnitt auch eine Bootstour einplanen können, s. Ortsdaten Saaldorf.

Variante nach Ebersdorf 5,5 km

Die Alternative führt links ab auf die **B 90** nach etwa 600 m rechts abbiegen Sie radeln durch das staubige Betriebsgelände des **Steinbruchs** und halten sich dort an der Gabelung links danach beginnt ein ebener Wanderweg, im kleinen Tal schlängelt sich das **Bächlein Friesau** lieblich durch die Wiese nach ca. 4 km in Ebersdorf am Ortsbeginn nach links an der Vorfahrtsstraße nach rechts.

Ebersdorf (Saalburg-Ebersdorf)

Schloss und fürstlicher Park. Die barocke Anlage wurde in den Jahren 1690–93 anstelle einer Wasserburg als zweite Residenz der Reuß-Lobensteiner erbaut. Der ursprünglich barocke Park wurde Anfang des 19. Jhs. in einen Landschaftsgarten umgestaltet.

VARIANTE In der Ortsmitte ist zu entscheiden, ob Sie gleich nach Saalburg zur Hauptroute fahren wollen oder weiterhin abseits der Saale die Abkürzung

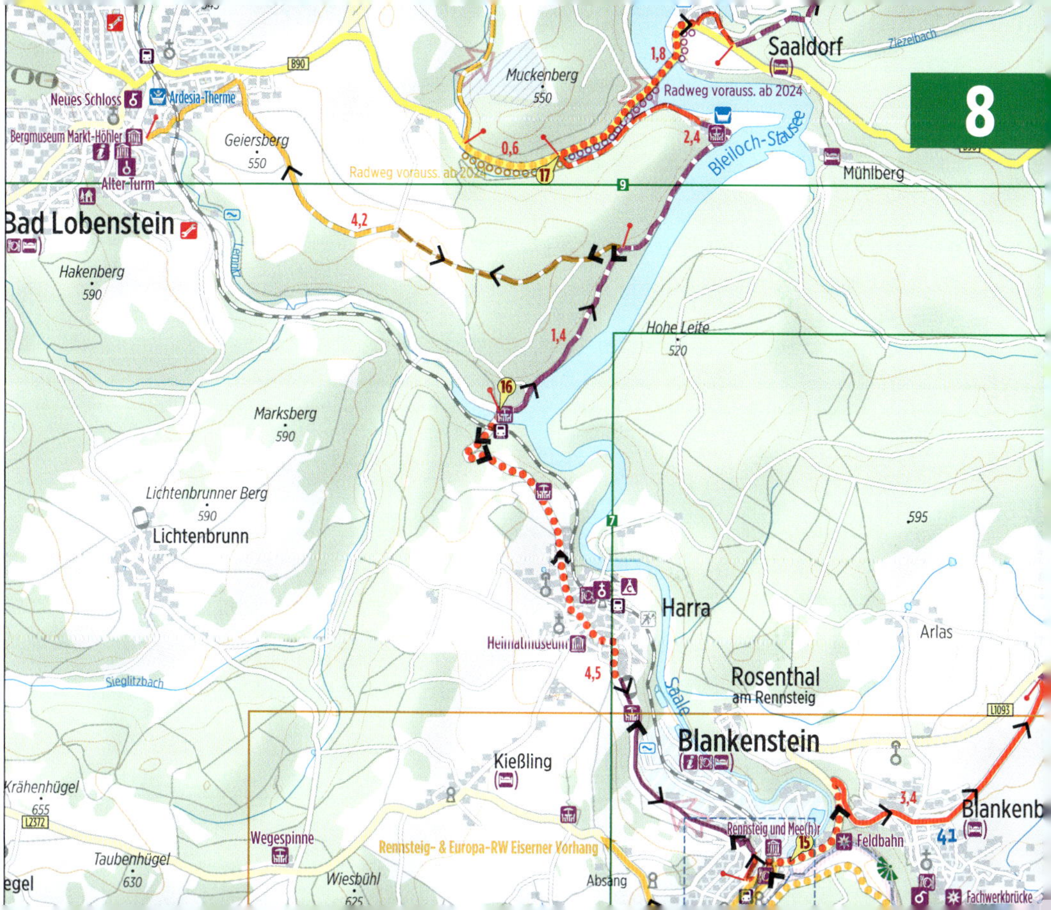

über Remptendorf und Liebengrün bis Drognitz (Karten 10-12) wählen.

Von Ebersdorf nach Saalburg 6,5 km

Richtung Saalburg nach dem Ortsende auf einem asphaltierten Weg mit prächtigem Fernblick auf die bewaldeten Anhöhen der anderen Saaleseite zu ⤳ geradewegs durch das Dorf **Zoppoten** ⤳ an der **L 1095** nach rechts ⤳ in **Pöritzsch** vor der Kurve rechts abbiegen und diese abkürzen ⤳ nach 300 m links, dann die L 1095 überqueren in den Wirtschaftsweg ⤳ an der Gabelung rechts bleiben, dann dem Rechtsbogen folgen ⤳ an der Gabelung rechts und durch die kleine Siedlung hinab bis zum Ufer ⤳ an der **L 1095** links und auf der Brücke des Friedens über den Bleilochstausee nach Saalburg, drüben gibt es links der Brücke einen schönen Fischimbiss auf einem Kutter.

Saalburg (Saalburg-Ebersdorf) (s. S. 44)

Hier durchqueren Sie den langgezogenen **Markt** und folgen geradeaus der **Kulmer Straße** ⤳ nach links in die Straße **Am Ehrenhain** (Hinweistafel Märchenwald), sie befinden sich nun wieder auf der Hauptroute.

Von Ebersdorf nach Drognitz 17 km

In Richtung Liebschütz geht es auf der **Hauptstraße** aus Ebersdorf hinaus ⤳ nach einigen Hügeln erreichen Sie **Remptendorf** ⤳ dem Straßenverlauf folgen mit schönem Ausblick auf das **Schleizer Hochland** ⤳ in **Liebengrün** nach rechts durch den Ort ⤳ weiter nach **Liebschütz** ⤳ an der Weggabelung noch vor der Kirche nach links ⤳ von einem Bächlein begleitet rollen Sie jetzt talwärts in Richtung Drognitz ⤳ nach 2 km und vor der Bahn wendet sich der Weg nach links und wartet nach der Unterführung mit einigen scharfen Kurven auf ⤳ bei der **Ottermühle** über den Bach und nach links ⤳ auf der ebenen, gut ausgebauten Straße am Ottergrund entlang ⤳ geradeaus nach **Drognitz**, bei der Kirche sind Sie wieder auf der Hauptroute.

Auf der Hauptroute folgen Sie der **B 90** und überqueren die Obere Talsperre ⤳ Sie erreichen Saaldorf.

Saaldorf (Bad Lobenstein)

⛴ **Saaletal-Kabinen-Schifffahrt**, Schleizer Str. 17, Remptendorf, ✆ 036640/28815, ✆ 0152/04274219. Von April-Okt. tägl. Schiffsverbindungen zwischen Saalburg und Saaldorf, Fahrradmitnahme möglich. @ ype247

Am Ende der Rechtskurve links abbiegen und dem Rechtsbogen folgen ⤳ vorbei an der Feuerwehr, dann vor der Hauptstraße am Friedhof links und in den Wald hinein ⤳ der unbefestigte Weg führt stetig bergauf und mündet nach einem Steg in eine Forststraße ⤳ die Route verläuft rechtsherum und sanft ansteigend weiter ⤳ **18** an der sternförmigen Kreuzung geradeaus ⤳ wie in einem grünen Tunnel geht es jetzt durch dichten Wald ⤳ nach einer Weile senkt sich der Weg und linker Hand gibt ein steiler Abhang den Blick auf die andere Talseite frei ⤳ **19** nach nicht ganz 2 km seit der letzten Kreuzung halten Sie sich an der Weggabelung am Rande einer Lichtung rechts ⤳ auf der jetzt folgenden Talfahrt stellt eine S-Kurve Ihre Bremsen auf die Probe ⤳ nach Queren des Baches wieder stark bergauf, oben werden Sie mit herrlichen Ausblicken belohnt ⤳ beim nächsten querenden Forstweg links ab ⤳ **20** ca. 500 m danach fahren Sie vor einer Schranke nach rechts ⤳ an der nächsten Kreuzung geradeaus, mit Blick auf einen Ausläufer des Sees wieder talwärts ⤳ Sie umrunden die Bucht und setzen den Weg auf Asphalt am Ufer entlang fort

9
Pöritzsch
Zoppoten
5,7
4,5
1,6
Schlosspark
Schloss Ebersdorf
Ebersdorf
Hartmannsberg
535
Körnersbühl
485
Künsdorfer Berg
515
Saalwald
Schärf
525
Schönbrunn
Bleiloch-Stausee
terlemnitz
550
6
555
Henneberg
555
4,7
Grüner Esel
Bad Lobenstein
Kapfenberg
540
Höhe
595
Gallenberg
545
Saaldorf
Ziezelbach
1,8
Muckenberg
550
Radweg vorauss. ab 2024
Neues Schloss
Ardesia-Therme
43
Bergmuseum Markt-Höhler
Geiersberg
550
0,6
2,4
Bleiloch-Stausee
Mühlberg
Radweg vorauss. ab 2024
Alter Turm
L1095
L1099n
B90
10
8
17
18
19
20

Badestrand bei Saalburg

unter senkrechten Felswänden geht es bequem dahingleitend weiter bald zeigt sich eindrucksvoll die Weite der **Bleilochtalsperre** entlang einer Villenzeile geleitet Sie der Uferweg verlässlich nach Saalburg im Ortsbereich nach dem Hotel landeinwärts der Hauptstraße folgend durchfahren Sie noch eine Links- und eine Rechtskurve und queren die Kulmer Straße.

INS ZENTRUM Hier gelangen Sie linker Hand zum Saalburger Marktplatz und zur Schiffsanlegestelle an der Bleilochtalsperre.

Saalburg (Saalburg-Ebersdorf)

Touristinformation, Markt 1, 036647/29080, 036647/29064, @ ogu364

Saaletal-Kabinen-Schifffahrt, Schleizer Str. 17, Remptendorf, 036640/28815, 0152/04274219. Von April-Okt. tägl. Schiffsverbindungen zwischen Saalburg und Saaldorf, Fahrradmitnahme möglich. @ ype247

Vor der Überflutung des Talgrundes 1932 war Saalburg nur für sein Marmorwerk bekannt. Saalburger Marmor mit den Farbtönen Saalburger Rot, Rotbraun, Graurot und Violett fand seinen Weg in den Berliner Dom, in den Hamburger Michel, aber auch in andere Prestigebauten Europas bis nach St. Petersburg. Heute lebt der Ort neben dem kostbaren Gestein auch vom Tourismus, der von der Seenlandschaft „aus Menschenhand" angelockt wird.

Von Saalburg nach Ziegenrück 24,5 km

21 Die Hauptroute trifft bald nach Querung der Kulmer Straße auf die **Schleizer Straße** und biegt hier links ab kurz darauf nach rechts und geradeaus am **Sportplatz** vorbei, Sie folgen dem **Wetteraweg** nach etwa 600 m biegen Sie mit schönem Blick auf den Stausee rechts ab auf den sehr gut ausgebauten Bahntrassen-Radweg.

Bleilochtalsperre

Diese Talsperre an der Oberen Saale ist mit ca. 215 Millionen Kubikmeter Wassermenge der größte deutsche Stausee. Die ersten Überlegungen zu dieser Form der Flussregulierung entstanden nach dem verheerenden Hochwasser des Jahres 1890 – vollendet wurde das Werk, nach siebenjähriger Bauzeit, erst 1932. Zu diesem Zeitpunkt spielte der Aspekt der Energiegewinnung bereits eine größere Rolle. Teile Saalburgs, das Dorf Saaldorf sowie einige Mühlen und Gehöfte mussten weichen. Die entstandene fjordähnliche Landschaft zieht seitdem Erholungssuchende an und macht die künstliche Machbarkeit von „Natur" deutlich.

Auf der ehemaligen Bahntrasse fahren Sie durch die Siedlung **Kloster** in Richtung Gräfenwarth.

Kloster (Saalburg-Ebersdorf)

Klosterruine zum Heiligen Kreuz. Vom früheren Zisterzienserinnenkloster, das über Besitzungen bis Hirschberg und Lobenstein verfügte und nach der Reformation aufgelöst wurde, sind noch wenige Reste zu sehen.

Steinerne Rose. Die Steinerne Rose ist im Devon vor ca. 400 Mio. Jahren als kugeliger Diabas eruptiv entstanden. Der Stein zerfällt hier bei seiner Verwitterung in konzentrische Schalen, wodurch die Form einer Rose entstanden ist.

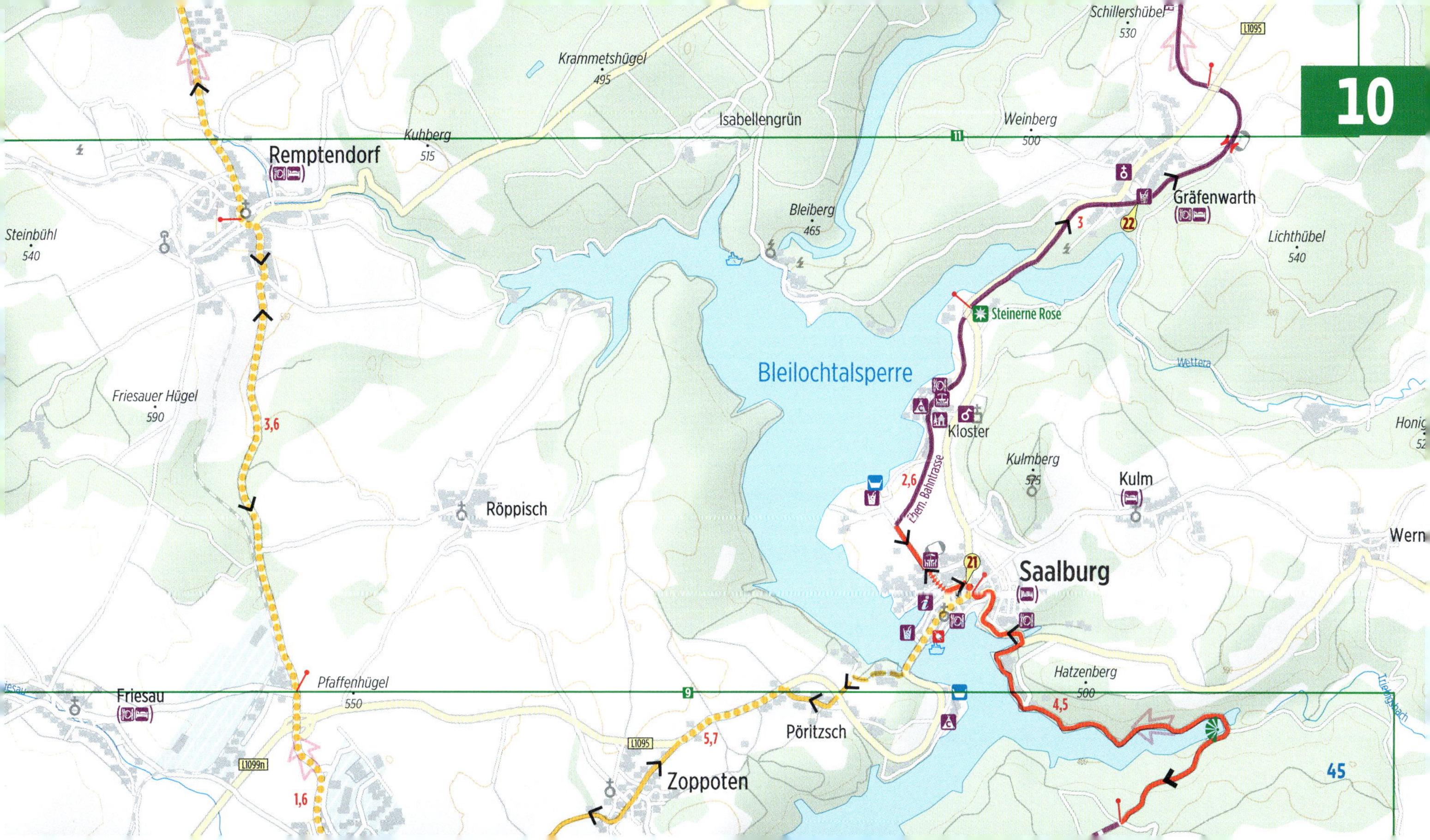
10
Schillershübel
530
L1095
Krammetshügel
495
Isabellengrün
Kuhberg
515
Weinberg
500
Remptendorf
Gräfenwarth
22
3
Bleiberg
465
Steinbühl
540
Lichthübel
540
Steinerne Rose
Wettera
Bleilochtalsperre
Friesauer Hügel
590
3,6
Kloster
Kulmberg
575
Kulm
2,6
Ehem. Bahntrasse
Röppisch
Wern
21
Saalburg
Hatzenberg
500
Pfaffenhügel
550
Friesau
9
4,5
Pöritzsch
5,7
L1095
L1099n
Zoppoten
1,6
45

Nach der Brücke verläuft der Radweg etwas oberhalb der Straße ~ am Rand von Gräfenwarth durch einen Tunnel ~ **22** am ehemaligen Bahnhof Gräfenwarth vorbei.

Gräfenwarth (Schleiz)

Sie folgen dem asphaltierten Bahntrassen-Radweg zwischen den Feldern hindurch ~ **23** nach 3,6 km biegen Sie an der **K 558** links ab ~ an der T-Kreuzung beim **Gasthof Tola's Zollhaus** nach links, Sie folgen nun der Straße **K 555** nach Burgk ~ am Saaleturm vorbei und kurz danach von der Straße links abzweigend direkt zum Schloss.

Schloss Burgk

Burgk

Vorwahl: 03663

- **Schlossmuseum**, Burgk 17, ✆ 400119 Neben der ständigen Ausstellung „Historische Wohnräume" ist auch der Rittersaal mit seiner „schwebenden" Decke beachtenswert. Das Museum verwahrt die größte Exlibris-Sammlung Europas, die etwa 78.000 Blätter umfasst. @ mvy223
- **Schloss Burgk**, Burgk 17. Seit 1743 befindet sich im Schloss Burgk eine Silbermann-Orgel. @ uej631
- **Saaleturm**, am Parkplatz am Ortseingang. Gegen Eintritt geht es 192 Stufen hinauf auf den 2010 errichteten, 43 m hohen Turm mit drei Aussichtsplattformen. Oben hat man einen phantastischen Blick auf die Landschaft mit den Saale-Bögen.

In Burgk trifft man auf ein wertvolles Denkmal des deutschen Burgen- und Schlossbaus, das Elemente von der Gotik bis zum Rokoko, vom mittelalterlichen Wehrbau bis zum fürstlichen Jagdschloss in sich vereinigt. Hoch auf einem Felssporn im oberen Saaletal und nur über einen schmalen Zugang vom Norden her erreichbar, entstand die Burg bereits im 12. Jahrhundert unter den Vögten von Gera und als Teil eines Burgensystems, das am Oberlauf der Saale die Übergänge über den Fluss beherrschte. In der Zeit der Spätrenaissance und des Barock wurden am Schloss zahlreiche Umbauten vorgenommen. Es diente seit 1768 als ständiger Wohnsitz für die preußischen Grafen. Der Palas, das Herrenhaus mit Saal und Wohnräumen, ist heute noch vollständig erhalten, und die Schlossküche wurde komplett restauriert. Die Wasserversorgung war durch die Anlage zweier Röhrensteige gesichert – die Zisterne ist im inneren Burghof zu sehen. Die eindrucksvolle Schlosskapelle besitzt, in Gestalt der 1742/43 von Gottfried Silbermann eingebauten Orgel, eine besondere Kostbarkeit. Im Rahmen des Saale-Orla-Erlebnissommers finden jedes Jahr auf Schloss Burgk Konzerte statt.

Saaleschleife bei Burgk

11
Walsburg
Dörflas
Wisenta
Kirchberg
520
Erberg
440
Mühlberg
445
Vogelherd
460
Wisentatalsperre
Liebschütz
12
Grochwitz
Möschlitz
Talsperre Saalestaustufe
Wisenta
5,7
4,2
Liebengrün
Krähenhügel
480
Saaleturm
Schloss Burgk
Burgk
K555
5
K558
Burgkhammer
Sormitz
1,6
Karolinenfield
Alte Schäferei
5,2
10
Schillershübel
530
Ehem. Bahntrasse
L1095
47
Krammetshügel
495
Isabellengrün
Weinberg
Kuhberg
A9

Vom Schloss steil bergab und hinunter zur Staumauer von Burgkhammer ⁓ Sie folgen dem Weg im weiten Rechtsbogen, bei Nässe ist diese holprige Passage schwierig zu befahren ⁓ am Wegweiser nach links abzweigen ⁓ **24** auf der überdachten Holzbrücke über die Saale ⁓ am anderen Ufer nach rechts auf den Uferweg und diesem fast 3 km folgen ⁓ nach der Rechtskurve verläuft der Radweg von der Saale weg sehr steil hinauf ⁓ über die Höhe kürzen Sie eine Schleife der Saale ab ⁓ Sie rollen wieder hinunter zum Uferweg ⁓ in Walsburg geradeaus auf die Straße.

Ziegenrück

VARIANTE Die Hauptroute verläuft über Ziegenrück und Paska nach Linkenmühle, wo Sie mit der Fähre nach Altenroth übersetzen. Diese ist witterungs- und wasserstandsabhängig von Ostern bis Oktober in Betrieb. Außerhalb dieser Zeit folgen Sie an der Straße der ausgewiesenen Alternativroute nach links über Liebschütz. In Drognitz stoßen Sie wieder auf die Hauptroute.

Walsburg (Eßbach)

25 Sie folgen der Straße nach rechts über die Saale und biegen drüben links ab ⁓ auf der Weiterfahrt ins 6 km entfernte **Ziegenrück** folgen Sie den Schlingen des Flusses, der auf beiden Talflanken von lückenlosem Wald begleitet wird ⁓ bald nach einem Wehr geradeaus an der Bücke vorbei ⁓ beim Viadukt kommen Sie in den Ort.

Ziegenrück

Vorwahl: 036483

- **Tourist-Information**, Markt 6, ✆ 22649, @ dat385
- **Wanderbus Thüringer Meer**, ✆ 03671/5251999. Der Wanderbus verkehrt dreimal täglich zwischen Ziegenrück und Saalfeld und gestattet Radlern dank Fahrradanhänger das Abkürzen von steigungsreichen Passagen.
- **Wasserkraftmuseum Fernmühle**, Lobensteiner Str. 6, ✆ 036733/282524. Das Wasserkraftwerk Fernmühle entstand auf dem Gelände der ältesten Wassermühle an der Oberen Saale, die bereits 1285 urkundlich erwähnt wurde. Die nun musealisierte Anlage stand zwischen 1900 und 1965 in Betrieb, u. a. wird ein 3D-Modell der Talsperren gezeigt. @ btv526
- **St. Bartholomäus**, Kirchstr. 14a. Die Kirche wurde 1668 errichtet.
- **Burg Ziegenrück**. 1261 erstmals urkundlich erwähnt. Erhalten ist heute nur ein spätgotischer Wohnturm aus dem 15. Jh.
- **Walderlebnispark Insel Ziegenrück**, Schulstr. Mit verschiedenen Lern- und Spielelementen. Der Lehrpfad beginnt an der Saalebrücke.

Von Ziegenrück nach Saalfeld — *41 km*

Auf der Vorfahrtsstraße durch den Ort und am **Wasserkraftmuseum** vorbei ⁓ von der **Saalestraße** nach links auf die **Paskaer Straße** ⁓ **26** nach der Brücke am Imbiss nach rechts und vom Wasser weg.

UMSTEIGEN Der Weg zur Fähre nach Linkenmühle führt die ersten Kilometer stetig bergauf. Von Gründonnerstag bis Ende Oktober verkehrt dreimal täglich ab/bis Saalfeld der „Wanderbus Thüringer Meer“ mit einem Fahrradanhänger. So lassen sich

12
Kümla
Bocher Höhe
475
Paska
6,5
Gössitz
505
Eichardtsberg
455
Lasterberg
475
St. Bartholomäus
26
Plothenbach
Portenschmiede
Weidersberg
465
Walderlebnis Insel Ziegenrück
Plothenberg
475
Hohenwartetalsperre
Hopfenmühle
Linkenmühle
Wasserkraftmuseum
Ziegenrück
Fährzeiten beachten!
Altenroth
Neumannshof
Droschkau
Hemmkoppe
450
Heinze-Quelle
eschwenda
Thüringer Wald
5,2
Altenbeuthen
Eßbach
Gottersödel
400
einbühl
530
6
13
27
6,5
Drognitz
Otermühle
Kleiner Otterbach
Zschachenmühlberg
485
Walsburg
Kirchberg
520
Wisenta
25
49
Vog
Neuenbeuthen
Liebschütz

die steilen Anstiege umgehen. Empfehlenswert ist eine Anmeldung am Vortag bis 15 Uhr per KomBus-Servicetelefon ✆ 03671/5251999. Weitere Infos zum Wanderbus finden Sie unter www.kombus-online.eu/wanderbusthueringermeer

Die nächsten 2 km in Kurven immer weiter gleichmäßig bergauf ⇝ Sie erreichen Paska.

Paska

Im Ort der Beschilderung des R 9 nach links folgen, an der Weggabelung dann nach rechts ⇝ auf der Straße bergab nach Linkenmühle ⇝ an der kleinen Brücke das Bachufer wechseln ⇝ Sie kommen zum **Gasthaus Linkenmühle**, das sich rechts der Straße befindet ⇝ nach links geht es zur Fähre.

Linkenmühle (Gössitz)

Mühlenfähre, ✆ 0176/15463429, Fährzeiten: witterungs- und wasserstandsabhängig von Gründonnerstag bis 30. April sowie im Okt. 9-18 Uhr, Mai-Sept. 8-19 Uhr, Fährpause jeweils 13.30-14 Uhr, @ puu422

Am anderen Ufer angelangt fahren Sie in **Altenroth** geradeaus, dann geht es in Kehren und Kurven 150 m höher nach Altenbeuthen ⇝ oben im Dorf rechts halten.

Altenbeuthen

Das Ortsbild von Altenbeuthen ist sehenswert: Unverkleidetes Fachwerk und Schieferwände zeigen die zwei typischen Bauformen des Thüringer Landes.

Am Ortsausgang nach rechts ⇝ kurz hinauf, dann länger auf gleichem Niveau ⇝ bei Drognitz senkt sich der Weg ⇝ **27** im Ort an der Kirche nach rechts.

Drognitz

Das Dorf verabschiedet sich mit einem bildhübschen Fachwerkhaus ⇝ nach der Steigung eröffnet sich ein prächtiger Fernblick über die Hochebenen und ein Rastplatz lädt zum Verweilen ein ⇝ nach einigem leichten Auf und Ab treffen Sie in Reitzengeschwenda ein, dessen Häuser mit gemusterten und bemalten Schieferplatten verziert sind, im schönsten Haus am Dorfanger befindet sich das Volkskundemuseum.

Reitzengeschwenda (Drognitz)

Vorwahl: 036737

Volkskundemuseum, Reitzengeschwenda 24, ✆ 22294, Do-So 13-17 Uhr, Fr, Sa zusätzlich 10-12 Uhr, Mo-Mi nach Vereinb. Im ältesten Bauernhaus des Ortes werden vorindustrielle Lebensweise, Einrichtungen und Trachten sowie der Naturpark Schiefergebirge/Obere Saale dargestellt. @ ino343

Für die Weiterfahrt folgen Sie der Landstraße in Richtung Neidenberga ⇝ **28** an der Abzweigung vor Neidenberga links halten ⇝ die Route führt kurz darauf auf der beschaulichen Uferstraße am zweiten großen Stausee der Saale weiter ⇝ in einer engen Kurve vorbei an der **Lothramühle** ⇝ Sie erreichen die offene Seefläche und folgen weiter der Uferstraße ⇝ nach einer weiteren Ausbuchtung des Sees kommen Sie bei der **Sperrmauer Hohenwarte** an ⇝ mit der 75 m hohen Sperrmauer tut sich ein beeindruckender Höhenunterschied zwischen See und Fluss auf ⇝ über die Sperrmauer gefahren,

13
Bucha
Gartenhügel
505
Wilhelmsdorf
Wernburg
450
Schellenberg
510
Gutzsche
465
B85
Tauschwitz
Kaulsdorf
Gössitzberg
515
Saaltal
Saalthal-Alter
Klinkhardtshöhe
515
Steinhügel
520
29
Eichicht
Talsperre Eichicht
4,2
14
Sormitz
Neidenberga
Hohenwartetalsperre
Pühligsberg
425
28
Hohenwarte
7,5
Schleifenberg
510
12
Schmitenberg
530
Schliefert
560
Hockeroda
Hohenwarte II
Löhma
Klingkuppe
520
Volkskundemuseum
Lothramühle
5,2
Steinbühl
530
Reitzengeschwenda
Quitschen
565
Jakobshügel
560
B85
B90
Steinsdorf
Ziegenrück
565
Biel
540
Munschwitz

wenden Sie sich nach links → Sie rollen auf Hohenwarte zu.

Hohenwarte

Der Ort gibt der zweitgrößten Talsperre im Oberen Saale-Talsperren-System seinen Namen. Die Anlage dient neben der Stromversorgung auch der Wasserstandsregulierung für die Saale-Elbe-Schifffahrt. Die Hohenwartetalsperre wurde 1936 bis 1942 erbaut, sie ist mit 182 Millionen Kubikmetern heute noch die viertgrößte deutsche Talsperre. Ergänzt wird sie mittlerweile durch ein Pumpspeicherkraftwerk, wo Wasser in ein künstliches Oberbecken gepumpt wird, um es zu Spitzenzeiten über acht mächtige Rohre talwärts zu den Turbinen rauschen zu lassen.

Die Fahrgastschifffahrt Hohenwarte bietet in der Saison täglich Rundtouren an, auf denen der Stausee vom Wasser aus erlebt werden kann. Infos unter 0170/2070025 oder www.fahrgastschiffahrt-hohenwarte.de

Nach dem Ort sieht man linkssaalisch auf die mächtigen Rohre des Speicherkraftwerks → das Tal öffnet sich allmählich und Sie radeln am Stauwasser der **Talsperre Eichicht** entlang → vor Saalfeld schließlich verlässt die Saale die Enge des Gebirges → **29** über die Sperrmauer und danach rechts ab erreichen Sie Eichicht.

Eichicht (Kaulsdorf)

Seit dem 13. Jahrhundert war die Flößerei von diesem Bereich bis Halle bedeutend. Die Scheitholzflößerei ist seit langem eingestellt. Die Langholzflößerei jedoch wurde, besonders in der Zeit der Frühjahrshochwässer, noch in der ersten Hälfte des 20. Jahrhunderts betrieben.

Der Weg wendet sich nach einem Holzlagerplatz landeinwärts → an der Kreuzung in Eichicht nach rechts → am Gasthaus vorbei und über das Flüsschen **Loquitz** → Sie queren die Bundesstraße und die Bahn, gleich darauf nach rechts → an der nächsten Weggabelung links → auf einer ansteigenden Straße bei der zweiten Gabelung wieder links → die Steigung wird stärker → in einer Spitzkehre fahren Sie über ein Rinnsal und gelangen auf eine größere Lichtung, der Weg ist zum Teil grob geschottert und aufgrund der vielen Steine bei Nässe sehr beschwerlich zu fahren → hoch über dem Saaletal bieten sich jetzt sehr schöne Blicke in die Landschaft → nach dem weiten Linksbogen wieder hinunter ins Tal → bei der Kirche von Breternitz knickt die Straße nach rechts ab und ein Weg führt weiter hinunter → an der nächsten Kreuzung in spitzem Winkel links auf den Ort zu.

Breternitz (Kaulsdorf)

Immer geradeaus durch Breternitz → es folgt ein kurzer, aber kräftiger Anstieg auf der gut ausgebauten Straße → unmittelbar vor dem Tiefenbach an der Gabelung dem Weg rechts folgen → in einem Rechtsbogen am Talrand nach Weischwitz.

Weischwitz (Kaulsdorf)

Im Ort an der Querstraße links und gleich danach rechts halten → alte Fachwerkhäuser säumen den Weg → nach dem Ortsende bergauf, an der Weggabelung rechts halten → Sie kommen durch eine sehr schöne Landschaft, bevor Sie das Industriegebiet Saalfelds erreichen, allerdings fährt sich der Landwirtschaftsweg aufgrund des Gerölls noch einmal sehr beschwerlich → durch eine Senke mit einer Quelle → im Wald dann geht es sehr steil abwärts → **30** der Weg mündet in eine Asphaltstraße und Sie biegen rechts ab → die schwerste Gebirgsstrecke am Oberlauf der Saale haben Sie somit hinter sich gelassen.

Reschwitz (Saalfeld/Saale)

Durch Reschwitz mit dem sehenswerten **Dorfplatz** und den zahlreichen Fachwerkhäusern → hinter dem Dorf verlassen Sie die Straße

nach rechts und überqueren auf der 2021 eröffneten **Bohlenwand-Brücke** die Saale am anderen Ufer links halten in einigen Kurven fahren Sie durch Obernitz.

Obernitz (Saalfeld/Saale)

Bei der nächsten Flussbrücke vor zur **B 85** und dort links auf den straßenbegleitenden Radweg bei einer weiteren Brücke vorbei an der Schokoladenfabrik in **Köditz** an der Saalebrücke weiter geradeaus.

UMLEITUNG Bis voraussichtlich August 2023 wird der Pioniersteg neu gebaut und ist daher nicht nutzbar. Überqueren Sie bis dahin die Saale bereits an der Autobrücke und folgen dann rechts der Umleitung.

31 Auf der Hauptroute überqueren Sie nach 250 m auf dem **Pioniersteg** die Saale und

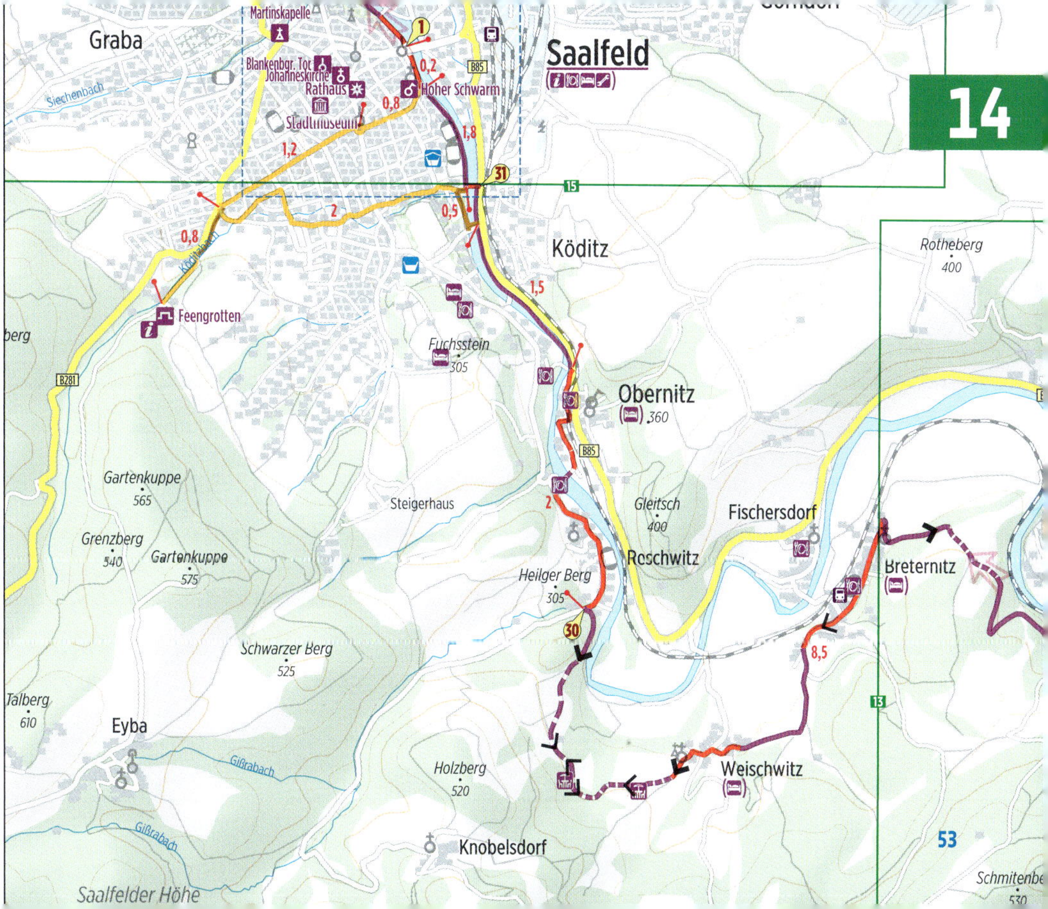

Saalfeld, Johanneskirche

biegen dahinter rechts ab in den Erschließungsweg Saalewiesen.

AUSFLUG Falls Sie die Feengrotten besichtigen wollen, fahren Sie an dieser Stelle links. Die in Karte 14 verzeichnete Alternativ-Route zu den Tropfsteinhöhlen ist ausgewiesen.

Auf der Hauptroute radeln Sie vorbei am Sportplatz ins Stadtzentrum.

TIPP Bei der Burgruine „Hoher Schwarm" können Sie nach links in die Breitscheidstraße abzweigen und eine Besichtigungstour durch die historische Innenstadt – genannt „Steinerne Chronik Thüringens" – beginnen. Hier mündet zudem ein beschilderter Zuweg von den Feengrotten ein.

Saalfeld/Saale

Vorwahl: 03671

- **Saalfelder Feengrotten und Tourismus GmbH**, Feengrottenweg 2, ✆ 55040, @ nix728
- **Tourist-Information Saalfeld**, Markt 6, ✆ 522181, @ imj353
- **Wanderbus Thüringer Meer**, ✆ 03671/5251999. Der Wanderbus verkehrt dreimal täglich zwischen Ziegenrück und Saalfeld und gestattet Radlern dank Fahrradanhänger das Abkürzen von steigungsreichen Passagen.
- **Stadtmuseum Saalfeld**, Münzpl. 5, ✆ 598471, Di-So 10-17 Uhr. Das Stadtmuseum befindet sich in den Kreuzgängen und Gewölben des um 1250 erbauten Franziskanerklosters. Die Klosteranlage zählt mit einer Ausstellungsfläche von ca. 2.200 m^2 zu den bedeutendsten stadt- und kulturhistorischen Museen Thüringens. @ mtq462
- **Johanneskirche**, Kirchpl. 3, ✆ 455940. Eine der größten Hallenkirchen Thüringens, erbaut Ende des 14. Jhs. in spätgotischem Stil unter Einfluss der Prager Parler-Bauhütte. Prachtstücke der Ausstattung sind das Hl. Grab, die Schreinfiguren, die Täuferfigur sowie die seltene Darstellung einer Himmelswiese.
- **Martinskapelle**. Die frühgotische Kapelle wurde 1338 erstmals urkundlich erwähnt und ist das älteste Gebäude der Stadt.
- **Residenzschloss**, Schlossstr. 24. Das 1679 als Dreiflügelanlage erbaute Schloss wird heute als Verwaltungsgebäude genutzt. Als Residenzschloss der Herzöge von Sachsen-Saalfeld (1677-1720) wurde es auf dem Gelände der karolingischen und später ottonischen Königspfalz mit prächtigem Barockportal errichtet. In der großartigen Schlosskapelle ist die Formensprache des Rokoko deutlich zu erkennen.
- **Burgruine Hoher Schwarm**, Schwarmg. Zu Anfang des 13. Jhs. entstand der befestigte Wohnturm als Sitz der Herzöge von Sachsen und den Kurfürsten von Meißen. Er bildete die Eckbastion der Ringmauer an strategisch entscheidender Stelle und ist Wahrzeichen der Stadt.
- **Darrtor**, Darrtorstr. 11 7d Der älteste der vier erhaltenen Tortürme wurde zeitweise als Gefängnis benutzt. Oben von der Plattform bietet sich ein Rundblick über die Dächer der

Stadt bis hin zum Thüringer Schiefergebirge.

- **Erlebniswelt Saalfelder Feengrotten**, Feengrottenweg 2, ✆ 55040 (7d) In einem zwischen 1540 und 1846 betriebenen Alaunschieferbergwerk bildeten sich in den verlassenen Stollen durch Auslaugung von verschiedensten Mineralien buntschillernde Gebilde – eine Art „Naturwunder aus Menschenhand". In das Guiness-Buch der Rekorde ist die Grotte als „farbenreichste Schaugrotte der Welt" eingegangen. @ bhe433
- **Mittelalterliche Stadtbefestigung**. Heute noch ist die mittelalterliche Stadtbefestigung mit ihren vier Toren und der Mauer gut erhalten.
- **Rathaus**, Markt. Erbaut Anfang des 16. Jhs. ist das Haus mit den hohen Giebeln und kräftigem Treppenturm ein frühes Beispiel thüringisch-sächsischer Renaissance-Baukunst.
- **Marktapotheke**, Fleischg. Von der frühstädtischen Epoche zeugt das als Turmhaus um 1180 erbaute Gebäude. Ursprünglich Sitz des Schultheißen, seit 1681 Apotheke.

Beim Blick auf die Karte erkennt man die Stadt sowohl als Schnittpunkt von Fernhandelswegen als auch als Übergangsstelle zwischen Gebirge und Ebene. Diesen Umstand nutzte der Ort Saalfeld seit dem hohen Mittelalter, dazu kamen Erträge aus den nahe gelegenen Erz- und Mineralienvorkommen. Gewonnen wurden Silber, Gold, Kupfer, Eisenstein, Vitriol und Kobalt. So ist beispielsweise das Naturdenkmal Feengrotten in einem alten Alaunschieferbergwerk entstanden. Die wirtschaftliche Blüte des 14. bis 16. Jahrhunderts ermöglichte auch einen architektonischen und künstlerischen Höhepunkt. Erst die Folgen des Dreißigjährigen Krieges setzten dieser Entwicklung ein Ende. Politisch konnte sich Saalfeld lange nicht freihalten, gehorte bald diesen, bald jenen Herren, den Grafen von Schwarzburg, den Wettinern, dann den Herzögen von Sachsen-Saalfeld, deren Residenz die Stadt sogar von 1735 bis 1826 war, und schließlich den Herzögen von Sachsen-Meiningen. Einen vorzüglichen Geschichtsschreiber hat die Stadt

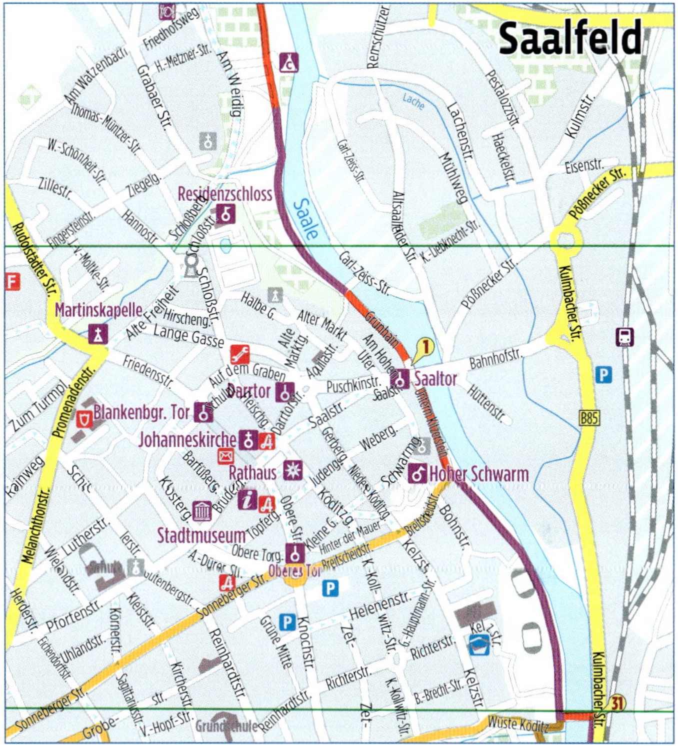

Saalfelder Feengrotten

in der zweiten Hälfte des 17. Jahrhunderts in der Person des Pfarrers Kaspar Sagittarius gefunden, der später als Jenaer Professor das Fach Landesgeschichte begründete.

Noch Mitte des vorigen Jahrhunderts war Saalfeld ein Kleinstädtchen, bevor mit der Ansiedlung mehrerer Betriebe die Phase der Industrialisierung und des neuerlichen Aufschwungs begann. Heute beeindruckt die Stadt ihre Besucher mit den zahlreichen Bauwerken aus der über 1.100-jährigen Geschichte. Auf einem historischen Rundweg lassen sich die vielen Sehenswürdigkeiten erkunden. Entlang des Weges kommen Sie auch zum Darrtor, von dem Sie einen herrlichen Ausblick über die Stadt genießen können.

Von Saalfeld nach Naumburg

109,3 km

HM/km: ↗ 2,8 (307m) ↘ 3,9 (424m) Radweg: 60 % Unbefestigt: 6 % Verkehr: 6 %

Bei Saalfeld verlässt die Tour das Gebirge und begibt sich in die sanftere Formenwelt des Mittleren Saaletales. Im äußerst reizvollen Abschnitt bis zur Unstrut-Mündung begegnen Sie den meisten der 68 saalischen Burgen und – im sogenannten Saale-Canyon zwischen Jena und Naumburg – einer Kulturlandschaft mit geradezu südlichem Flair. Höhepunkte der Reise bilden gewiss Dornburg mit seinen drei Schlössern, die Universitäts- und Optikstadt Jena sowie Naumburg mit dem weltberühmten Dom. Ein Ausflug ins Unstrut-Tal macht Sie außerdem mit der nördlichsten Weinregion Europas bekannt.

Die Zahl der Anstiege nimmt in diesem Abschnitt zwar deutlich ab, so manche Kraftprobe bleibt Ihnen dennoch nicht erspart. Sie radeln überwiegend auf gut ausgebauten Radwegen und Wirtschaftswegen, nur ab und an müssen Sie auf Landstraßen ausweichen.

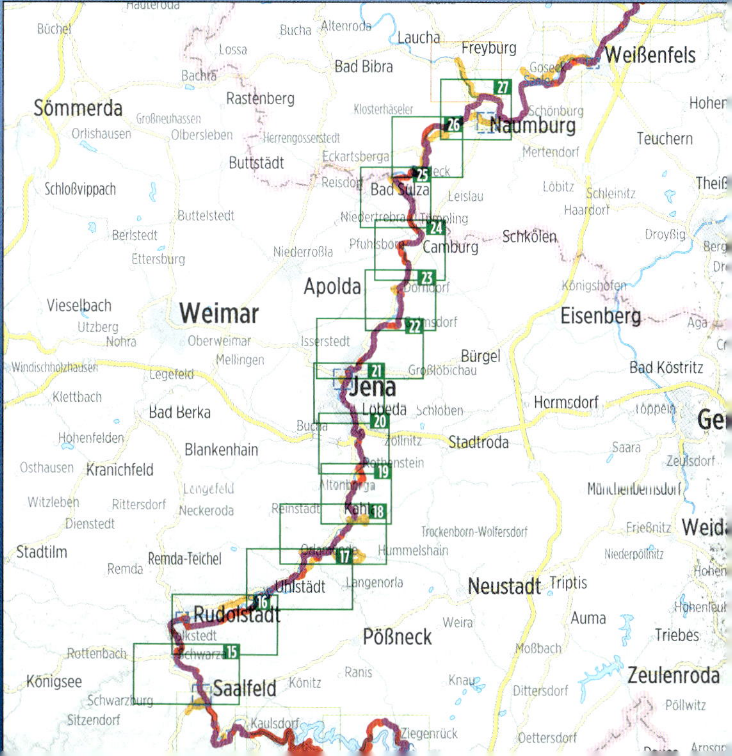

Von Saalfeld nach Rudolstadt *12 km*

1 Vorbei an der Saalebrücke verlassen Sie Saalfeld auf dem **Grünhain**, Sie bleiben nahe am linken Ufer der Saale ~ unter der Straßen- und Bahnbrücke hindurch ~ weiter nahe am Saaleufer entlang ~ nach der kleinen Holzbrücke nach rechts auf die Straße und über die Saale ~ im Ortsteil **Remschütz** halten Sie sich links ~ gleich nach Überquerung der Bahn schwenken Sie erneut nach links ~ auf gut ausgebautem Radweg Remschütz verlassen und leicht bergauf ~ entlang der Bahnlinie kommen Sie nach gut 2 km zu den ersten Bauten der **Papierfabrik** ~ unter der Straßenbrücke hindurch und danach im Rechtsbogen entlang der Straße ~ **2** nach links die Saale auf der **Zellwollbrücke** überqueren und etwa 500 m entlang der **Breitscheidstraße** ~ nach rechts in den **Doktor-Hermann-Ludewig-Ring** ~ an der Saale lädt ein Platz zur Rast ein ~ an der Brücke vorbei weiter der Straße folgen ~ mit der Straße nach links von der Saale weg und geradeaus über die Kreuzung ~ nach 100 m rechts in den Rad- und Fußweg ~ geradeaus über die Straße und weiter auf dem Radweg auf der linken Straßenseite ~ nach rechts auf einem Weg zur Saale ~ nach dem Linksbogen auf einer kleinen Holzbrücke über ein Bächlein ~ am Querweg dann rechts ~ im Ortsteil **Volkstedt** geradeaus auf die schmale Straße und an Kleingärten vorbei ~ geradeaus auf die Straße **Am Mühlgraben**, der Sie an der Brücke vorbei folgen ~ am Ende der Straße geradeaus auf den Rad- und Fußweg und zwischen Bahn und Saale weiter ~ an der ersten Bahnunterführung vorbei, an der zweiten dann auf die andere Seite der Schienen wechseln, ⚠ **Achtung, steigen Sie rechtzeitig ab, denn die Unterführung hat eine begrenzte Durchgangshöhe von 1,70 m!** ~ anschließend im Bogen wieder zur Bahn und links der Bahnstrecke weiter, bald parallel zum **Saaldamm** ~ 400 m nach dem **Bahnhof** auf dem Radweg nach rechts zur Bahnunterführung.

Rudolstadt, Schloss Heidecksburg

INS ZENTRUM Die Rudolstädter Innenstadt ist sehr sehenswert. Folgen Sie der im Stadtplan verzeichneten Route nach links zum Markt. Wollen Sie die Stadt zu Fuß erkunden, lassen sich die Abstellanlagen und Schließfächer am Bahnhof für die Verwahrung von Rad und Gepäck nutzen.

TIPP In Rudolstadt findet traditionell Anfang Juli das Rudolstadt-Festival – das größte Folk-Roots-Weltmusik-Festival Deutschlands – statt. In dieser Zeit können Sie die Innenstadt, die Burg und den Heinepark nur mit einer Eintrittskarte besuchen.

Rudolstadt

Vorwahl: 03672

Tourist-Information, Markt 8, ✆ 486440, @ lkw847

Freilichtmuseum Thüringer Bauernhäuser, Kleiner Damm 12, ✆ 422465, April-Okt., Di-So 11-18 Uhr. Anhand von charakteristischen Bauernhäusern der Umgebung wird die ag-

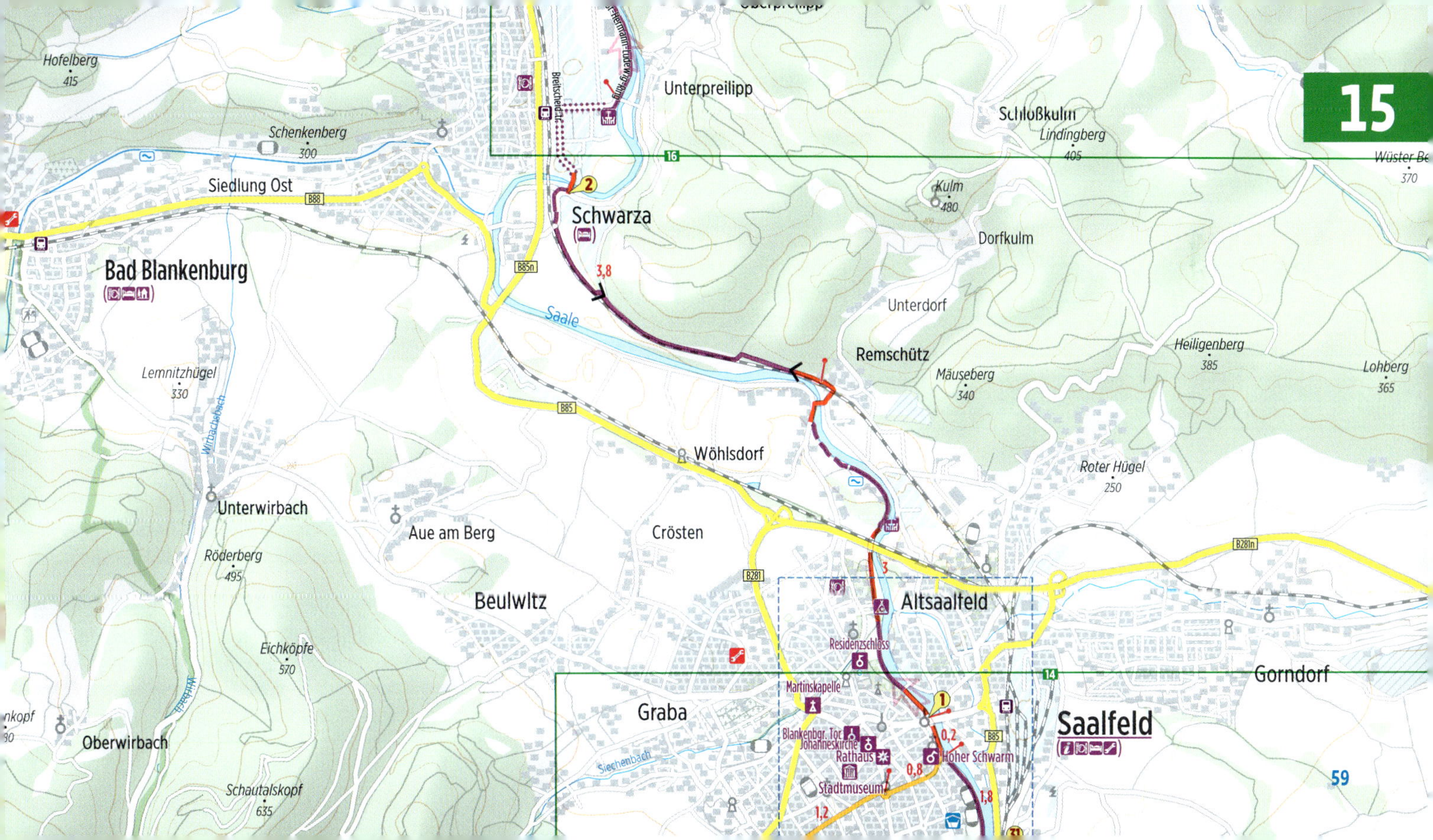

15
Hofelberg
415
Schenkenberg
300
Siedlung Ost
B88
Bad Blankenburg
Unterpreilipp
Schloßkulm
Lindingberg
405
16
Wüster Be
370
Kulm
480
Dorfkulm
Schwarza
2
3,8
B85n
Saale
Unterdorf
Remschütz
Heiligenberg
385
Lohberg
365
Mäuseberg
340
Lemnitzhügel
330
Wirbachbach
B85
Wöhlsdorf
Roter Hügel
250
Unterwirbach
Aue am Berg
Cröstlen
B281n
Röderberg
495
B281
3
Altsaalfeld
Beulwitz
Residenzschloss
Eichköpfe
570
14
Gorndorf
Martinskapelle
1
Graba
Saalfeld
Blankenbgr. Tor
Johanneskirche
0,2
B85
Rathaus
Hoher Schwarm
nkopf
Oberwirbach
Siechenbach
0,8
Stadtmuseum
1,8
Schautalskopf
635
1,2

rarische Arbeits- und Wohnkultur des 17. bis 20. Jhs. gezeigt. @ olj423

Stadtkirche St. Andreas, Kirchhof 1, auf Anfrage. Die spätgotische Hallenkirche aus dem 14. bis 15. Jh. erfuhr 1634-36 eine kunstvolle Umgestaltung im Stil der Spätrenaissance, bei der jedoch wesentliche gotische Architekturmerkmale erhalten blieben.

Residenzschloss Heidecksburg mit Thüringer Landesmuseum, Schlossbezirk 1, 429022 Die zu Fürsten erhobenen Grafen von Schwarzburg ließen ab 1737 das prunkvolle Barockschloss hoch über Saale und Stadt errichten. Die reiche Rokokoausstattung der Festsäle und Kabinette entspringt dem Wunsch nach fürstlicher Repräsentanz. Zu besichtigen ist zudem die Dauerausstellung „Rococo en Miniature - die Schlösser der gepriesenen Insel“. Im Nordflügel des Schlosses befinden sich die natur- und kulturgeschichtlichen Sammlungen. @ rvw157

Stadtschloss Ludwigsburg, Burgstr. 1. Die barocke Dreiflügelanlage in der Altstadt wurde nach 1734 für den Prinzen Ludwig Günther II. von Schwarzburg-Rudolstadt als repräsentatives Stadtpalais errichtet. Keine Innenbesichtigung möglich, da Sitz des Thüringer Rechnungshofes.

Altes Rathaus, Stiftsg. 2. Das 1524 errichtete Gebäude wurde im 18. Jh. mehrfach verändert. An der Vorderseite zu sehen ist die „Rudolstädter Elle“, welche als Normmaß (0,564 m) für Tuchhändler galt.

Schillerhaus Rudolstadt, Schillerstr. 25, 486470 Hier lebte seit 1775 Frau von Lengefeld mit ihren Töchtern Charlotte, Schillers späterer Frau, und Caroline. Zu den Gästen des Hauses zählten Dichter und Denker ihrer Zeit wie Wilhelm von Humboldt, Charlotte von Stein und Caroline von Dacheröden. Am 7. September 1788 fand hier auch die erste Begegnung zwischen Goethe und Schiller statt, die jedoch fürs Erste folgenlos blieb. Das sanierte Haus dient heute als Museums- und Veranstaltungsort. @ pje837

Eingebettet in ein waldumgebenes Tal zieht sich Rudolstadt bandartig im weiten Bogen des Flusses Saale entlang. Die Stadt gleicht in ihren Anfängen sehr der Nachbarstadt Saalfeld. Aus dem einstigen slawischen Fischerdorf erwuchs unter dem Schutz einer kleinen Veste, einer kaiserlichen Domäne, der deutschsprachige Ort. „Rudolfestat“ wurde erstmals 776 urkundlich erwähnt und besitzt seit 1326 das Stadtrecht. Lange war es ein bescheidenes Ackerbürgerstädtchen.

Um 1340 gelangte die Stadt in den Besitz der Grafen von Schwarzburg. Als Haupt- und Residenzstadt des späteren Fürstentums Schwarzburg-Rudolstadt erlebte sie zwischen dem 18. und 19. Jahrhundert eine geistige Blüte. Hier kam es 1788 zur ersten Begegnung und ersten Gesprächen zwischen Goethe und Schiller, aus denen sich jedoch noch keine engere Beziehung der beiden Dichter ergab. Eine tiefe Zuneigung fasste Schiller hingegen gleich zu Charlotte von Lengefeld, die er später auch ehelichte. Er weilte seitdem oft in der Stadt. Im 1793 gegründeten Rudolstädter Theater wurden zur Zeit der Klassik vom Ensemble des Weimarer Hoftheaters, das unter Goethes Leitung stand, häufig Gastspiele aufgeführt. In „Klein-Weimar“, so der fürstliche Ehrgeiz, waren auch Richard Wagner, Franz Liszt und Niccolò Paganini tätig.

Das Wahrzeichen der Stadt - die Heidecksburg - erhebt sich imposant über die Altstadt, die mit ihren verwinkelten Gassen, Kirchen und Renaissancebürgerhäusern zum Verweilen einlädt.

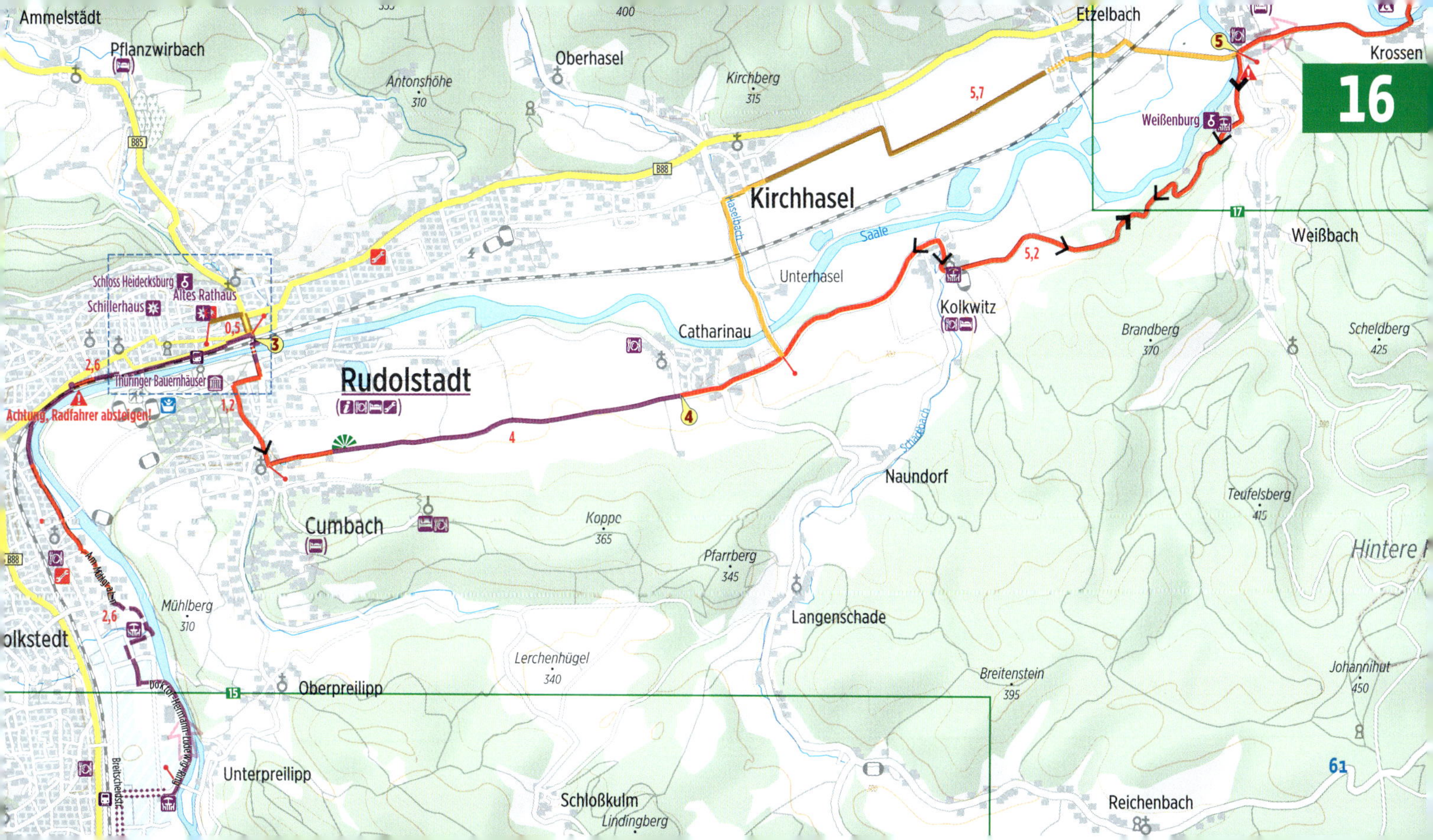

16
Ammelstädt
Pflanzwirbach
Oberhasel
Antonshöhe
310
Kirchberg
315
Etzelbach
Krossen
400
5,7
Weißenburg
B85
B88
Kirchhasel
Haselbach
Saale
Unterhasel
Weißbach
17
5,2
Schloss Heidecksburg
Altes Rathaus
Schillerhaus
0,5
Catharinau
Kolkwitz
Brandberg
370
Scheldberg
425
2,6
Thüringer Bauernhäuser
Rudolstadt
1,2
Achtung, Radfahrer absteigen!
4
Naundorf
Schaalbach
Teufelsberg
415
Cumbach
Koppe
365
Pfarrberg
345
Hintere
Mühlberg
310
Langenschade
olkstedt
Lerchenhügel
340
Breitenstein
395
Johannihut
450
15
Oberpreilipp
Doktor-Hermann-Ludwig-Ring
Breitscheidstr.
Unterpreilipp
Schloßkulm
Lindingberg
Reichenbach

Von Rudolstadt nach Kahla 27 km

3 Sie fahren durch die Bahnunterführung, dann im Bogen hinauf zur Stadtbrücke und über die Saale ~ am anderen Ufer am Heine-Park entlang und danach rechts in die Straße **Kleiner Damm** ~ nach 200 m links in die Straße **Am Gänsebach** ~ schräg die Vorfahrtsstraße queren ~ nach gut 200 m links in den **Flursteinweg** abzweigen, auf diesem haben Sie nochmals einen schönen Blick auf Rudolstadt und die Heidecksburg ~ **4** Sie durchfahren **Catharinau**, das einen lieblichen, kastanienbeschmückten Dorfplatz besitzt.

VARIANTE Der folgende hügelige Abschnitt über Kolkwitz und Weißenburg kann auf der nördlichen Variante flach umfahren werden. Biegen Sie dafür nach den Solaranlagen links ab und folgen Sie der Beschilderung über Kirchhasel und Etzelbach.

Auf der Hauptroute erreichen Sie entlang einer Pappelreihe bald das nächste Dorf.

Kolkwitz (Uhlstädt-Kirchhasel)

Im Ort fahren Sie um die Kirche herum ~ bergauf gelangen Sie wieder aus der Flussniederung heraus ~ an der nächsten Kreuzung nach links in Richtung Weißen ~ nach einigem Auf und Ab erreichen Sie auf der gut ausgebauten Straße mit einer Rechtskurve das Weißeneck und die Weißenburg, die hinter der **Klinik an der Weißenburg** liegt.

Weißenburg (Uhlstädt-Kirchhasel)

Burg Weißenburg, Weißen 3, ✆ 036742/671805. Vermutlich im 13. Jh. erbaut und im 16. Jh. zum Schloss umgebaut. Heute kann man hier übernachten. @ axb415

Die Anlage besitzt vor den Mauern einen Kräutergarten und bietet von der Rückseite aus eine gute Aussicht über das Saaletal. Das Anwesen wurde nach einem Brand im Jahre 1792 im neugotischen Stil wiederhergestellt. 1998 erfolgte eine umfassende Sanierung.

Nach der Burg geht es stark bergab ~ ⚠ bitte abbremsen, denn beim Stoppschild kurz vor dem Ort Weißen müssen Sie nach links auf die Querstraße einbiegen.

Weißen (Uhlstädt-Kirchhasel)

5 An der Saale-Brücke biegen Sie nach rechts ab ~ nach 1,5 km erreichen Sie das Dörfchen **Oberkrossen**, wo die Saaleseite gewechselt wird in Richtung Uhlstädt ~ gleich nach der Bahn rechts auf einen schmalen Weg abbiegen.

TIPP An dieser Stelle geht es noch vor der Bahn links zur Tourist-Information, dort befindet sich neben einer Ausstellung zur Geschichte der Saaleflößerei auch ein Rastplatz.

Uhlstädt (Uhlstädt-Kirchhasel)

Vorwahl: 036742

Tourist-Information, Am Saalewehr 2, ✆ 63534, @ syo487

Flößereimuseum, Am Saalewehr, in der Tourist-Information, ✆ 63534, ✆ 0171/6118607, April-Okt., Mo-Fr 13-16 Uhr, sonst n. tel. V. @ lbq578

Schloss Weißenburg, bei Uhlstädt

Waldbad Rückersdorf, Rückersdorf 27, 0172/3753822, Juni-Aug., Mo-Fr 13-19 Uhr, Sa, So 10-19 Uhr. Mit Kiosk. @ plq566

Vorbei am Schulgebäude und links über einen Parkplatz ⤳ noch vor der Hauptstraße rechts ab ⤳ vor dem Bahnübergang beginnt ein gut zu befahrender Weg parallel zu den Gleisen ⤳ am Rand von Zeutsch halten Sie sich beim Bahnübergang links und unterqueren die B 88 ⤳ an der Vorfahrtsstraße rechts und dieser durch den Ort folgen.

Zeutsch (Uhlstädt-Kirchhasel)

6 Noch vor dem **Bahnhof** rechts in den Fußgängertunnel und die Bahn unterqueren ⤳ auf der anderen Seite am Ende der Rampe rechts, nach wenigen Metern geradeaus auf die Straße und die Saale überqueren ⤳ Sie erreichen am Talrand **Krebsmühle** ⤳ hier schwenken Sie links nach Niederkrossen.

Niederkrossen (Uhlstädt-Kirchhasel)

VARIANTE Gleich am Ortsanfang verläuft die Hauptroute nach links zur Saale. Die in der Karte verzeichnete steigungsreiche Variante kann bei Hochwasser genutzt werden.

Hochwasservariante

In Niederkrossen durchfahren Sie den **Markt** und halten sich gegen Ortsende an der Weggabelung links ⤳ auf dem Rad- und Wirtschaftsweg bergauf ⤳ Sie kommen auf einer mit Feldern bestellten, älteren Flussterrasse aus dem Wald hinaus ⤳ im Vordergrund erscheint auf einem vorspringenden, steilwandigen Felssporn Orlamünde ⤳ der Weg verliert dann über einen abschüssigen Hohlweg wieder an Höhe ⤳ auf halber Höhe an der Abzweigung beim Rastplatz rechts abbiegen ⤳ kurz vor den Gärten rechts den Weg hinab ⤳ bis zum Bahnübergang, wo Sie auf die Hauptroute treffen und die Gleise überqueren.

Auf der Hauptroute zweigen Sie gleich am Ortsanfang von Niederkrossen beim Strommast nach links ab ⤳ nach den Gärten dem Radweg immer geradeaus folgen, Sie blicken auf Orlamünde mit der Burg ⤳ zwischen Fluss und Feldern dahin ⤳ nach dem Rechtsschwenk an einigen Gärten vorbei ⤳ an der Vorfahrtsstraße nach rechts.

Flößereimuseum in Uhlstädt

AUSFLUG Für einen Abstecher nach Orlamünde fahren Sie links über die Brücke. Der Anstieg zur Burg kostet einige Anstrengung, der Blick von der Terrasse über das Tal wird aber unvergesslich sein.

Orlamünde

Vorwahl: 036423

Burg „Kemenate von Orlamünde", auf einem Bergplateau östlich der Stadt, 60444. Sie diente als Vorratslager, Rüstkammer und eventuell auch als Verlies. Als bedeutendster Rest der Burg weithin sichtbar, zählt das wuchtige Gebäude zu den ältesten Steinbauten im Thüringer Raum. @ rtc125

Die auf einem steilen Bergsporn über der Saale gelegene Burg, deren Entstehung gemeinsam mit

Blick ins Saaletal kurz vor Freienorla

Orlamünde auf das 11. Jahrhundert zurückgeht, gewährt einen weiten Blick nach Osten in das Orlatal. Mitte des 15. Jahrhunderts begann die Befestigung auf „sanfte“ Art zu verfallen, indem die Bewohner der umliegenden Ortschaften der Burg wertvolles Baumaterial entnahmen. Noch immer finden sich in Stallungen in Orlamünde romanische Säulen. Heute fällt – neben dem romanischen Torbogen – vor allem der Kernbau der Burg, die Kemenate, ins Auge.

Während der Reformation errang der Ort große Bedeutung. 1519 hielt sich Thomas Müntzer nach seiner Vertreibung aus Jüterbog einige Zeit hier auf. Die Pfarrei von Orlamünde lockte unter dem radikalen Theologen Karlstadt, eigentlich Andreas Bodenstein (1480–1541), die Zuhörerschaft von weit her. Karlstadt, der sich von den humanistischen Idealen abwandte, hielt den Gottesdienst in Deutsch, trug einfache Bauernkleidung, verrichtete Handarbeit und beseitigte die Bilder. Es gelang ihm, den religiösen Bildungsstand zu heben. Luther sah in der Person Karlstadts die Gefährdung weltlicher und kirchlicher Ordnung. Deshalb predigte er 1524 in Orlamünde gegen Müntzer, musste aber sein Streitgespräch ohne Erfolg beenden.

Auf dem weiteren Weg folgen Sie der Landstraße nach Freienorla, ab dem Sportplatz können Sie auf den Radweg links der Straße wechseln ~ unter der Bahn hindurch und sofort rechts abbiegen, dann die Straße queren und hinterm Bahnübergang links entlang des Gleises ~ beim nächsten Bahnübergang links, über zwei kleine Brücken gelangen Sie nach Freienorla.

Freienorla

Untermühle, Dorfstr. 14. Die an der Orla, dem kleinen Zufluss der Saale, gelegene Mühle wurde 1898 erbaut. Eine Vorgängermühle ist 1895 bei einem Brand vernichtet worden. Die Wassermühle – ein funktionstüchtiges technisches Denkmal – befindet sich in Privatbesitz.

An der T-Kreuzung links auf die Vorfahrtsstraße, diese nach gut 100 m nach rechts verlassen und gleich wieder links ~ durch die Ortslage weiter ~ auf dem Radweg vorbei an der Orlamündung ~ **7** auf dem Radweg kurz parallel zur Straße, dann wieder zum Fluss.

AUSFLUG: Wenn Sie hier rechts der Straße folgen, gelangen Sie nach 6 km zur Jagdanlage Rieseneck (s. Daten Kleineutersdorf). Insgesamt sind 170 Höhenmeter zu überwinden.

Zwischen dem weidengeschmückten Fluss und dem Wald radeln Sie jetzt nicht lange, bis die ersten Obstgärten von **Kleineutersdorf** auftauchen ~ der Saaleradweg führt geradeaus durch den Ort.

Kleineutersdorf

Barocke Jagdanlage Rieseneck, 5 km Richtung Hummelshain. Das Waldgebiet wurde aufgrund des großen Wildbestands über Jahrhunderte von herzoglichen Jägern für die Jagd genutzt. Die ausgeklügelte Pirschanlage (1712-1727) ist heute eines der

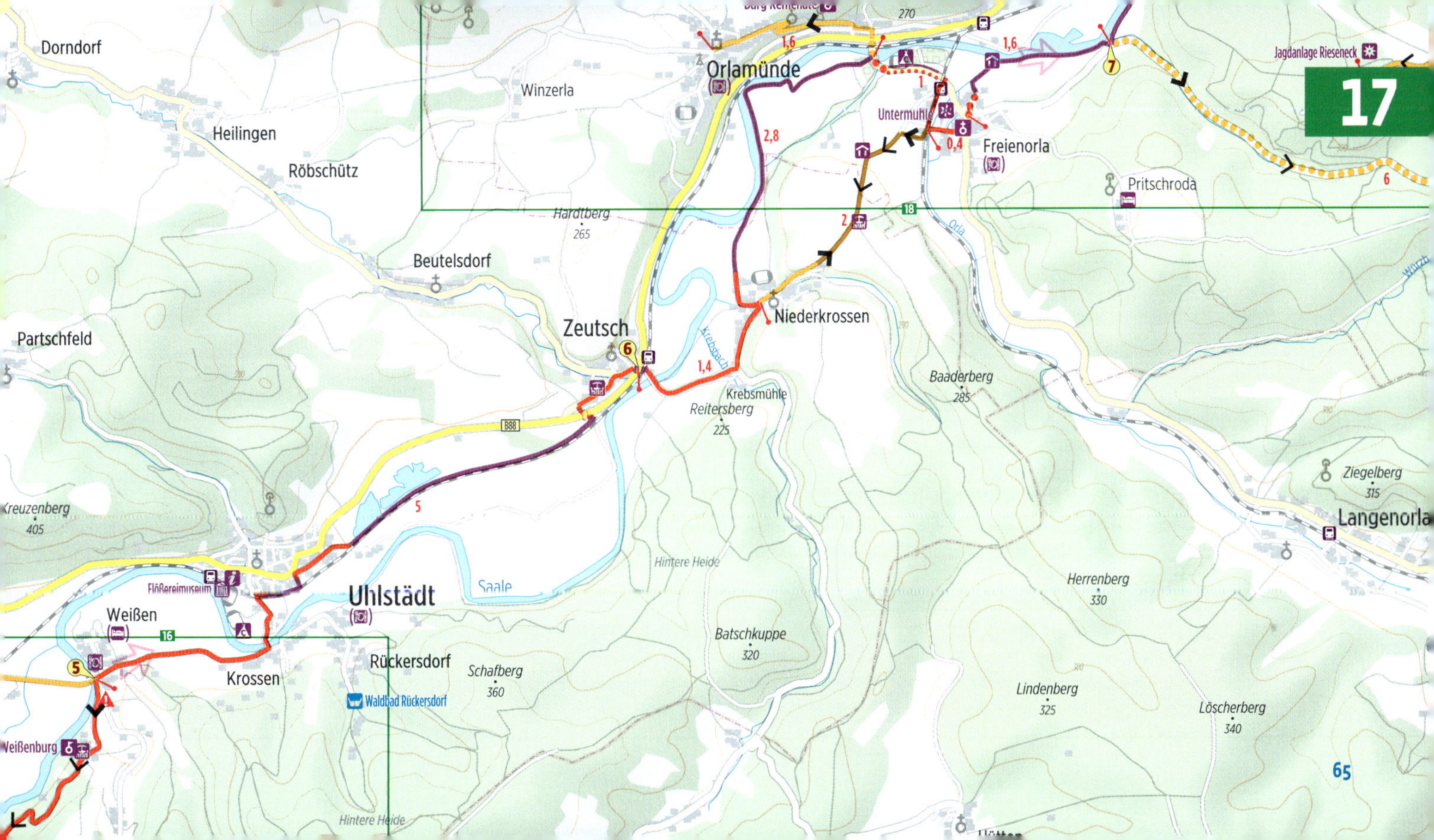

17
Dorndorf
Heilingen
Röbschütz
Winzerla
Orlamünde
Burg Kemenate
270
1,6
Jagdanlage Rieseneck
Untermühle
Freienorla
Pritschroda
0,4
2,8
1
2
18
Hardtberg
265
Orla
Beutelsdorf
Niederkrossen
Zeutsch
Partschfeld
Krebsbach
1,4
Krebsmühle
Reitersberg
225
Baaderberg
285
B88
Kreuzenberg
405
5
Ziegelberg
315
Langenorla
Hintere Heide
Flößereimuseum
Uhlstädt
Saale
Herrenberg
330
Weißen
16
Batschkuppe
320
Rückersdorf
Krossen
Schafberg
360
Waldbad Rückersdorf
Lindenberg
325
Löscherberg
340
Weißenburg
Hintere Heide

besterhaltenen jagdkundlichen Denkmäler. In diesem umfänglichen System von Futterplätzen, Stollen, Wildgängen und Jagdschirmen wurde dem „fröhlichen" Waidwerk bis 1830 gefrönt.

Hängebrücke, an der Saale südlich vom Ort. Die zierlich wirkende, 90 m lange Stahlseil-Hängebrücke (1908) war damals technisch gewagt und wurde zum Vorbild größerer „Schwesterbauten" weltweit.

Bei der **Gaststätte Zum Rieseneck** gabelt sich die Dorfstraße, Sie wählen den Weg zur Linken ~ nach dem Ortsausgang ins Freie hinaus ~ ab dem einzeln stehenden Wohnhaus verlassen Sie die Saaleplatte und gelangen wieder auf Flussniveau ~ bis nach Kahla radeln Sie nun entlang der Saale ~ im Vorort **Löbschütz** zweigt die Route bei den ersten Häusern vom **Else-Härtel-Weg** links ab ~ auf dem Uferweg bis zur Saale-Brücke, die sich auf Höhe des Stadtzentrums von Kahla befindet.

INS ZENTRUM Für die Besichtigung der bezaubernden Kahlaer Altstadt fahren Sie links über die Brücke. Der Radbeschilderung folgend zweigen Sie nach der Bahnquerung rechts in die Saalstraße ab. Nach einem leichten Anstieg gelangen Sie links durch das Saaltor in den historischen Ortskern.

Kahla

Vorwahl: 036424

Tourist-Information, Roßstr. 38, in der Bibliothek, ✆ 52971, @ pdq281

Stadtmuseum, Margarethenstr. 7-8, ✆ 76268, ✆ 77100, ⏲ Mi 8-12 Uhr, Do-So 14-17 Uhr. Im ehemaligen Handwerkshaus des 16. Jhs. erzählen historisch gestaltete Räume und eine Vielfalt alter Gebrauchsgegenstände von der Vergangenheit. @ omq517

Pfarrkirche St. Margarethen, Breitscheidburg. Der spätgotische Chor stammt aus der Zeit nach 1413, unter ihm liegt eine dreischiffige Krypta. Das gotische Langhaus wurde im 17./18. Jh. umgebaut.

Altstadt. Ein aus dem 12. bis 16. Jh. stammender Mauerring umschließt den Altstadtkern und die ehemalige Burganlage. Viele gut erhaltene Gebäude weisen auf ehemals reiches Handwerkstum hin.

Kahla/Thüringen Porzellan, Christian-Eckardt-Str. 38, ✆ 79279, ⏲ Werksverkauf: Mo-Sa 10-18 Uhr. Die Porzellanmanufaktur zählte bereits Anfang des 20. Jhs. zu den größten Porzellanherstellern Deutschlands. @ mmh328

Saalewehr, am südlichen Ende der Stadt. Dieses Streichwehr diente sowohl der Wasserstandsregulierung als auch der Flößerei. Um 1992 erfolgte eine Restaurierung. Springende Lachse gibt es hier zwar nicht mehr, dafür aber possierliche Sumpfbiber.

Dohlenstein, östlich über der Saale. Ein Bergsturz zwang die Saale im Jahre 1880 zur Änderung ihres Flusslaufes und hinterließ eine bis heute kahle Felswand. Das Naturschutzgebiet ist damit ein eindrucksvolles Beispiel für geologische Vorgänge in der Gegenwart. Außerdem traten durch die Bergstürze Zeugnisse dreier bronze- und eisenzeitlicher Höhensiedlungen zu Tage.

Fast zwei Drittel der Bevölkerung im mittelalterlichen Kahla waren Bauern. Auch viele Handwerker betrieben Landwirtschaft – daher der Name „Ackerbürgerstädtchen". In der Altstadt zeugen einige Scheunen, im Hinterhof gelegene einstige Stallungen und die großen Tore der Häuser heute noch davon. Erst durch Errichtung der Porzellanfabrik ab 1844 wurde Kahla von der Industrialisierung berührt.

Hoch oben auf einem steilen Bergkegel östlich der Stadt liegt die Veste Leuchtenburg. Sie wird in der Reihe der fast siebzig Burgen und Schlösser an der Saale auch „Königin des Saaletales" genannt. Die vom Geschlecht der Lobdeburger im 13. Jahrhundert erbaute Burg wurde bald Mittelpunkt der wettinischen Landesverwaltung über 120 Orte. Zwischen 1702 und 1871 erhielt die Leuchtenburg eine neue Funktion als Zucht- und Armenhaus; sie wurde in dieser Zeit architektonisch stark verändert. Anschließend begann eine touristische Erschließung der Burganlage.

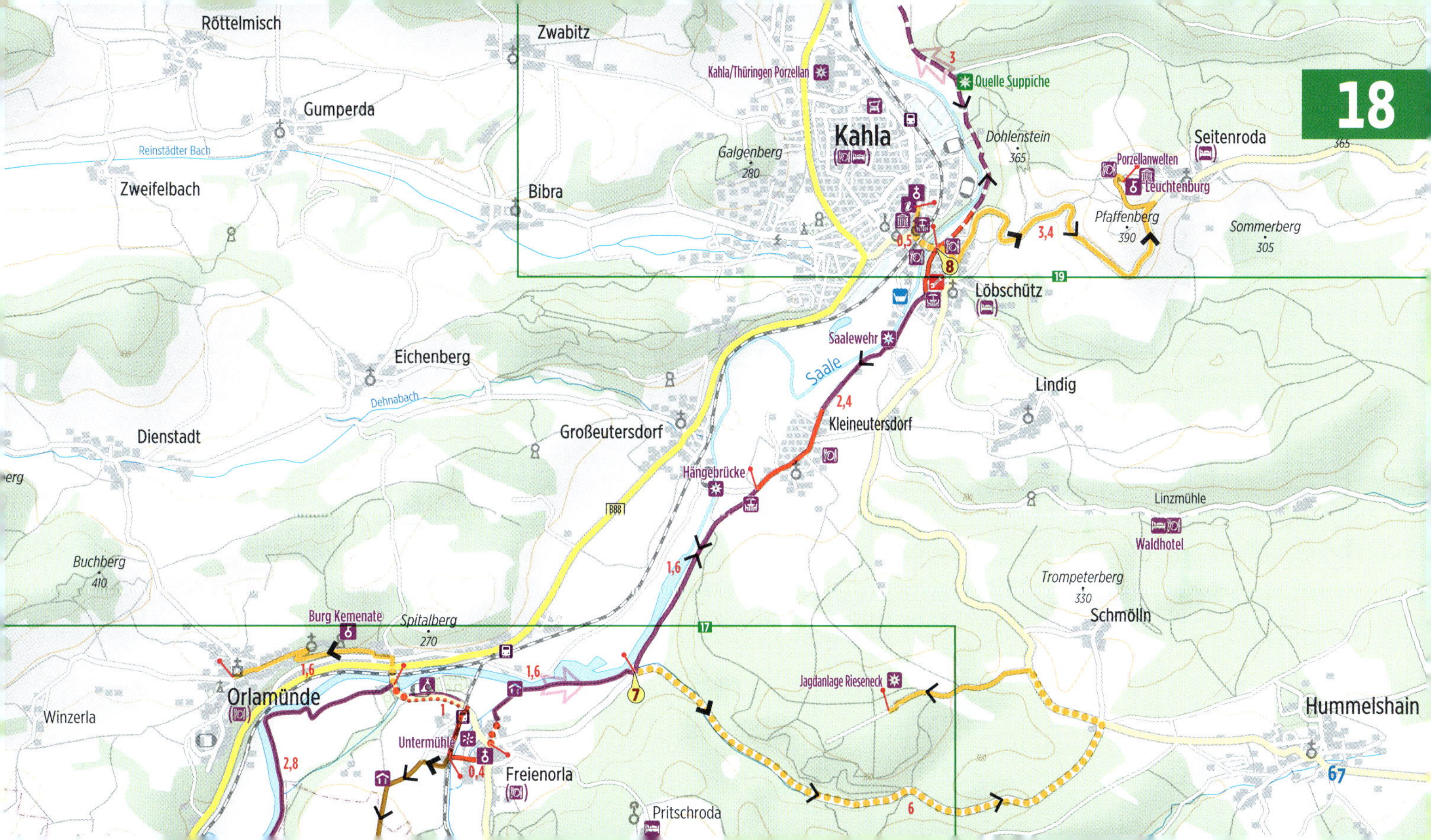

18
Röttelmisch
Zwabitz
Gumperda
Reinstädter Bach
Zweifelbach
Bibra
Kahla/Thüringen Porzellan
Quelle Suppiche
Kahla
Galgenberg
280
Dohlenstein
365
Seitenroda
365
Porzellanwelten
Leuchtenburg
Pfaffenberg
390
Sommerberg
305
3,4
0,5
8
19
Löbschütz
Saalewehr
Saale
Eichenberg
Dehnabach
Dienstadt
Großeutersdorf
Lindig
2,4
Kleineutersdorf
Hängebrücke
Linzmühle
Waldhotel
B88
1,6
Buchberg
410
Trompeterberg
330
Schmölln
Burg Kemenate
Spitalberg
270
17
1,6
1,6
Jagdanlage Rieseneck
Orlamünde
Winzerla
7
1
Hummelshain
Untermühle
2,8
0,4
Freienorla
67
Pritschroda
6

Die Leuchtenburg bei Kahla

Neben einer Gaststätte entstand ein Hotel, später eine Jugendherberge, die bis 1997 betrieben wurde. Ein Rundgang durch die fast vollständig erhaltene historische Anlage mit dem Burgfried, den Wehrtürmen und tiefen Verliesen lässt längst vergangene Zeiten wieder auferstehen. Vom Burgfried und dem Panoramaweg entlang der äußeren Burgmauern bietet sich ein phantastischer Blick in alle Himmelsrichtungen. Seit 2014 ermöglicht die innovative, multimediale Ausstellung „Porzellanwelten Leuchtenburg" dem Besucher einen spannenden Einblick in die Geschichte der Porzellanherstellung. Weitere Ausstellungen informieren über die Burg und die ehemalige Jugendherberge. Wer sich nach dem vielfältigen kulturellen Angebot stärken möchte, findet in der urigen Burgschenke und im Bistro im Besucherzentrum Stärkung.

AUSFLUG Wer die Leuchtenburg, eine der schönsten Höhenburgen Deutschlands, besuchen will, wendet sich bei der Saale-Brücke in Kahla nach rechts Richtung Seitenroda. Das Juwel will jedoch durch eine 3 km lange Bergstrecke ohne Radstreifen verdient sein, die Steigung beträgt bis zu 12 % und mehr als 200 Höhenmeter sind zu überwinden.

Seitenroda

Vorwahl: 036424

Museum Leuchtenburg/Porzellanwelten, Dorfstr. 100, ✆ 713300 Die mittelalterliche Burganlage (13. Jh.) stand lange leer, bevor 2014 die „Porzellanwelten" einzogen. Die zeitgemäß gestaltete Ausstellung widmet sich dem zentralen Thema der Nachbarstadt Kahla - dem weißen Gold. Neben der größten Vase der Welt, die ganze 8 m hoch ist, gibt es hier auch den Steg der Wünsche, dessen rundum verglastes Ende weit ins Saaletal hinaus ragt und neben einem hübschen Ritual entsprechende Aussichten ermöglicht. @ ujw718

Von Kahla nach Jena *19 km*

8 Ab der Saale-Brücke in Kahla folgen Sie nun vorläufig der ufernahen Straße **Am Anger** rechts der Saale ~ in der darauffolgenden Dreierkreuzung geradeaus ~ es geht unbefestigt und neben einem Zaun weiter ~ im Uferwald wird der Zustand des Weges spürbar schlechter, grober Schotter und Rinnen erschweren die Fahrt ~ ein Fußweg zweigt zu einer Saaleinsel ab, Sie behalten aber die Höhe bei und stehen bald an einer lichten Stelle der

Naturattraktion **Dohlenstein** gegenüber der kahle Westhang ist vor nicht allzu langer Zeit durch einen Bergsturz entstanden danach weiter bergab einen Abzweig nach rechts lassen Sie unberücksichtigt und kommen wieder aus dem Wald hinaus.

TIPP Ein weiteres interessantes Naturphänomen erwartet Sie am rechten Wegrand – die Quelle Suppiche, eine Verwerfungsstelle mit Überlaufquelle, deren Wasser faszinierend und bedächtig aus dem Boden strömt.

Nach der Quelle weiter geradeaus, dann an der Weggabelung links in Großpürschütz angekommen, rollen Sie bis zur Querstraße vor und biegen dann links ab.

Großpürschütz

Über den Fluss und noch vor der Bahn rechts entlang der Bahnböschung fahren Sie auf dem Rad- und Wirtschaftsweg nach etwa 1 km ist ein Saalewehr erreicht in Schöps bis zur querenden Hauptstraße.

TIPP Für 2023 ist eine Umverlegung des Saale-Radweges geplant, auf welcher Sie an dieser Stelle geradeaus fahren und erst auf der folgenden Brücke den Fluss überqueren.

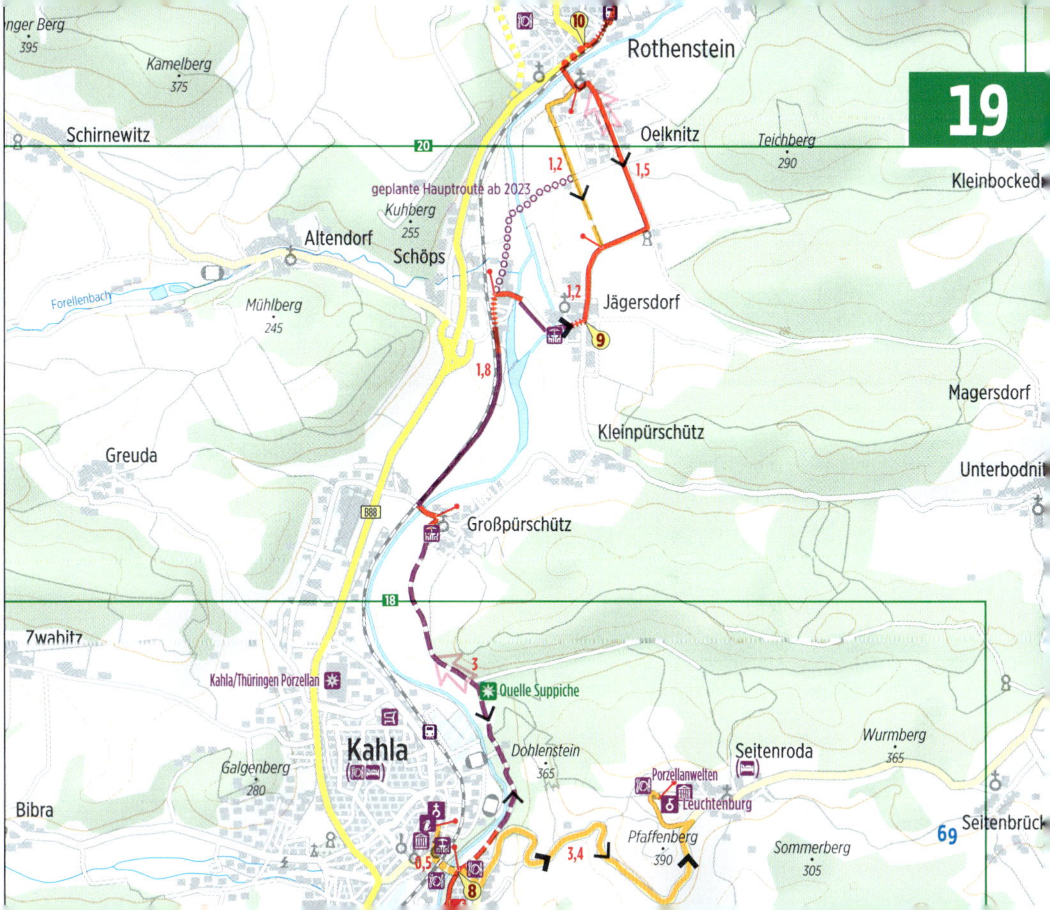

Schöps

Solange der bisherige Verlauf besteht, biegen Sie an der Hauptstraße rechts ab zur Saale ~ über den Fluss und einen Nebenarm ~ nach der zweiten Brücke in der Rechtskurve der Straße auf dem Radweg geradeaus weiter, steil geht es im Ortsteil **Jägersdorf** über die Geländekante ~ **9** an der Vorfahrtsstraße links.

VARIANTE Im sanften Rechtsbogen links zweigt eine Umleitung nach Oelknitz ab (Stand 2023), die geringfügig kürzer als die Hauptroute ist.

Auf der Hauptroute folgen Sie der beschaulichen Landstraße durch die Felder ~ auf leicht abfallendem Weg durch den Ortsteil **Oelknitz** ~ am Dorfanger links und um die Kirche herum ~ kurz darauf überqueren Sie die Saale und die Bahngleise und biegen an der **B 88** rechts ab.

Rothenstein

10 Im Ort biegen Sie in der Linkskurve der Straße rechts ab ~ beim sehenswerten Bahnhofsgebäude über die Gleise und dahinter gleich links ~ der Weg schwenkt bald weg von der Bahn ~ beim Sportplatz nach links ~ schnurgerade durch die Felder ~ ein schöner asphaltierter Wirtschaftsweg führt Sie nun nach Maua an einem kleinen Teich vorbei am Rande der Siedlung **Maua** biegen Sie beim Sportplatz rechts ab über die Brücke und dann geradeaus auf der Kreisstraße weiter, links können Sie die Saaletalbrücke der A 4 sehen **11** nach der Rechtskurve links unter der Bahnbrücke hindurch recht steil hinauf und über den Autobahntunnel nach links und mit Blick auf die Plattenbauten wieder zur Bahn dann fahren Sie im Bogen zwischen der Bahnlinie und den Häusern von Jena Lobeda.

Lobeda (Jena)

Lobdeburg. Zu den wichtigsten baulichen Resten der Ende des 12. Jhs. entstandenen Anlage, deren Herren auch die Leuchtenburg errichten ließen, gehört der Palas, dessen Mauern noch einige Stockwerke hoch sind. Großartige Aussicht in das Saaletal.

Ab 1968 hat man in Neu-Lobeda binnen sieben Jahren in industrieller Blockbauweise über 5.000 Wohnungen aus dem Boden gestampft. Seit 1996 findet nun eine kontinuierliche Modernisierung statt, um die Wohnqualität der alten Plattensiedlung für die Bewohner zu verbessern. So sind schon zahlreiche Grünbezirke entstanden, zudem wurde das gesamte Gebiet stark verkehrsberuhigt.

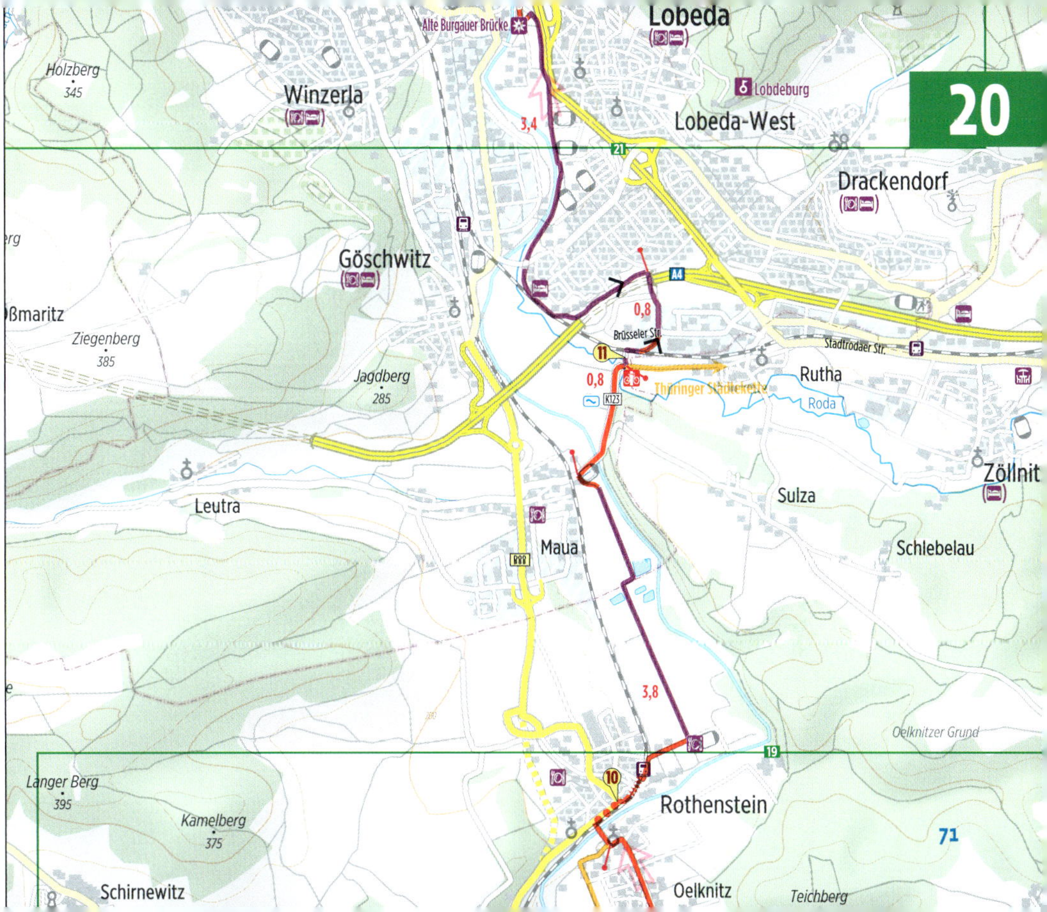

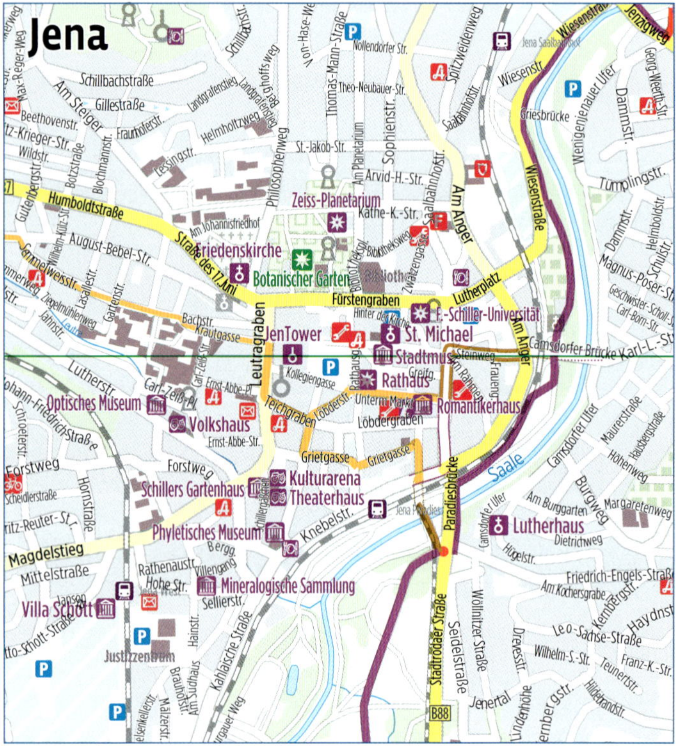

Unter der Brücke hindurch kommen Sie wieder zur Saale und folgen dem Uferweg rechter Hand am Hang sehen Sie die namensgebende **Lobdeburg**, der Goethe ein Gedicht widmete nach zwei **Sportplätzen** und einer Baumschule stoßen Sie auf die **Stadtautobahn** links entlang der Straßenbahnschienen Sie rollen jetzt in einer ruhigen Anwohnerstraße durch eine Grünzone dem Zentrum von Jena entgegen unter zwei Brücken hindurch, der Weg streift wieder die Saale weiter entlang der Stadtautobahn, bis Sie erneut an Sportplätzen vorbeikommen.

TIPP Haben Sie Lust auf eine Erfrischung? Nach dem Stadion geht links ein Weg ab zum Naturbad Schleichersee mit Strandbar.

12 Weiter in Richtung Stadt auf dem Radweg Oberaue Sie durchqueren in gerader Fahrt einen Park mit einem stattlichen Baumbestand der runde **JenTower** wird sichtbar, fast sind Sie im Zentrum von Jena an der breiten **Stadtrodaer Straße** über die Fußgängerampel, dann links über die Saale-Brücke.

INS ZENTRUM Für die Stadtbesichtigung bleiben Sie diesseits der Straße und überqueren die Saale auf der linken Brücke, der Paradiesbrücke. Eine empfehlenswerte Route ist im Stadtplan als Alternative dargestellt. Zurück zur Saale folgen Sie dem Kirchenradweg.

Jena

Vorwahl: 03641

- **Tourist-Information**, Markt 16, ✆ 498050, @ fyv231
- **Deutsches Optisches Museum**, Carl-Zeiss-Pl. 12, ✆ 443165, Wiedereröffnung vorauss. 2024/25. Das naturwissenschaftlich-technische Museum birgt einen Bestand an optischen Geräten aus fünf Jahrhunderten – u. a. auch die größte Brillensammlung Europas – sowie eine historische Zeiss-Werkstatt von 1866. @ ccg338
- **Mineralogische Sammlung**, Sellierstr. 6. Die Sammlung geht auf des 18. Jh. zurück und

zeigt Mineralen und Gesteine aus der Trias. Bemerkenswert ist eine Vitrine zum Thema Meteorite. @ xif424

- **Phyletisches Museum**, Vor dem Neutor 1, ✆ 949180 Museum für Abstammungslehre. Im Jahre 1907 von Ernst Haeckel eingerichtet, ist die Schau weltweit einzigartig. @ lyy516
- **Romantikerhaus**, Unterm Markt 12a, ✆ 498249 Literaturmuseum. Ehemals Wohnhaus des Philosophen Johann Gottlieb Fichte, um den sich der Kreis der Jenaer Dichter der Frühromantik scharte. @ qnu655
- **Schillers Gartenhaus**, Schillergässchen 2, ✆ 9401070 Wohnstätte des Jenaer Professors und Dichters Friedrich Schiller. @ cqj752
- **Stadtmuseum und Kunstsammlung Jena**, Markt 7, ✆ 498261 Dauerausstellung zur geistigen und industriellen Geschichte der Stadt. Schwerpunkt der Kunstsammlung bildet die Kunst des 20. Jahrhunderts. Gezeigt werden Werke aus den Gebieten Malerei, Graphik und Plastik sowie Objektkunst. @ ooh181
- **Zeiss-Planetarium**, Am Planetarium 5, ✆ 885488 Mit modernster Technik ausgestattete Sternenschau im ältesten Planetarium der Welt. @ erl871
- **Friedenskirche**, Philosophenweg 1. Dreischiffige barocke Kirche, errichtet 1686-93.
- **Stadtkirche St. Michael**, Kirchpl., ✆ 4716647. Die spätgotische Hallenkirche, errichtet in den Jahren 1380 bis 1506, bestimmte bis zum Bau des Universitätshochhauses das Stadtbild. Mit ihren Stilelementen steht sie in Beziehung zu Böhmen, Oberschlesien und Süddeutschland.

Fuchsturm, Turmg. 26. Wunderschöner Ausblick, hoch über der Saale. @ mlr655

Friedrich-Schiller-Universität, Fürstengraben 1. Das 1905/06 errichtete Hauptgebäude besitzt eine reiche Innenausstattung, sehenswert vor allem das Gemälde in der Aula „Auszug deutscher Studenten in den Freiheitskrieg von 1813“ (F. Hodler), und gilt als eine der bedeutendsten deutschen Hochschulbauten. @ erf418

Historisches Rathaus, Markt 1. Das sehenswerte Rathaus stammt aus dem 14. Jh. Besonders bemerkenswert ist die astronomische Kunstuhr aus dem 15. Jh. @ oue838

Imaginata, Loebstedter Str. 67, ✆ 889920 7d In dem ehem. Umspannwerk Jena Nord wurde ein Experimentierraum für die Sinne geschaffen. Mit Stationenpark, Konzertsaal, Galerie und diversen Bildungsangeboten für Schulklassen. @ jwr344

JenTower, Leutragraben 1, ✆ 20800, Aussichtsplattform: tägl. 10-22 Uhr. Das – mit Antennenspitze – 159 m hohe zylinderförmige Gebäude entstand 1970-72 als Bürohaus für Carl Zeiss Jena. In der 28. Etage bieten ein Restaurant, ein Hotel und eine Freilicht-Panoramaaussichtsplattform einen prächtigen Rundblick über die Stadt. @ hed177

Jena, Markt

Botanischer Garten, Fürstengraben 26, ✆ 949274 7d 10.000 Pflanzenarten aller Klimazonen wachsen auf den Freilandanlagen und in den Gewächshäusern. @ rnx311

Ostbad, Unterm Jenzig, ✆ 429231, @ awd842

Schleichersee - Südbad, Oberaue, ✆ 429231, Juni-Sept. @ mie342

GalaxSea, Rudolstädter Str. 37, ✆ 429210. Mit Wellnessangeboten und Gastronomie. @ hur216

Als „Residenz- und Universitätsstadt“ hatte sich Jena bis 1918 offiziell betitelt. Dabei hatte die 18-jährige residenzstädtische Episode im Herzogtum Sachsen-Jena des 17. Jahrhunderts lediglich im Stadtbild bleibende Spuren hinterlassen. Mehr Kontinuität und über die Stadt hinausgehende Bedeutung erlangte die 1558 gegründete Universität, die kurz nach ihrer Entstehung schon zeitweilig Mittelpunkt der lutherischen Orthodoxie war. Zu Beginn des 18. Jahrhunderts übertraf die Zahl der Studenten mit rund 2.000 die aller anderen deutschen Hochschulen. Dank der fehlenden straffen, (einzel-)staatlichen Lenkung konnte sich eine relativ freie Lehrtätigkeit entfalten.

Mit Goethe, zu dessen amtlichen Pflichten die Aufsicht über die Universität gehörte, und Schiller, der hier lehrte, war Jena um die Wende des 18. zum 19. Jahrhundert nicht nur ein Zentrum der klassischen Literatur, sondern durch Fichte, Schelling und Hegel ein wichtiger Schauplatz der deutschen klassischen Philosophie. Berühmte Vertreter der Frühromantik wie C. v. Brentano, die Gebrüder Schlegel oder Novalis wirkten hier. Die Reihe geistiger Größen, die sich in Jena versammelten, ließe sich noch lang fortsetzen. Weniger bekannt ist, dass an der Jenaer Universität über die Klassik hinaus auch Wissenschaftsgeschichte geschrieben wurde. Hier begeisterte Ernst Haeckel, erster Ordinarius für Zoologie, 1865 in seinen Vorlesungen die Studenten für die Evolutionslehre Darwins und benannte die neuen Fachrichtungen, unter ihnen auch die Ökologie. Seine Arbeiten gaben der Evolutionsforschung für Jahrzehnte wichtige Impulse.

Eine andere Erfolgsstory spielte sich auf technisch-industriellem Gebiet ab: 1846 war der Mechaniker Carl Zeiss nach Jena gezogen und hatte hier seine optische Werkstatt eingerichtet. Später kamen der Physiker Ernst Abbe sowie der Chemiker und Glastechniker O. Schott zum Unternehmen, das ab 1889 als „Carl-Zeiss-Stiftung“ mit seinen Werks- und Arbeitersiedlungen die Stadt ausdehnte. Die von

Abbe entworfenen Statuten regelten die sozialen Verhältnisse der Arbeiterschaft in fortschrittlicher Weise und erlaubten bereits um 1900 einen Achtstundentag, Pensionsanspruch, Gewinnbeteiligung, bezahlten Urlaub und Krankenbetreuung. Heute ist Jena mit rund 108.000 Einwohnern die zweitgrößte Stadt und der bedeutendste Wissenschafts- und Hochtechnologiestandort im Freistaat Thüringen. Dazu zählen Zeiss, Jenoptik, Dutzende junger Technologieunternehmen sowie die Friedrich-Schiller-Universität und die Ernst-Abbe-Hochschule.

Der Name Jena steht auch für zwei wichtige politisch-militärische Ereignisse. Im Jahr 1806 erlitt die preußisch-sächsische Armee in der Doppelschlacht von Jena und Auerstedt die entscheidende Niederlage gegen das napoleonische Heer. Und 1815 wurde aus den Reihen der Studenten die „Jenaer Burschenschaft" gebildet, deren engagiertes Eintreten für die Idee der nationalen Einheit überall in Deutschland Aufsehen erregte. Die Ereignisse führten schließlich zu den Karlsbader Beschlüssen Metternichs und der Verfolgung von Demokraten sowie Republikanern.

Von Jena nach Dornburg — 14,5 km

Auf der Hauptroute fahren Sie nach der Saale-Brücke gleich rechts auf den Radweg und an der stadtabgewandten Seite der Bahnböschung vor der nächsten Brücke an der Gabelung rechts halten, geradeaus über die Straße und nach dem Spielplatz weiter auf dem Sträßchen Sie radeln ufernah, bald entlang der **Wiesenstraße** **13** unter der Wiesenbrücke hindurch, dann links hinauf und wieder einmal die Saale überqueren an der Ampelkreuzung biegen Sie links ab kurz darauf rechts auf den querenden Radweg vorbei am Freibad und einem Campingplatz über ein Bächlein und kurz darauf an der Straße **Am Erlkönig** links Sie radeln durch mehrere Kleingartenanlagen nach den letzten Gärten nun wieder dicht am Flussufer der Weg endet am Radweg, hier links abbiegen Sie folgen dem Asphaltweg in Richtung Kunitz an der Querstraße am Ortsrand fahren Sie links auf die überdachte Kunitzer Holzbrücke.

Kunitz (Jena)

Kunitzer Hausbrücke. Die Holzbrücke über die Saale wurde im Jahre 2012 nach dem Vorbild der hist. Holzhausbrücke (1832-1945) errichtet.

14 Am anderen Ufer der Saale rechts vor der nächsten Straßenbrücke links auf dem Asphaltweg entlang der Saale weiter nach dem Links-Rechts-Schwenk durch die Felder wenn Sie rechts den **Campingplatz** Porstendorf sehen, fahren Sie über das Saalewehr und dahinter geradeaus in Richtung Golmsdorf über die neue Saale-Brücke, Sie befinden sich am Rande des Landschaftsschutzgebietes „Mittlere Saale".

Der Saale-Canyon

Eine reizvolle Formenvielfalt weist vor allem das Saaletal von Jena abwärts auf. Kulissenartig schieben sich scharf profilierte, in kühnen Bastionen vorspringende Wellenkalkberge gegen den Fluss vor und erwecken vom Tal aus den Charakter einer Gebirgslandschaft von noch jugendlichen Formen. Steigt man aber aufwärts, so nimmt das Auge die, geologisch gesehen, „greisenhaften" Züge einer verebneten Landschaft wahr. Eine blumige, an mediterranen Arten reiche Felssteppe überzieht die sonnig-heißen Hänge, während an den mehr schattigen Talwänden herrlicher Laubwald das Gestein schmückt. Mehrfach überlagern Bergsturzmassen den Sockel. Von großem Ausmaß ist diese Erscheinung am Dohlenstein, von dem 1780, 1828 und 1880 Abstürze bezeugt sind.

Das Saaletal ist in diesem Abschnitt klimatisch bevorzugt. Das Klima ist ausgezeichnet durch einen zeitigen

Blick auf Dornburg

und milden Frühling, der im Naumburger Tal noch zwei Wochen früher beginnt als im Saalfelder Kessel. Die starke Reflexion der Sonnenstrahlen an den steilen Talwänden nach der Talsohle, wie die starke Erwärmung des Muschelkalkes überhaupt, erzeugen hier heiße Sommer. Dank seiner windgeschützten Lage sind aber auch die Winter im Saaletal mild. So finden sich in der Landschaft um Jena, Bad Kösen, Naumburg und Freyburg an der Unstrut östliche und südliche Floren- und Faunenelemente in großer Zahl. An sonnigen Talhängen auf tiefgründigem Boden reift seit alters her auch Edelobst: Frühkirschen, Erdbeeren, „Saalezwetschgen", Pfirsiche und Aprikosen.

Golmsdorf

15 Am Rand von Golmsdorf halten Sie sich links ⇝ im Rechtsbogen der Straße folgen ⇝ an der T-Kreuzung links in Richtung Bürgel ⇝ am Ortsrand links halten, auf dieser Straße gelangen Sie rechts der Saale am Talrand entlang nach Dorndorf-Steudnitz.

Steudnitz (Dornburg-Camburg)

Im Ort angekommen halten Sie sich links und fahren der Dorfstraße folgend in einem Rechtsschwenk hinab zur Saale ⇝ dann links ab und über die imposante **Carl-Alexander-Brücke** ⇝ in Dornburg queren Sie auf der **B 88** die Bahnlinie.

AUSFLUG Wollen Sie den drei Dornburger Schlössern einen Besuch abstatten und von den Aussichtsterrassen den Blick genießen? Dann folgen Sie nach Überquerung der Gleise der Straße nach links. Der Weg zu den Schlössern führt sehr stark bergan – der Ausblick lohnt jedoch die Mühe.

Dornburg (Dornburg-Camburg)

Vorwahl: 036427

♿ **Dornburger Schlösser**, Max-Krehan-Str. 2, ✆ 215130, ✆ 22291, ⏲ April-Okt., Do-Di 10-17 Uhr. Der Park ist ganzjährig geöffnet. Im Renaissance- und Rokokoschloss ist ein Museum untergebracht. @ voh564

Wer nach Dornburg kommt, in eine der kleinsten thüringischen Städte, kann in Form der drei Schlösser drei Epochen der Kunst – Gotik, Renaissance und Rokoko – nebeneinander erleben. Zum Reiz der Baudenkmäler gesellen sich die Schönheit der Landschaft und der hoch über dem Tal gelegenen Gartenanlagen. Treppen und Wege führen zu vielfach abgestuften Terrassen, auf denen Blumenrabatten und Weinreben verblüffen. Der Muschelkalkfelsen, auf dem sie erbaut wurden, fällt nach der Saale hin über 90 Meter

Dornburg, Rokokoschloss

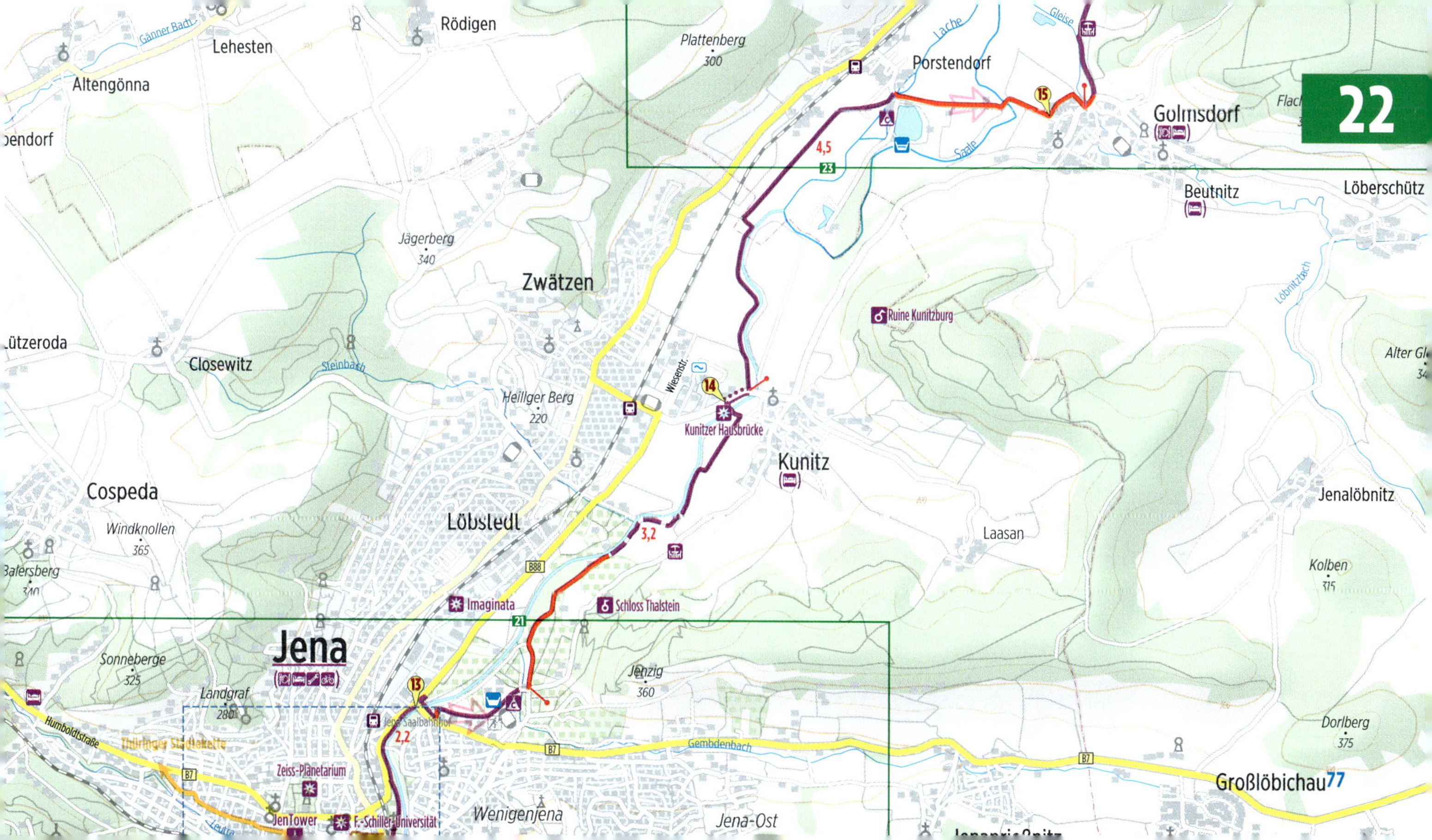
22
Rödigen
Lehesten
Gänner Bach
Altengönna
Plattenberg
300
Porstendorf
Lache
Gleise
Golmsdorf
Saale
4,5
23
Beutnitz
Löberschütz
Jägerberg
340
Zwätzen
Ruine Kunitzburg
Löbnitzbach
Lützeroda
Closewitz
Steinbach
Wiesenstr.
14
Heiliger Berg
220
Kunitzer Hausbrücke
Kunitz
Alter Gl
Cospeda
Löbstedt
Laasan
Jenalöbnitz
Windknollen
365
3,2
Kolben
315
B88
Imaginata
Schloss Thalstein
21
Jena
Sonneberge
325
13
Jenzig
360
Landgraf
280
Jena Saalbahnhof
2,2
Humboldtstraße
Thüringer Städtekette
B7
Gembdenbach
Dorlberg
375
Zeiss-Planetarium
Großlöbichau
JenTower
F.-Schiller-Universität
Wenigenjena
Jena-Ost
Leutra

schroff ab. Das älteste, nördliche Schloss steht auf Grundmauern, die im 10. Jahrhundert entstanden. Die ottonischen Kaiser ließen an dieser Hochflächensporn eine Pfalz anlegen. Die einstige politische und militärische Bedeutung Dornburgs geht aus den drei Reichstagen hervor, die Otto I., Otto II. und Heinrich II. zwischen 965 und 1004 in ihren Mauern abhalten ließen. Im 15. Jahrhundert wurde die Anlage zerstört, danach jedoch wieder aufgebaut. Heute präsentiert sich das „Alte Schloss" in dieser gotischen Gestalt.

Das Mittlere Schloss im Stil des Rokoko, das kühn an den Talrand herantritt, entstand im Auftrag des Weimarer Herzogs Ernst August in den Jahren 1736 bis 1747. Der zierliche Bau, dessen Gestaltungsprinzip italienische Landhäuser zum Vorbild hatte, übte auch auf Johann Wolfgang von Goethe starke Anziehung aus. Er weilte mehr als zwanzig Mal kürzer oder länger in Dornburg. Hier arbeitete er 1779 an der „Iphigenie", 1782 am „Egmont" und an den Plänen zum „Wilhelm Meister".

Nach dem Tode des Herzogs Karl August lebte Goethe im Sommer 1828 im Südlichen Schloss, das 1539 in Spätrenaissanceformen erbaut wurde und heute drei Goethe-Gedenkzimmer beherbergt. In dieser Zeit arbeitete er seine „Metamorphose der Pflanzen" um, beschäftigte sich mit der Neufassung der „Wanderjahre" und schrieb unter anderem das Gedicht „Der Bräutigam".

Dornburg, Altes Schloss

Von Dornburg nach Bad Kösen — *22,5 km*

16 Nach dem Bahnübergang biegen Sie rechts ab in die **Jahnstraße** und radeln links der Bahn ⤳ der Weg folgt praktisch dem Bahnverlauf ⤳ **17** im nächsten Weiler Würchhausen weicht der Weg mit einem Rechtshaken einem großen Ziegelbau aus.

Würchhausen

Nach Ortsende folgt eine leichte Steigung ⤳ viele Obstbäume zieren in loser Anordnung die Gegend ⤳ die Straße führt in leichten Wellen am Waldrand entlang ⤳ nach einer abfallenden Linkskurve queren Sie einen Bach und fahren danach unter der Bahn hindurch ⤳ auf gepflasterter Straße durch das Dörfchen Döbritschen.

Döbritschen (Dornburg-Camburg)

Nach den letzten Häusern verläuft der Weg dicht an der Bahn und nahe der Saale ⤳ weiter auf einem Rad- und Gehweg, der rechts der Bahn verläuft.

TIPP Direkt am Weg gelegen lockt das von unterirdischen Quellen gespeiste Camburger Freibad zum Sprung ins kühle Nass.

Vom **Freibad** führt der Weg zum **Sportplatz** und zum Abzweig Bahnhofstraße ⤳ weiter geradeaus, rechts befinden sich Kleingartenanlagen ⤳ unmittelbar an der Saale entlang, Sie können auf die Camburg blicken ⤳ hinter dem **Feuerwehrhaus** nach links ⤳ nach rechts über die **Friedensbrücke**, dann gleich links ⤳ nach links über die kleine Fußgängerbrücke zum **Kirchplatz**.

Camburg (Dornburg-Camburg)

Vorwahl: 036421

- **Verwaltungsgemeinschaft Dornburg-Camburg**, Rathausstr. 1, ✆ 71010, @ kid545
- **Stadtmuseum Camburg**, Amtshof 1, ✆ 22188, ⏲ Mo, Di, Do 10.30-15.30 Uhr, jedes 1. und 3. Wochenende 10.30-17 Uhr (Mai-Okt.). In dem ehem. Amtshaus von 1742 werden u. a. eine heimatkundliche Sammlung und Geräte sowie Erzeugnisse ausgestorbener Handwerkszweige gezeigt. @ xlp323
- **St. Trinitatis**, Kirchpl. Wiederaufgebaute Kirche von 1899, im Innern mit einem reich geschnitzten Kanzelaltar und einer der größten Orgeln im Saale-Holzland-Kreis.
- **Burg Camburg**, Burgstr., ✆ 23279, ✆ 0172/9237110, ⏲ tägl. 12-17 Uhr. Die Burg befindet sich rechts der Saale auf einem Bergsporn. 1166 fand sie in einer Urkunde erstmalig Erwähnung. Mitte des 15. Jhs. wurde die Burg zerstört, erhalten ist heute lediglich der 37 m Hohe Burgfried.
- **Ruine der Cyriakskirche**, Steinbergweg, westlich der Saale. Mitten im Wald, romantisch gelegen, stehen die Reste einer romanischen Pfeilerbasilika.
- **Freibad**, Döbritscher Str., ✆ 0151/14551619

Vom Kirchplatz fahren Sie in die **Semmelweisstraße** hinein ~ **18** am Ende dem Linksbogen folgen, anschließend die Bahnlinie queren und an der Vorfahrtsstraße rechts in Richtung Stöben ~ die Landstraße bringt

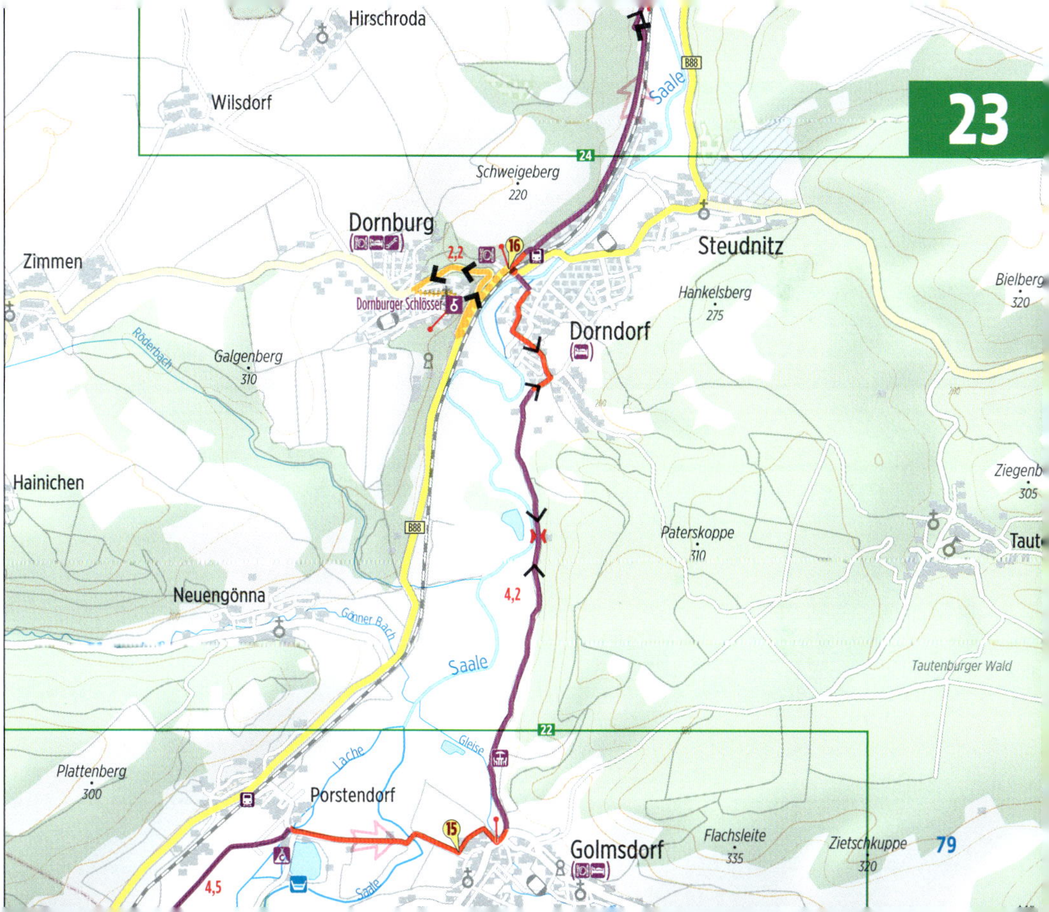

Camburg

Sie leicht ansteigend in die Kühle des Waldes ~ eine Talenge wird passiert, zwischen dem vorrückenden Felshang, der Bahn und dem Fluss bleibt nicht viel Platz ~ in einer Senke fahren Sie die Häuserzeile von **Stöben** ab ~ am Ortsausgang nach rechts und über die Gleise ~ **19** hinter dem Bahnübergang nach links auf den Radweg, dem Sie die nächsten 2,5 km folgen ~ auf dem anderen Saaleufer sehen Sie die Rebflächen des **Weinbaugebiets Saale-Unstrut** ~ bei der kleinen Siedlung **Weichau** nach rechts.

ANSCHLUSS Nach links über den Bahnübergang besteht Anschluss zum Ilmtal-Radweg, der über Weimar und Ilmenau auf einer Länge von 120 km bis zum Rennsteig führt.

Gleich darauf über die Saale ~ im Weindorf **Kaatschen** knickt der Weg nach links ab ~ am Weingut mit Straußwirtschaft vorbei ~ vor dem nächsten Ort überfahren Sie die Grenze zu Sachsen-Anhalt ~ unbemerkt hat mittlerweile die Ilm von Bad Sulza kommend die Wassermenge der Saale vermehrt.

Kleinheringen (Naumburg)

Vorwahl: 036461

Traktorenmuseum, Kleinheringen 4, im Hotel Sonnekalb, ✆ 20359. In der landwirtschaftlichen Ausstellung wird u. a. eine Lanz-Bulldog-Sammlung gezeigt. Diese Traktoren wurden von der Firma Lanz von 1921 bis 1957 hergestellt. Außerdem gibt es einen Streichelzoo, eine Radler-Information und einen Biergarten.

In Kleinheringen folgen Sie der Wegbiegung nach rechts ~ rechter Hand, kurz vor dem Ortsausgang, ist im Hotel Sonnekalb ein Traktorenmuseum zu besichtigen ~ nach dem Ortsende geradeaus auf die Vorfahrtsstraße ~ Sie radeln neben Obstbäumen durch das bezaubernde Tal, das am Prallhang des Flusses durch steile Felswände aus den Schichten des Unteren Muschelkalks begrenzt ist ~ mit Schwung hinunter und über die Saale ~ mitten in der rauschenden Abfahrt lohnt ein Stopp auf der Saalebrücke, um die imposanten Steilwände der engen Flusskurve zu bestaunen ~ kurz darauf können Sie den Blick auf die eindrucksvolle „Doppelanlage" von Burg Saaleck und Rudelsburg genießen ~ nach der Bahnunterführung wieder ans andere Saaleufer ~ **20** kurz nach der Brücke in die **Burgstraße** rechts ab Richtung Bahngleise, welche Sie auf der Brücke überqueren.

VARIANTE Unumstritten, der Besuch der Rudelsburg ist ein Erlebnis! Doch es geht steil bergauf zur beeindruckenden Burganlage. Anschließend ist eine weitere schwierige und bei Nässe gefährliche Passage zu überwinden, denn der Weg führt auf sehr holprigem Untergrund und zum Teil über Felsstufen steil hinab. Wer mit Gepäck unterwegs ist, sollte diesen Abschnitt auf der Hauptroute nur wählen, wenn er über gute Kondition, sehr gute Bremsen und große Geschicklichkeit verfügt. Allen anderen empfehlen wir die flache Strecke auf der Landstraße nach Bad Kösen.

aaleck

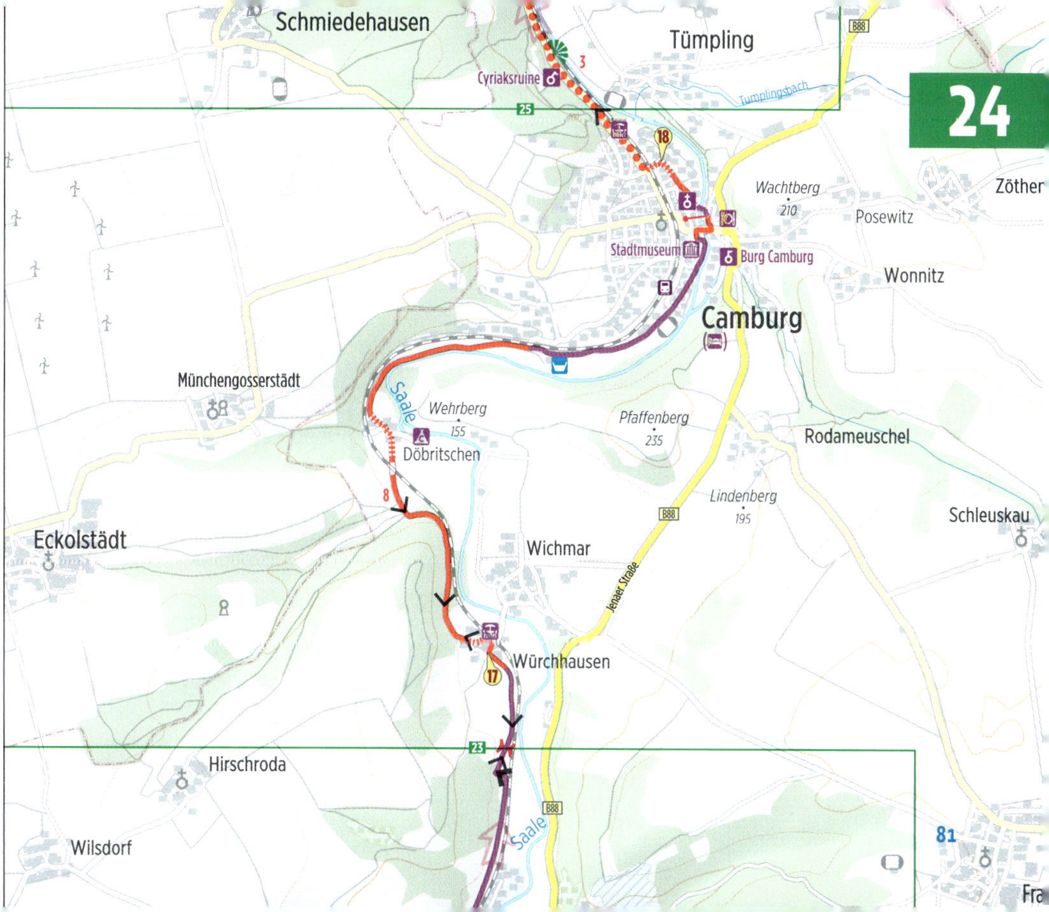
Schmiedehausen
Tümpling
Cyriaksruine
3
25
Tümplingsbach
B88
18
Wachtberg
210
Zöther
Posewitz
Stadtmuseum
Burg Camburg
Wonnitz
Camburg
Münchengosserstädt
Saale
Wehrberg
155
Pfaffenberg
235
Döbritschen
Rodameuschel
8
Lindenberg
195
Schleuskau
Eckolstädt
Wichmar
Jenaer Straße
Würchhausen
17
23
Hirschroda
Wilsdorf
81
Fra

Ausblick von der Rudelsburg

Saaleck (Bad Kösen)

Vorwahl: 034463

Burg Saaleck-Museum, Burgstr. 32, ✆ 27745, ⏲ April-Okt., Di-So 10-17 Uhr, @ cnb182

Burgruine Rudelsburg, Am Burgberg 33, ✆ 27325 Von den alten Teilen sind in der Hauptburg im Wesentlichen der mächtige Bergfried und der Palas erhalten, ferner noch Mauern und Reste von weiteren Wohnbauten aus dem 12. und 13. Jh.

Der Blick von der Burg über die Landschaft war jahrhundertelang ein argwöhnisch wachsamer Spähblick oder ein herrschaftlicher Verfügungsblick. Heute ist es ein erholungssuchender, neugieriger Blick. Diese Beschreibung gilt auch für die Rudelsburg. Auf einem Felsrücken platziert, dessen Nordseite imposant zur Saale abfällt, wurde sie vermutlich durch die Naumburger Bischöfe im 12. Jahrhundert errichtet. Einen tiefen Einschnitt in die Burgchronik brachten wiederum die Bürger der benachbarten Stadt, als sie 1348 die Festung über drei Monate belagert, schließlich gestürmt und ausgebrannt hatten. Dabei war ihnen ein spezielles Pulvergeschütz hilfreich, das brennende Pechpfeile abschoss. Der Erfolg dieser „Wunderwaffe" veranlasste die Stadt Naumburg zur Anschaffung mehrerer Büchsen, wovon einer der frühesten Nachweise über das Aufkommen der Feuerwaffen in Deutschland zeugt. Die malerische Anlage wurde infolge der romantischen Burgenschwärmerei und des Aufblühens von Bad Kösen zum beliebten Ausflugsort. Unter der Linde des Burghofes soll 1826 der Kunsthistoriker und Dichter F. Kugler das bekannte Lied „An der Saale hellem Strande" geschrieben haben.

In unmittelbarer Nachbarschaft auf einer niedrigen Vorgruppe der gleichen Felszunge liegt die Burg Saaleck. Über ihre Anfänge ist wenig bekannt. Vermutlich ist sie im 12. Jahrhundert zum Schutz einer Saalequerung entstanden. 1819 wurde auf der Burg einer der ersten Vereine zur „Erforschung des vaterländischen Altertums" gegründet. Von der Befestigung stehen noch beide, durch eine Ringmauer verbundenen Rundtürme der Oberburg.

Auf der Hauptroute folgen Sie nach der Bahnbrücke weiter dem Weg über die Rudelsburg nach Bad Kösen.

AUSFLUG: Die Burg Saaleck mit den beiden markanten Türmen erreichen Sie über einen unbefestigten Weg, der von der Burgstraße 100 m nach der Bahnbrücke scharf links abzweigt.

Zur **Rudelsburg** mit dem eckigen Turm müssen Sie sich recht mühsam hinaufkämpfen, kontinuierlich ansteigend geradeaus nach einer Kehre zweigt die Route rechts zu einer Aussichtsterrasse ab.

AUSFLUG Zur Rudelsburg mit Aussichtsplattform und Gaststätte strampeln Sie noch etwa 500 m weiter bergauf. Die Burganlage ist beeindruckend und die Aussicht ebenso – es lohnt sich also.

Vom Bergrücken rollen Sie entlang des Steingeländers hinunter, vorbei an einem nationalromantischen Kriegerdenkmal auf dem steinigen, sehr holprigen Weg über Felsstufen sehr steil bergab, wir empfehlen ausdrücklich abzusteigen, da hier Rutsch- und Sturzgefahr besteht! später auf dem breiten und ebenen Forstweg hinunter ins Tal.

ACHTUNG Vorsicht in den Kurven, es sind viele Wanderer auf diesem Weg unterwegs.

Beim ersten Abzweig im Wald geradeaus an der nächsten Abzweigung auf dem breiten Weg nach rechts vor dem Eingang des **Campingplatzes** setzen Sie den Weg rechts auf Asphalt fort in der ersten Kurve nach links auf den abzweigenden Uferweg, welcher Sie zur Uferpromenade in **Bad Kösen** bringt dem Promenadeweg **Loreleypromenade** zur Saale-Brücke folgen.

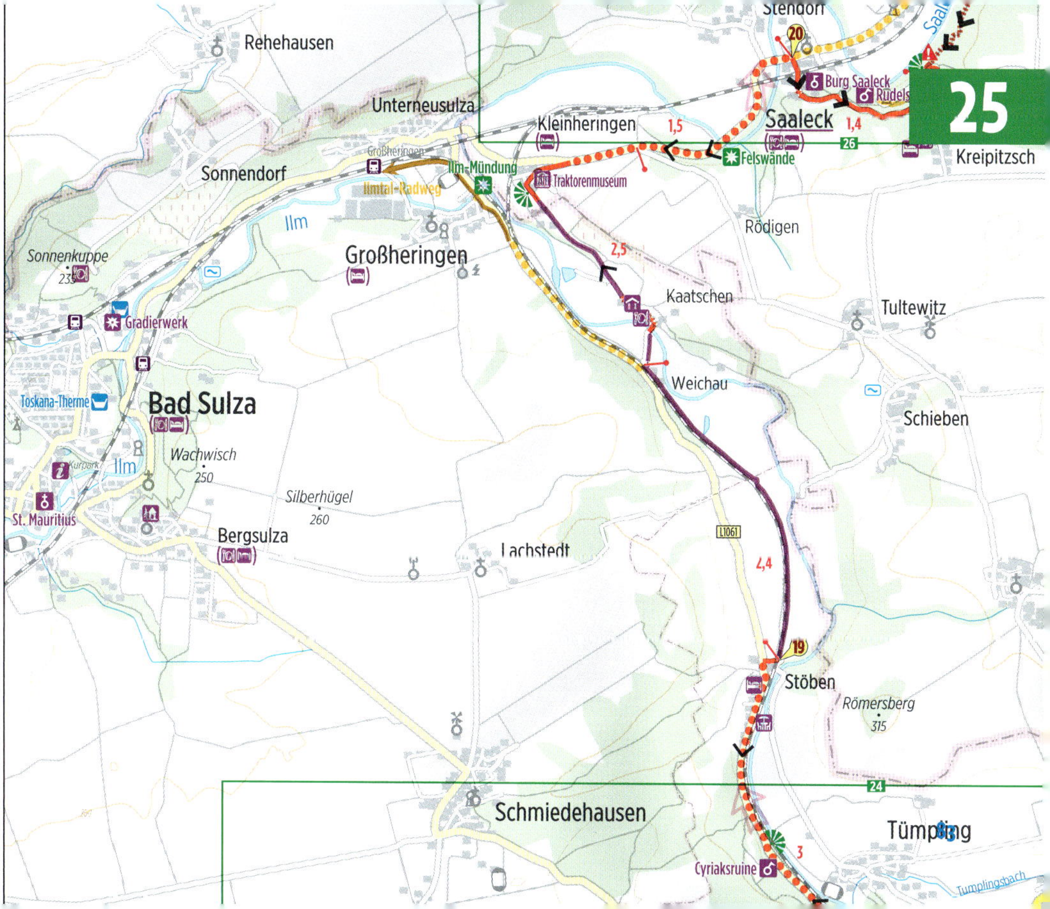

Bad Kösen, Gradierwerk

Bad Kösen

Vorwahl: 034463

- **Tourist-Information**, Bahnhofstr. 2, ✆ 03445/273124, @ xps834
- **Saaleschifffahrt Bad Kösen**, Parkstr. 7, ✆ 28985, April-Okt. Angeboten werden u. a. Fahrten zwischen Bad Kösen und Rudelsburg. @ mrc722
- **Romanisches Haus mit Käthe-Kruse-Puppenausstellung**, Am Kunstgestänge, ✆ 27668 Der Bau aus dem 11. Jh. gehörte zum Eigentum des Klosters Pforta. Das Museum zeigt eine Käthe-Kruse-Puppenausstellung sowie eine Ausstellung zur Kloster-, Salinen- und Heilbadgeschichte. @ rbn813
- **Gradierwerk**, Freiluft-Inhalationen Mai-Sept. Mi-So, Fei, Okt. Sa, So/Fei. Das Gradierwerk ist in der 2. Hälfte des 18. Jhs. als Anlage zur Salzgewinnung errichtet worden. Es hat eine Länge von 325 m.
- **Kunstgestänge**, Am Kunstgestänge. Mit der Entstehungszeit um 1780 ist das hölzerne Bauwerk das einzige in Europa erhaltene Kraftübertragungssystem dieser Art. Das Pumpwerk verbindet das unterschlächtige Wasserrad am Fluss mit dem Borlachschacht auf dem Rechenberg und weiter mit dem Gradierwerk.
- **Landesweingut Kloster Pforta**, Saalberge 73, ✆ 3000. Mit Gutsrestaurant. Seit 1154 wird auf diesem Weingut Wein gekeltert. @ hwq565
- **Tierpark**, Parkstr. 5, ✆ 27354 Der Tierpark befindet sich im Kurpark, der in der Gestaltung der Zeit um 1900 gut erhalten ist. @ ryw531
- **Kurmittelzentrum Kösalina**, Parkstr. 4, ✆ 3440. Mit Bewegungsbecken, 3 Saunen, einer Salzgrotte u. v. m. @ adk773

Wo das Tal der Saale sich wieder weitet, nachdem der Fluss bei Saaleck und Rudelsburg die letzte Enge, die Thüringer Pforte, verlassen hat, liegt Bad Kösen. Außer der Funktion als Brückenort an einer wichtigen Ost-West-Straße seit dem 15. Jahrhundert wurde Kösen schon früh zur Hauptflößstation für das Rohholz der flussaufwärts liegenden Waldgebiete. Alljährlich fanden zweimal, zu Ostern und zu Johannis (24. Juni), große Floßmärkte mit Holzauktionen statt, dabei lagen oft 800 und mehr Flöße auf der Saale über und unter Kösen. Aus den Häusern der Floßarbeiter an der Borlachstraße bildete sich die erste Dorfgemeinde heraus.

Die 1730 erbohrte Sole machte Kösen endlich zur Salinenstadt, deren Wahrzeichen heute noch das Gradierwerk und das „Kunstgestänge" bilden, ein Pumpwerk, das die Sole von der Quelle zum Gradierwerk befördert. Der Salinenbetrieb musste 1859 wieder geschlossen werden, als anderweitig durch den Bergbau reiche Steinsalzlager erschlossen wurden. Doch Kösen war inzwischen – die Heilwirkung

Bad Kösen, Saalewehr

salzhaltiger Luft nutzend – auch Solebad geworden und verzeichnete dank seiner günstigen Lage steigende Besucherzahlen. Aus dem Brückenort und der Ansiedlung von Flößern und Salzsiedern wurde so eine schmucke Villen- und Gartenstadt, die über 3 Solequellen für Trinkkuren verfügt.
Gradierwerke wurden gebaut, um die Siedewürdigkeit der Sole zu erhöhen. An den Wänden solcher Bauten setzen sich die für die Salzsiedung unbrauchbaren Bestandteile der Sole beim Herabtropfen („gradieren") ab, während das Wasser verdunstet. Gleichzeitig verstärkt sich so der Salzgehalt der Sole. Die heute übliche Schwarzdorngradierung löste einst Wände aus Stroh ab. Die Gradierhäuser waren, wie schon der Name verrät, früher mit einem Dach versehen. Die zur Förderung der Sole eingesetzten Pumpen hoben die Salzlösung auf die Gradierwerke. Sie wurden durch die Wasserkraft der Saale mittels zweier Kunsträder und des doppelten Kunstgestänges in Bewegung gesetzt. So wurde die Salzlösung drei Jahrzehnte zur Salzgewinnung genutzt. Nur die Anfang des 19. Jahrhunderts aufgekommene medizinische Erkenntnis, dass Gradierwerke auch als Freiluftinhalatorien herhalten können, bewahrte das Bauwerk vor dem Abriss.

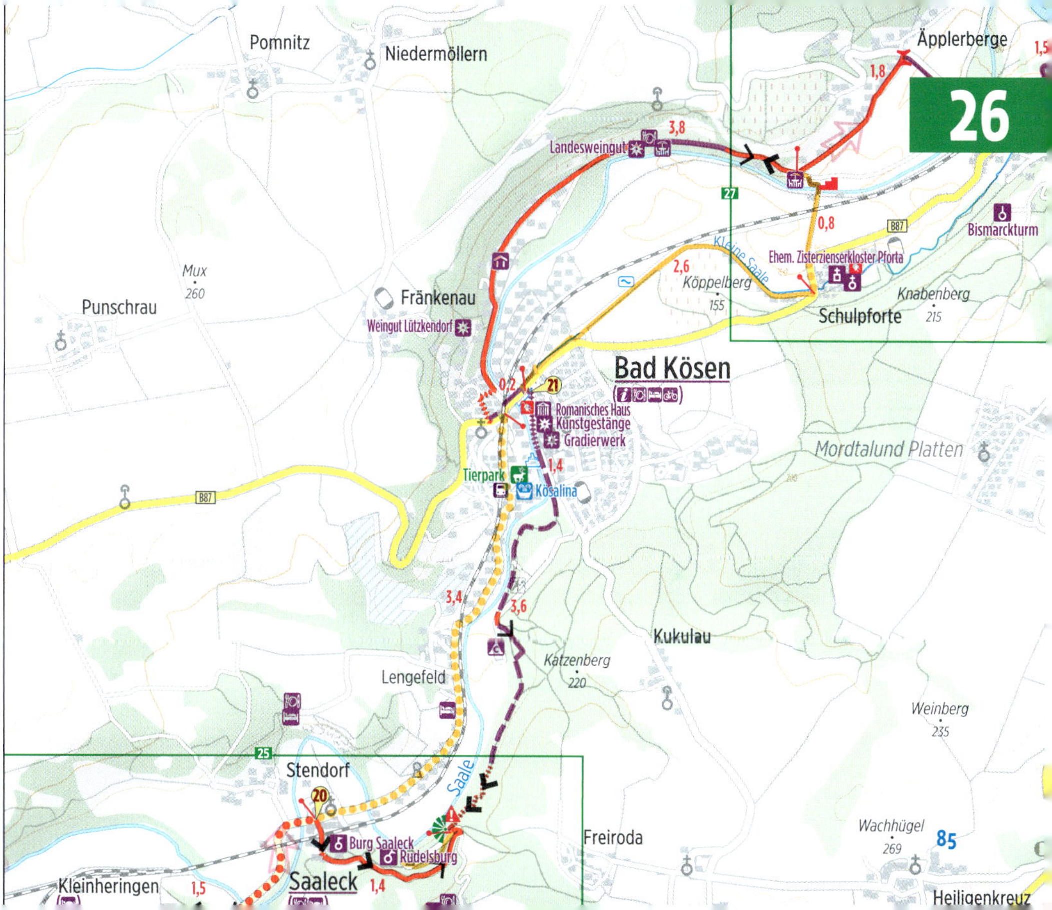

Von Bad Kösen nach Naumburg 14 km

VARIANTE Die Hauptroute führt auf ruhigen Straßen linkssaalisch nach Almrich. Eine etwa gleich lange Alternative rechts der Saale ermöglicht den Besuch von Kloster Schulpforte. Die Strecke verläuft großteils entlang der „Kleinen Saale". An einer Brücke sind zweimal zehn steile Stufen zu überwinden.

Über Kloster Schulpforte 3,5 km

Sie queren in Bad Kösen am Ende der Promenade beim Hotel die Straße und fahren kurz in die Straße Richtung Feuerwehr ~ nach rechts über den kleinen Steg und geradeaus an der Kleinen Saale entlang ~ bald in einem Rechtsschwenk ans andere Ufer ~ der Weg bietet Ihnen nun ein sehr plötzlich beginnendes, völlig neues Landschaftsbild ~ Sie passieren den Köppelberg, einen der ältesten Weinberge im Weinbaugebiet Saale-Unstrut, das zu den kleineren in Deutschland gehört ~ hinter der Wegbiegung rollen Sie an Reihenhäusern vorbei und stehen vor der Einfahrt zum Kloster von Schulpforte.

Schulpforte (Naumburg)

Vorwahl: 034463

Stiftung Schulpforta, Schulstr. 22, ✆ 28115, ⏲ tägl. 10-18 Uhr, Führungen: April-Okt., Sa, So 13.30 Uhr, @ kdb774

Klosterkirche. Die dreischiffige Basilika ist ein Werk aus dem 13. Jh., von der einstigen Ausstattung sind der frühgotische Altarblock, ein bemaltes Triumphkreuz (13. Jh.) und das Grabmal für Markgraf Georg von Meißen (um 1400) zu sehen. Die Kirche ist Teil der Straße der Romanik.

Klausurgebäude, nebst der Kirche. Die Bauten stammen ursprünglich aus dem 12. und 13. Jh., ein wertvoller spätromanischer Bau ist die sogenannte Abtskapelle.

Das 1137 gegründete Zisterzienserkloster St. Marien ad Portam wurde 1543 Fürstenschule, die somit ihre Erziehungs- und Unterrichtsanweisungen nicht mehr von der Kirche, sondern von der Landesregierung erhielt. Der umfangreiche Besitz des Klosters ging in eine Stiftung für die säkularisierte Schule über. Die Landesschule zur Pforta wurde im Laufe der Zeit zum Begriff im deutschen Geistesleben, in der auch der Dichter und Hauptvertreter der Empfindsamkeit, Friedrich Gottlieb Klopstock, die Philosophen J. G. Fichte und F. Nietzsche oder der Begründer der „objektiven" Geschichtswissenschaft, Leopold von Ranke, die Schulbank drückten.

TIPP Während der Öffnungszeiten des Klosters können Sie durch den schönen Klosterpark schieben, orientieren Sie sich an dem blauen Schild am Torhaus. Am Ende des Parks kommen Sie durch eine Pforte wieder hinaus und können südlich oder nördlich des Geländes zurück zum Tor gelangen.

Vor der Toreinfahrt links auf die verkehrsreiche Straße ~ gleich in der Rechtskurve die **B 87** geradeaus verlassen in die Straße **Am Fischhaus** ~ vorbei am Gasthaus und auf der Fischhausbrücke über die Saale, hier sind zweimal Stufen zu überwinden ~ am Parkplatz biegen Sie rechts ab auf die Straße, nun wieder auf der Hauptroute.

21 Auf der Hauptroute in **Bad Kösen** wenden Sie sich von der Promenade kommend hinter

Schulpforte, Kloster Pforta

dem Pumpwerk nach links bei der Saale-Brücke queren Sie die Straße und fahren dann links über die Brücke anschließend rechts auf dem Radweg durch die Bahnunterführung in die nächste Straße nach rechts, an der Kreuzung wieder rechts an der Saale auf der **Saalstraße** weiter vorbei an Weingütern fahren Sie mitten durch die Weinberge auf einem gut ausgebauten Anliegerweg bis zur Landstraße bei **Äpplerberge** dort rechts ab nach **Almrich** über die Saale und vor der Bahn links auf den flussbegleitenden Weg Richtung Roßbach und Unstrutmündung der grob geschotterte Weg nähert sich der Bahn und verläuft dann entlang der Kleinen Saale ein letztes Mal fließt diese unter Ihren Rädern hindurch, bevor sie sich im Wasser der „Großen" Saale verliert.

VARIANTE Die Hauptroute umrundet am Saaleufer völlig verkehrsfrei die sehenswerte Stadt Naumburg und ist besonders für „Stadtscheue" und „Weinselige" geeignet. Auf halbem Weg mündet die Unstrut ein, und die Option für einen Kurzausflug in das wein- und burgenreiche Unstrut-Tal nach Freyburg bietet Abwechslung.

Für einen Besuch der Domstadt Naumburg können Sie entweder auf dem schönen Uferweg entlang

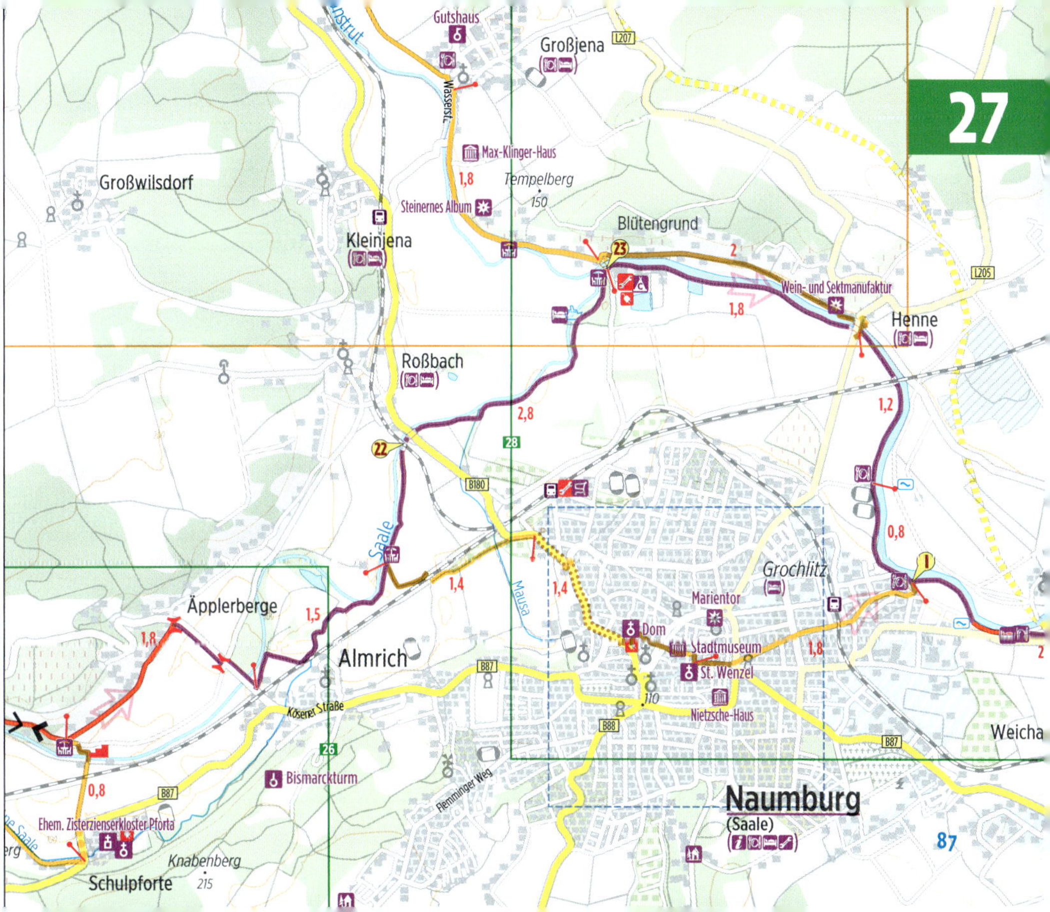

Naumburg, Fähre Blütengrund

der Flussbiegung verbleiben und am Ende des Abschnitts den Abstecher in die Innenstadt wählen, oder Sie folgen schon hier der beschilderten Variante durch die Naumburger Innenstadt. Dafür zweigen Sie kurz nach dem Saalewehr vom Uferweg ab.

Fahrt durch Naumburg 4,6 km

Bald nach dem Verlassen des Saaleradwegs fahren Sie rechts unter der Bahn hindurch ~ an der Straße links und parallel zur Bahnlinie an Kleingärten vorbei ~ an der **Roßbacher Straße** rechts, es gibt eine Radspur ~ am Kreisverkehr vorbei ~ auf Höhe des Domes nach links zum **Domplatz** ~ rechts auf den **Steinweg** und geradeaus zum **Markt**.

Naumburg s. S. 92

Auf der **Jakobsstraße** verlassen Sie die historische Innenstadt ~ am Ende queren Sie links an der Ampel die Straße und folgen dann der **Grochlitzer Straße** durch **Grochlitz** ~ bald nach den Schienen schräg links in die **Badstraße**, an derem Ende Sie links zur Saale gelangen ~ der Saaleradweg verläuft flussnah rechts weiter nach Weißenfels.

22 Auf der Hauptroute Richtung Unstrutmündung fahren Sie unter der Freyburger Bahn und der B 180 hindurch von ansehnlichen Pappelreihen begleitet quert ein weiterer Saalezufluss linker Hand öffnet sich das Tal der **Unstrut** terrassenförmige Weingärten zieren die Hänge, eine kleine Bootsfähre lockt bereits zu einem Biergarten ans linkssaalische Ufer.

Blütengrund (Naumburg)

Vorwahl: 03445

Fähre Blütengrund, 28985, Fährzeiten: April-Okt., tägl. 10-18 Uhr, kkk748

Weinregion Saale-Unstrut

Schon vor über 1.000 Jahren frönte das Kaiserreich der Ottonen dem Weinbau an Saale und Unstrut. Ein besonderes kulturelles Erbe wird hier lebendig. Landschaften mit Weinbergen, Steilterrassen, jahrhundertealten Trockenmauern, romantischen Weinberghäuschen und malerischen Flusstälern prägen das Landschaftsbild und verfügen über eine ganz besondere Anziehungskraft und Schönheit.

Seine Blütezeit erlebte der hiesige Wein vom 12. Jahrhundert an unter dem Einfluss der Zisterzienser und anderer Mönchsorden. Bis zur Reformation erreichte der Weinbau eine heute kaum noch vorstellbare Ausdehnung. Nach dem Rückgang als Folge des Dreißigjährigen Krieges brachte im 18. Jahrhundert die Gründung von Weinbaugesellschaften wieder einen Aufschwung. Heute gehört das Weinbaugebiet Saale-Unstrut mit 760 Hektar zu den kleineren in Deutschland und ist das nördlichste Qualitätsweinanbaugebiet Europas.

Der Wein von der Saale-Unstrut kann sich auch geschmacklich „sehen" lassen! Der Kalkboden schafft die Voraussetzungen für volle, reife und in der Säure harmonische Weine. Im Regenschatten des Harzes und des Thüringer Waldes liegt das Ertragsniveau bei der Hälfte vergleichbarer deutscher Weinregionen. Die Weine werden hier traditionell trocken ausgebaut. Die Natur beschert der Region ausgedehnte Vegetationszeiten. Der ausgewogene Mix von Sonne und Kühle sorgt für feingliedrige und spritzige Tropfen. Viele Rotweine und auch einige Weißweine werden im Holz- oder Barriquefass ausgebaut. Der feine Holzton verbindet sich mit einer feinwürzigen gebietstypischen Säure zu harmonisch ausgereiften Weinen.

Viele der architektonisch sehenswerten Weinbergterrassen und -häuser stehen unter Denkmalschutz und werden von den Winzern wieder hergerichtet.

AUSFLUG

Wir empfehlen einen Abstecher nach Freyburg und zum Schloss Neuenburg. Sie folgen dabei dem beschilderten Unstrut-Radwanderweg und

Weinberg bei Naumburg

kommen durch eine anmutige Kulturlandschaft mit großer Weinbautradition. Im Blütengrund nutzen Sie die Fähre für den Unstrutausflug. Der Blütengrund mit seinen terrassierten Weinbergen und Obstgärten ist eine der schönsten Ecken direkt am Zusammenfluss von Saale und Unstrut.

Ausflug nach Freyburg 5 km

Mit der Fähre Blütengrund auf das linke Saaleufer gewechselt, folgen Sie dem schmalen Asphaltweg rechts des Weges ziehen romantische, gemauerte Weinterrassen mit dem Steinernen Bilderbuch vorbei ⇝ weiter auf der ruhigen Landstraße nach Großjena.

Großjena (Naumburg)

Vorwahl: 03445

- **Touristinformation Naumburg**, Markt 6, Naumburg, ✆ 273125, @ qce716
- **Max-Klinger-Haus**, Blütengrund 3, ✆ 230823, ✆ 703503 Der berühmte Leipziger Grafiker, Maler und Bildhauer Max Klinger erwarb Anfang des 20. Jhs. hier den Weinberg mit zwei Häusern. Im ehemaligen Wohnhaus ist eine Dauerausstellung zu sehen. Sie gibt einen umfassenden Einblick in das Leben und Schaffen des Künstlers. @ lig675
- **Gutshaus mit Gutspark.** Der ehemalige Gutshof des Rittergutes wurde im Jahre 1818 errichtet. Zur Anlage gehörten u. a. die Parkanlage und ein Verwaltungsgebäude mit Orangerie.
- **Steinernes Album**, am Südhang des Tempelberges. Das 1722 in den Kalk gehauene Steinrelief zeigt auf 150 m Länge 12 große Bilder mit biblischen Motiven, meist auf den Weinberg bezogen, und ist Ausdruck bürgerlicher Lebensfreude.

Großjena, Max-Klinger-Weinberg

Von der Hauptstraße nach links in Richtung Grobers Reiterhof abbiegen ⇝ dem Unstrut-Radwanderweg bis Freyburg folgen ⇝ in der Nähe der Unstrut setzen sich die mauerbewehrten Weingärten fort, über ihnen wacht das **Schloss Neuenburg** ⇝ bei der nächsten Unstrutbrücke ist bereits Freyburg erreicht.

Freyburg

Vorwahl: 034464

- **Freyburger Fremdenverkehrsverein e. V.**, Markt 2, ✆ 27260, @ arq744
- **Friedrich-Ludwig-Jahn-Museum**, Schlossstr. 11, ✆ 27426 Friedrich Ludwig Jahn (1778-1852) gilt als Begründer des deutschen Turnens. Im Museum, dem ehem. Wohnhaus des „Turnvater Jahn", gibt es Ausstellungen zu seinem Leben und seiner Person. @ qxs518
- **Stadtkirche St. Marien**, Kirchstr. 7, ✆ 27451. Von der ursprünglich spätromanischen, dreischiffigen Basilika (ab 1225) sind der Vierungsturm und die doppeltürmige Westfront mit der Vorhalle erhalten. Zu den Besonderheiten der Ausstattung gehören ein Marienaltar von 1500 und ein Taufstein aus dem Jahre 1592. Die Kirche ist Teil der „Straße der Romanik".
- **Schloss Neuenburg**, ✆ 35530. Die auf das 11. Jh. zurückgehende gewaltige Anlage war einst neben der Wartburg ein wichtiges Standbein der Thüringer Landgrafen. Sie war in dieser Zeit eine gastliche Freistätte für Dichter und Sänger. Beachtenswert die spätromanische Doppelkapelle (um 1220) wegen ihres seltenen Bautyps. Die Burganlage gehört zum Netzwerk „Straße der Romanik". @ aom651
- **Mühle Zeddenbach**, Mühle Zeddenbach 1, ✆ 27380, Mi 14-17 Uhr, Do, Fr 9-12 Uhr und 13-17 Uhr, Sa 9-12 Uhr, Führungen durch die Mühlenanlage möglich. Das heutige Mühlengebäude ist ca. 120 Jahre alt und noch in Betrieb. @ mnm711
- **Rotkäppchen-Sektkellerei**, Sektkellereistr. 5, ✆ 340, Sektshop: Mo-Sa 10-17 Uhr, So 11-17 Uhr, täglich öffentliche Führungen möglich. Neben der fünfgeschossigen historischen Kelleranlage sind der mächtige Domkeller und der historische Lichthof besonders sehenswert. Als gute Ergänzung empfiehlt sich eine Sektverkostung. @ ydm436
- **Weingalerie der Winzervereinigung Freyburg-Unstrut**, Querfurter Str. 10, ✆ 3060, Weingalerie tägl. mind. 10-16 Uhr, öffentliche Kellerführungen um 13 Uhr, @ arb886

Schloss Neuenburg in Freyburg

Herzoglicher Weinberg, ✆ 30625, ◷ Mai-Okt., tägl. mind. 12-18 Uhr, Weinbergführungen 11 Uhr. Der Weinberg wurde 1774 als barocker Weingarten umgestaltet und bietet heute als Schauweinberg Führungen und Verkostungen zum Weinbaugebiet Saale-Unstrut. @ xtm174

Freibad, Schweigenbergstr. 13b, ✆ 35512

Zurück zur Saalefähre im Blütengrund und zur Hauptroute kommen Sie wieder auf dem selben Weg.

TIPP Ist es für die Fähre bereits zu spät, können Sie links der Saale unter den Weingärten bis Naumburg-Henne weiterradeln und über die Brücke den Anschluss zur Hauptroute finden.

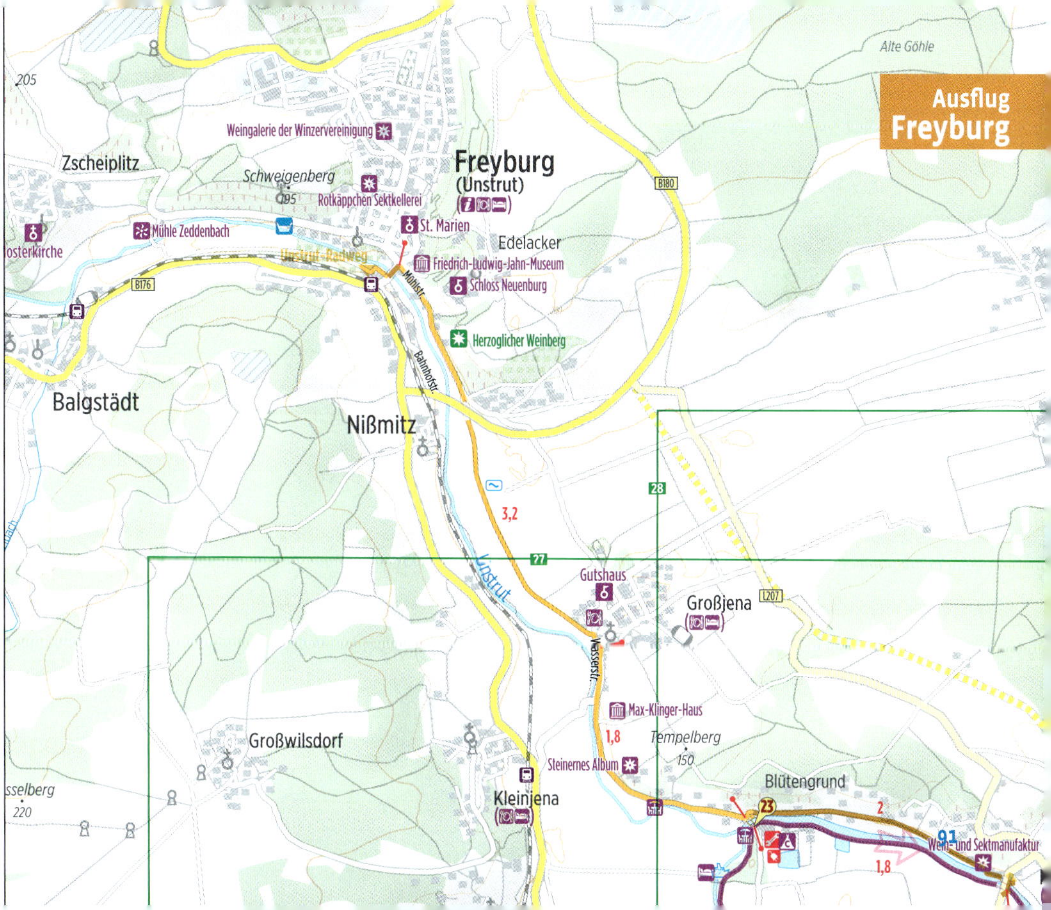

Naumburger Dom

23 Am rechten Saaleufer führt die Hauptroute durch den Blütengrund am **Campingplatz** vorbei ~ bei Naumburg-Henne unter der Saale-Brücke hindurch ~ unter einer alten Bahnbrücke hindurch ~ vorbei am Gasthof Hallescher Anger ~ beim Pegelhäuschen Grochlitz können Sie für einen Besuch der Stadt Naumburg rechts abzweigen.

INS ZENTRUM Das sehenswerte Zentrum erreichen Sie in ca. 2 km. Über die Badstraße und die Grochlitzer Straße gelangen Sie geradewegs zur Stadtmauer, hinter der sich die historische Altstadt befindet.

Naumburg

Vorwahl: 03445

- **Tourist-Information Naumburg**, Markt 6, ✆ 273125, @ qce716
- **Stadtmuseum Hohe Lilie**, Markt 18, ✆ 200648, ✆ 703503 Das Haus „Zur Hohen Lilie" ist der älteste Profanbau der Stadt, es zeigt eine Ausstellung zum Naumburger Bürgertum. @ gxo114
- **Dom St. Peter und Paul**, Dompl. 16, ✆ 2301133. Der spätromanisch-frühgotische Dom entstand in seiner heutigen Gestalt 1214 und zählt zu den wertvollsten europäischen Baudenkmälern. Berühmt sind die zwölf Stifterfiguren im Westchor, Hauptwerk des unbekannten Naumburger Meisters (um 1250), lebensgroß und gekleidet nach der Mode der Zeit. Einige Fenster im Westchor sind Mitte des 13. Jhs. entstanden. Seit 2018 ist der Dom UNESCO-Welterbestätte und gehört zum

Netzwerk „Straße der Romanik". @ vcb278

Wenzelskirche, Topfmarkt 18, ✆ 201516, ⌚ Turmbesteigungen sind in der Zeit April-Okt., Di-So 10-17 Uhr möglich. Im Jahre 1411 entstand anstelle einer älteren Kirche der spätgotische Neubau, der ab dem 17. Jh. barockisiert wurde. Von der Ausstattung besonders sehenswert die 1746 fertiggestellte und von J. S. Bach abgenommene Hildebrandt-Orgel sowie zwei Gemälde aus der Werkstatt von Lucas Cranach d. Ä.

Historische Straßenbahn, ✆ 703002. Kleinster Straßenbahnbetrieb Deutschlands. Die Bahn aus DDR-Zeiten verkehrt im 30-Min.-Takt zwischen Hauptbahnhof und Innenstadt. @ nss184

Kanuverleih, ✆ 202051. Saale-Unstrut-Tours, Kanustation Blütengrund. @ sth772

Marientor, Marienpl. Das letzte der einst fünf Tore der Stadtbefestigung stammt aus dem 14./15. Jh. und zählt zu den besterhaltenen Doppeltoranlagen Deutschlands.

Markt. Der in seiner Geschlossenheit beeindruckende mittelalterliche Marktplatz ist von gut erhaltenen und prächtigen Handelshäusern aus dem 16./17. Jh. umgeben. Ihre geräumigen „Giebeldächer" zeugen vom Wohlstand dieser Zeit.

Nietzsche Haus und Dokumentationszentrum, Weingarten 18, ✆ 261133, ⌚ Di-Fr 14-17 Uhr, Sa, So/Fei 10-17 Uhr. Friedrich Nietzsche verbrachte den Großteil seiner Kindheit und Jugend in Naumburg. Eine Dauerausstellung dokumentiert das Leben und Werk des Philosophen. @ oat361

Rathaus, Markt. Die große dreiflügelige Anlage entstand im 16. Jh., das dekorative Renaissance-Hauptportal rund 100 Jahre später.

Die Chroniken beginnen um das Jahr 1.000 mit der Geschichte der Stadt Naumburg, die klimatisch und landschaftlich begünstigt auf einer Anhöhe über den Flüssen Saale und Unstrut liegt. Um diese Zeit verlegte der Bischof von Zeitz seinen Sitz an die Stelle einer Naumburg genannten Burg. Bald zogen auch Kaufleute aus dem Unstruttal in die neue Siedlung und bekamen von König Konrad II. ein Handelsprivileg, das als die älteste urkundliche Stadtgründung in Deutschland gilt. Sie

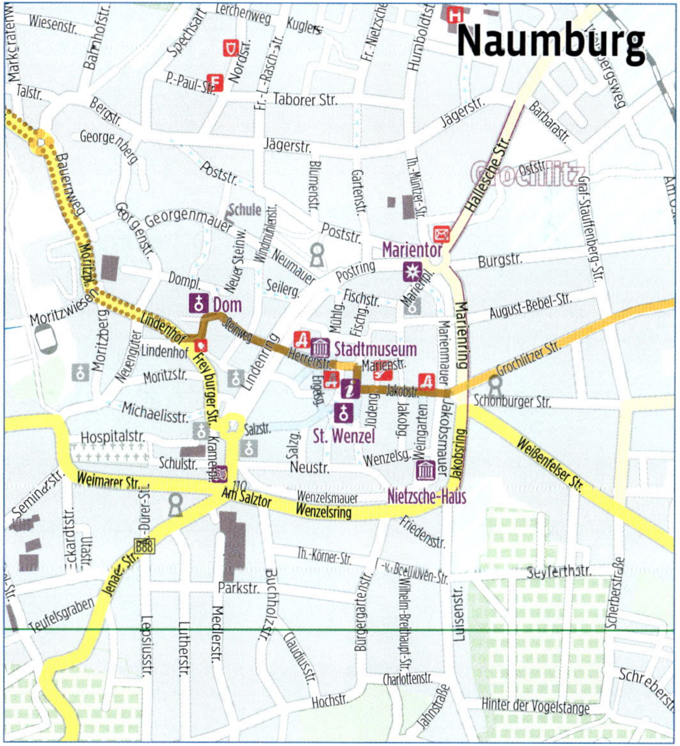

grenzten sich mit der Zeit rechtlich und räumlich von der Domstadt ab und gründeten ein eigenes Gemeinwesen, die spätere Bürgerstadt. Eine seltene Situation, die bis 1835 hielt. Außerhalb dieser „gemauerten" Zweiteilung blieb nur das kaufmännische Salzviertel westlich der Stadt. Eine Epoche kreativer Konkurrenz zwischen Dom- und Marktfreiheit begann, die in der Errichtung des heute weltberühmten Domes und zum anderen in der Bedeutung der Peter-Pauls-Messe gipfelte. Der Naumburger Markt wurde zum wichtigen Umschlagplatz für Wein, Bier, Gewürze, Stoffe und nicht zuletzt Waid, einem kostbaren Farbstoff. Die ökonomische Stellung der Messestadt an der Saale konnte erst ab dem 16. Jahrhundert durch Leipzig streitig gemacht werden.

Naumburg, Marientor

Die Erstarkung der Bürger und die Reformation setzten der bischöflichen Macht schließlich ein Ende. Steinerne Zeugen der damaligen regen Bautätigkeit sind u. a. das Rathaus und zahlreiche Bürgerhäuser im Renaissancestil. Die Zeit kursächsischer Herrschaft brachte der Stadt besonders während des Dreißigjährigen Krieges wenig Glück, das auch durch die kurzlebige Residenzfunktion im Herzogtum Sachsen-Zeitz 1656–63 nicht wettgemacht werden konnte. Nach dem Wiener Kongress fiel Naumburg an Preußen und wurde zur typischen Beamten-, Garnisons- und Pensionärsstadt. Es entstanden Kasernen und im Süden der Stadt ein ausgedehntes Villenviertel. Um das Jahr 1900 wurde die Preußische Kadettenanstalt gegründet, trotzdem blieben die Auswirkungen des Zweiten Weltkrieges hier relativ gering. Nach 1990 wurde Naumburg dann „Modellstadt für Innenstadtsanierungen" und wahrt seitdem sein unverwechselbares historisches Gesicht.

Von Naumburg zur Elbe

151,8 km

HM/km: ↗1,5 (226m) ↘1,8 (274m) Radweg: 64 % Unbefestigt: 7 % Verkehr: 3 %

Im dritten Abschnitt der Tour beginnt die Saale ihren windungsreichen Unterlauf am Übergang zwischen Thüringer Becken und Leipziger Tieflandsbucht. Anfangs wird die Landschaft in der Chemieregion um Merseburg noch von den Leuna-Werken und vom Industriestandort Schkopau bestimmt. Hinter Halle taucht dann der Fluss in die bezaubernde Welt des Unteren Saaletales ein. Diese archäologisch, geologisch und ökologisch bedeutsame Offenlandschaft entwickelt sich zum Naturpark. Auf die Erlebnisse in der Natur folgt mit Bernburg eine der schönsten Städte an der Saale. Seinen letzten Weg tritt der Fluss über den fruchtbaren Boden der Börde an und mündet in einem menschenleeren Augebiet in die Elbe.

Sie radeln in diesem Teil längere Strecken auf gut ausgebauten Radwegen und auf ruhigen Landstraßen. Es kommen nur kurze Abschnitte auf unbequemen unbefestigten Wegen, Plattenwegen und in Ortsdurchfahrten auf Kopfsteinpflasterstraßen vor.

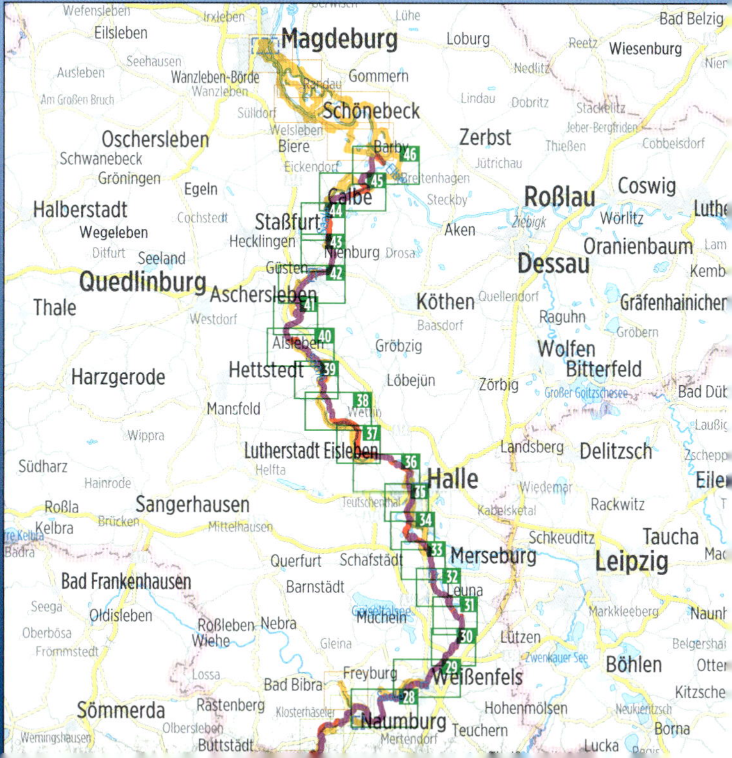

Burgruine Schönburg

Von Naumburg nach Weißenfels 16 km

1 Die Route geht nach dem **Halleschen Anger** bei Naumburg am Saaleufer weiter an Silberweiden und einem Viehgatter vorbei nach dem alten **Felsenkeller** mit Gastterrasse an der Weggabelung rechts und am Gestade weiter in einer leichten Rechtskurve biegt der Saaleradweg links ab weg vom Fluss und über einen Parkplatz zur Ortsstraße, hier links vor der Burg links und auf dem ufernahen Weg weiter.

Schönburg

Vorwahl: 03445

Gemeindeverwaltung, Dorfstr. 46a, ✆ 703535

Burgruine Schönburg, ✆ 750218. Die bischöflich-naumburgische Anlage (um 1200) verlor infolge wechselnder Herrschaftsverhältnisse bald an strategischer Bedeutung. Dank dieses Umstandes steht hier heute eine umfangreich erhaltene mittelalterliche Ruine, die zu den bedeutendsten Burgen des Saaletals gehört.

Beim Rastplatz kommen Sie zur Straße, auf die Sie links einbiegen nun weiter am Fluss entlang über eine kleine Anhöhe, danach links nach 2,5 km vom Ufer nach rechts, Sie umfahren eine Feriensiedlung bis Leißling können Sie immer wieder den Blick in die schöne Landschaft genießen, auf dem gegenüberliegenden Ufer runden Steilhänge mit dem Schloss von Goseck das Bild ab nach einigen Biegungen vor den Bahngleisen dann links in Leißling an der Querstraße rechts und über den Bahnübergang in den Ort.

AUSFLUG Lohnenswert ist ein Abstecher nach Goseck zur Besichtigung des rekonstruierten steinzeitlichen Sonnenobservatoriums und des Schlosses Goseck.

Leißling

Fährbrücke. Die sehenswerte Hängebrücke für Fußgänger und Radfahrer, welche 2016 die langjährige Fährverbindung ablöste, ist 100 m lang.

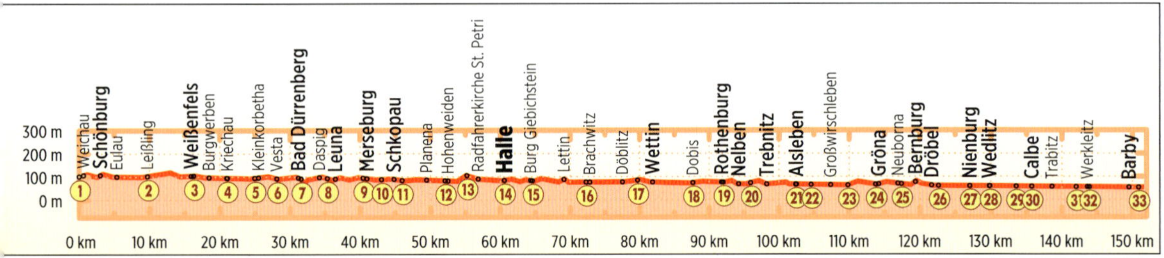

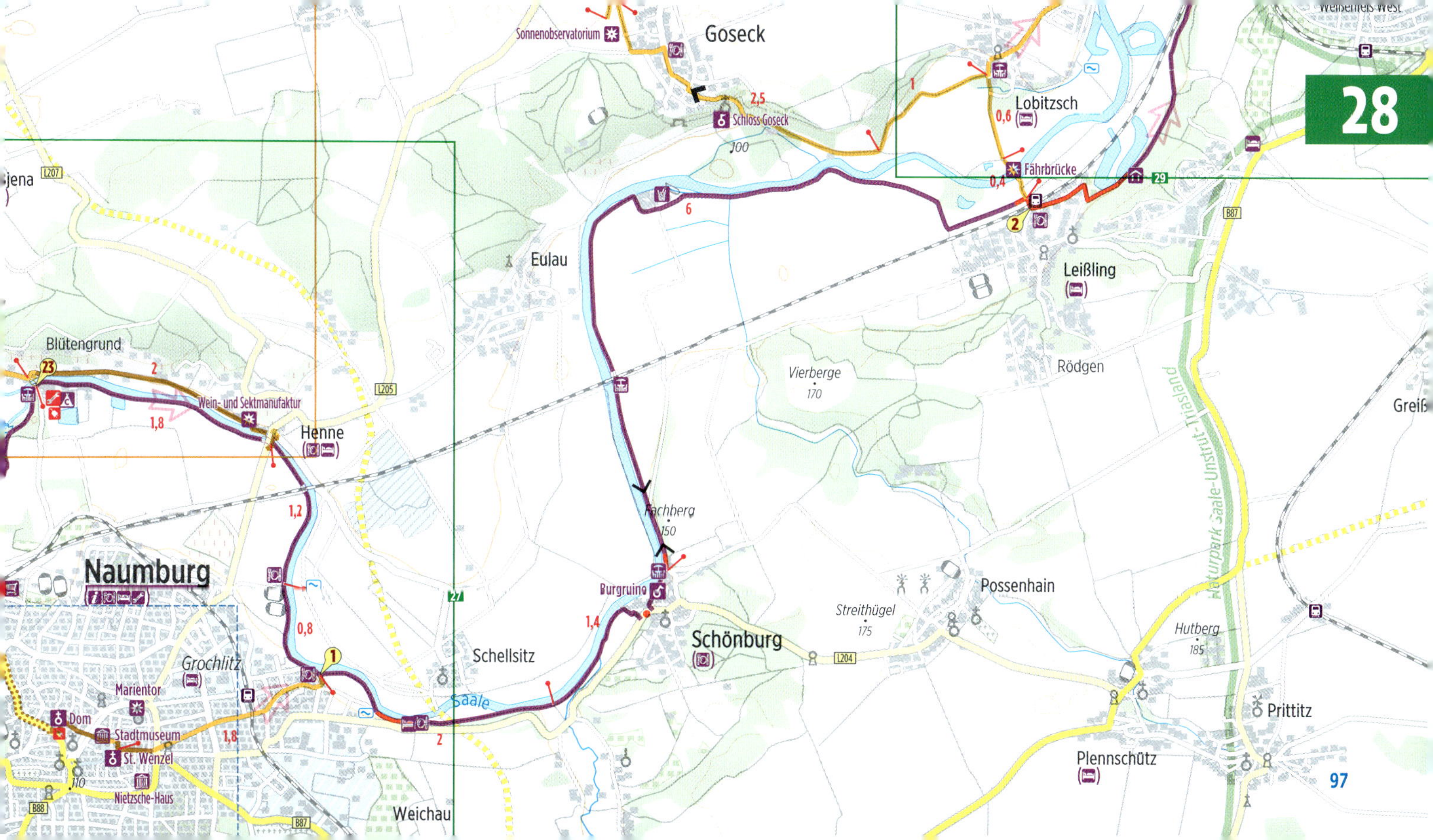
Goseck
Sonnenobservatorium
Schloss Goseck
2,5
100
Lobitzsch
1
0,6
Fährbrücke
0,4
29
28
Weißenfels West
Jena
L207
Eulau
6
2
Leißling
B87
Blütengrund
23
2
1,8
Wein- und Sektmanufaktur
Henne
L205
Vierberge
170
Rödgen
Greiß
Naturpark Saale-Unstrut-Triasland
1,2
Fachberg
150
Naumburg
Burgruine
Possenhain
27
0,8
1,4
Streithügel
175
Hutberg
185
Schönburg
L204
1
Grochlitz
Schellsitz
Marientor
Saale
Dom
Stadtmuseum
1,8
2
Prittitz
St. Wenzel
Plennschütz
110
Nietzsche-Haus
B88
B87
Weichau

Abstecher Goseck und Alternative nach Weißenfels 15 km

Beim Bahnhof Leißling fahren Sie nach links zur Hängebrücke und über die Saale ~ am anderen Ufer folgen Sie dem Weg geradeaus nach **Lobitzsch**.

TIPP Der Weg nach Goseck verläuft auf dem Dolmenradweg, der in Lobitzsch nach Goseck abbiegt.

Sonnenobservatorium Goseck

Am Ortsrand nach links ~ durch die Saaleniederung weiter ~ mit starkem Anstieg zum Schloss und durch den Ort ~ die Ausschilderung geleitet Sie zur Ausgrabungsstätte **Sonnenobservatorium**.

Goseck

Vorwahl: 03443

Schloss Goseck, ✆ 3482580, Baumaßnahmen bis 2027. Das Schloss (16./17. Jh.) wurde als geschlossene Vierflügelanlage im Renaissancestil errichtet. Die Felsenhöhe der Schlossanlage bietet einen weiten Blick über das Saaletal. Der Schlosshof ist parkähnlich gestaltet, hier steht u. a. ein etwa 180 Jahre alter Ginkgobaum. Im Inneren des Schlosses befindet sich ein Informationszentrum zum Sonnenobservatorium und weiteren touristischen Attraktionen der Region. @ rhq875

Sonnenobservatorium, ✆ 25520 (24) Die jungsteinzeitliche Kreisgrabenanlage (ca. 4.800 v. Chr.) diente als Handels-, Versammlungs-, Kult- und Gerichtsplatz. Mit verschiedenen Visiereinrichtungen zur Beobachtung der Sonne ist es das älteste bekannte Sonnenobservatorium. Die frei zugängliche Anlage ist vollständig freigelegt und rekonstruiert. @ mnt353

Die Rücktour bringt Sie auf gleichem Weg nach **Lobitzsch**, dort links auf die Ortsstraße ~ Sie folgen der Straße nach Uichteritz.

Uichteritz

Beim Parkplatz rechts abbiegen ~ hinter der Kirche nach rechts in Richtung Sportplatz ~ vor dem **Sportplatz** den Schildern nach links folgen ~ der unbefestigte Weg führt durch die Felder zum Koldergraben, den Sie auf einer kleinen Brücke queren ~ am Wegkreuz geradeaus ~ auf dem **Weg nach der Marienmühle** kommen Sie zum Wehr, kurz danach rechts auf den Radweg ~ dem Weg durch den Saalepark mit etwas Abstand zur Straße folgen ~ unter der Brücke hindurch erreichen Sie den Bahnhof von Weißenfels und haben hier wieder Anschluss an die Hauptroute.

INS ZENTRUM Das historische Stadtzentrum von Weißenfels befindet sich ganz in der Nähe auf der anderen Seite der Saale. Für eine Stadtbesichtigung nutzen Sie die Fußgängerbrücke beim Bahnhof.

2 Auf der Hauptroute fahren Sie in Leißling nach dem Queren der Bahngleise nach links in Richtung des einstigen Waldbades ~ am Ortsende nach rechts und in die Querstraße, dann am Waldrand nach links abbiegen, Sie folgen dem Radweg vorbei am Saale-Altarm. *Landschaftlich ist diese Gegend sehr reizvoll – zwei Teiche, Kopfweiden stehen breitstämmig am*

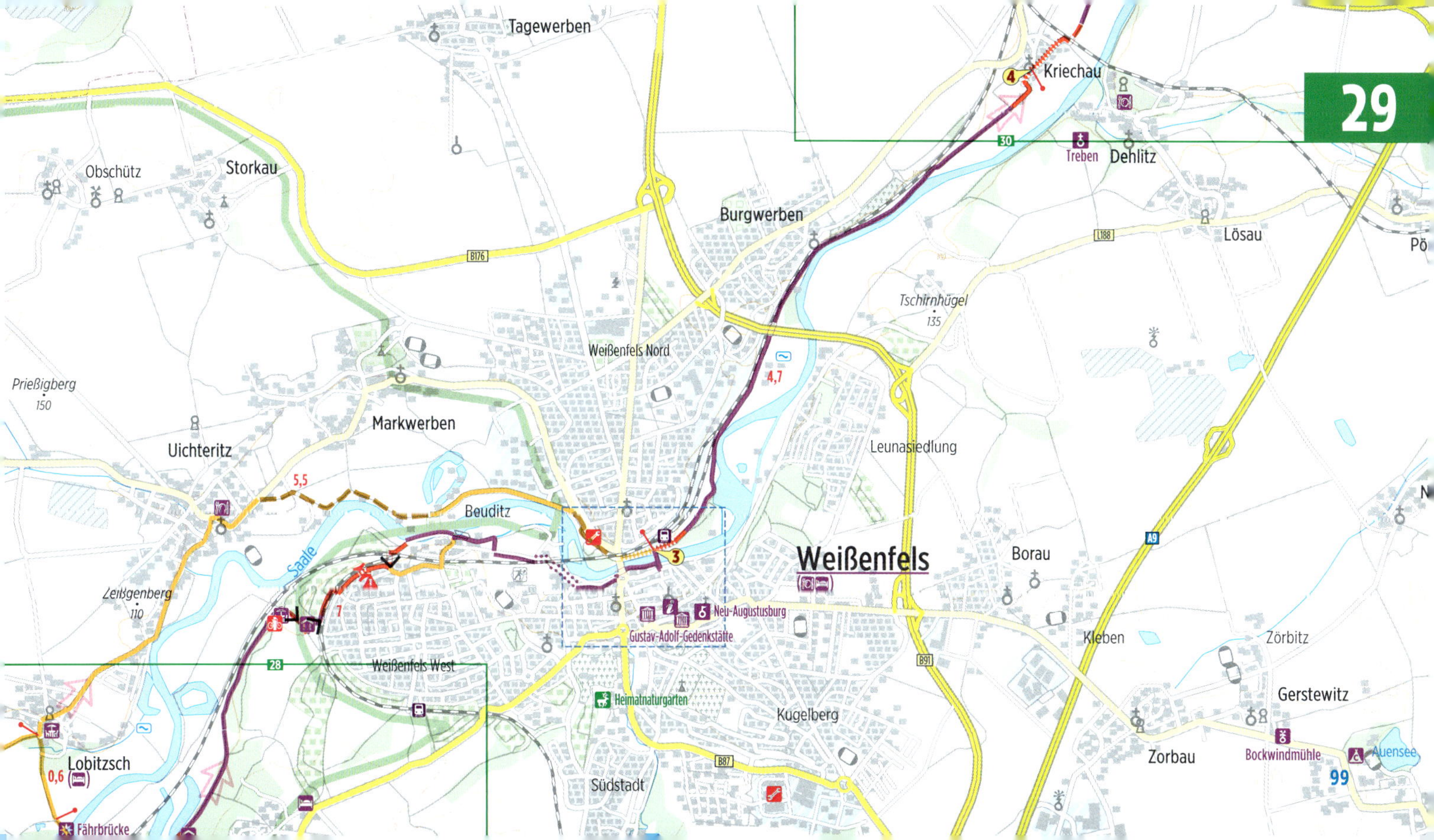
Tagewerben
Kriechau
Treben
Dehlitz
30
Obschütz
Storkau
Burgwerben
Lösau
L188
B176
Tschirnhügel
135
Weißenfels Nord
4,7
Prießigberg
150
Markwerben
Leunasiedlung
Uichteritz
5,5
Beuditz
Saale
Weißenfels
Borau
A9
Zeißgenberg
110
7
Neu-Augustusburg
Gustav-Adolf-Gedenkstätte
Kleben
Zörbitz
28
Weißenfels West
B91
Heimatnaturgarten
Gerstewitz
Kugelberg
Lobitzsch
0,6
Zorbau
Bockwindmühle
Auensee
B87
Südstadt
99
Fährbrücke

Panorama Weißenfels

Wegrand, und der Wald zur Rechten macht einer denkmalgeschützten Obstwiese mit Kirschbäumen Platz. Die sogenannten Streuobstwiesen erhielten ihren Namen von der unregelmäßigen Anordnung der Obstbäume und nicht, wie man meinen könnte, von herumliegenden Früchten. Diese alte Kulturbiotopform, die auch als Mähwiese genutzt wird, bietet zahlreichen Pflanzen- und Tierarten einen wichtigen Lebensraum.

Auf dem weiteren Weg nähert sich der Radweg der Bahn an ~ entlang der Bahn erreichen Sie eine Gartenanlage, an der darauffolgenden breiten Asphaltstraße nach rechts ~ bei den letzten Häusern auf den Radweg nach links und dann zwischen der Bahnböschung und der Feriensiedlung weiter ~ Sie wechseln rechts über die Bahn und gelangen in die Siedlung **Weißenfels-West**.

Weißenfels-West

⚠ Im Schlenker hinunter zur Straße – achten Sie auf den aus der Kurve kommenden Gegenverkehr! – und links in die Straße **Am Storchennest** ~ nach 450 m links hinunter und unter der Bahn hindurch.

UMLEITUNG Falls die Unterführung gesperrt ist (Bauarbeiten), umfahren Sie diese einfach mittels der nächsten Bahnbrücke, die nur 400 m entfernt ist. Am Saaleufer treffen Sie dann wieder auf die Hauptroute.

Nach dem zweiten Tunnel rechts folgen Richtung Beuditz ~ vorbei an der Schleuse ~ nach den letzten Häusern des Ortsteils **Beuditz** knickt die Route vom **Mühlgraben** ab und führt zur Straße **Am Forsthaus** empor ~ jetzt entlang der Bahn, bis Sie diese unterqueren können ~ auf dem **Mühlweg** dann zur Kreuzung, hier links bis zur **Großen Brücke** ~ unter der Brücke hindurch, geradeaus entlang der Saale zur kleinen Fußgängerbrücke und auf dieser über die Saale.

INS ZENTRUM Um in die historische Innenstadt zu gelangen, fahren Sie bei der kleinen Brücke nach rechts. Sie kommen direkt zur Fußgängerzone und zum Markt.

Weißenfels

Vorwahl: 03443

- **Tourist-Information Weißenfels**, Markt 3, ✆ 303070, @ kwa882
- **Gustav-Adolf-Gedenkstätte**, Große Burgstr. 22, ✆ 333521 In diesem Renaissancebau von 1552 wurde nach einer Schlacht des Dreißigjährigen Krieges der gefallene König Gustav II. Adolf von Schweden 1632 obduziert. Ein Diorama rekonstruiert die Lützener Schlacht mit 10.000 Zinnfiguren. @ kca367
- **Heinrich-Schütz-Haus**, Nikolaistr. 13, ✆ 302835 Der Renaissancebau von 1550 diente dem ersten deutschen Komponisten von Weltgeltung ab 1651 als Alterssitz. @ lwy653
- **Novalis-Gedenkstätte**, Klosterstr. 24, ✆ 234531 Wohnhaus des Lyrikers, Prosadichters und bedeutenden Vertreters der Frühromantik Friedrich von Hardenberg (1772-1801) - auch bekannt als Novalis. Im angrenzenden Stadtpark befindet sich sein Grab. @ xbq156

Schuhmuseum, Zeitzer Str. 4, im Schloss Neu-Augustusburg, 2390017, 302552 Die sehenswerte und geographisch weitgefächerte Sammlung präsentiert historisches Schuhwerk von skandinavischen Rindenbastschuhen über türkische Stelzbis hin zu japanischen Strohsandalen. Auch Schausammlungen zur Stadt- und Schlossgeschichte. @ pps217

Stadtkirche St. Marien, Markt. In ihrem Kern eine frühgotische Hallenkirche (1157), im 15. Jh. bedeutend erneuert, mit beachtenswertem Altaraufsatz, Kanzel und Taufstein, allesamt aus dem 17. Jh.

Schlosskapelle St. Trinitatis, Zeitzer Str. 4. Die prächtige und im Original erhaltene Kirche zeigt das Zusammentreffen von Architektur der Renaissance und des Frühbarock.

Weißenfels, Schloss Neu Augustusburg

Schloss Neu-Augustusburg, Zeitzer Str. 4, 302552, 2390017 Anstelle der im Dreißigjährigen Krieg zerstörten Burg 1660-94 als Residenz der Herzöge von Sachsen-Weißenfels erbaut, ist es eine der größten frühbarocken Schlossanlagen Mitteldeutschlands. Durch Umwandlung in eine Kaserne ab 1820 wurde die ursprüngliche Raumaufteilung völlig verändert. Das Schloss beherbergt ein Schuhmuseum, die Schlosskirche und eine Ausstellung zur Stadtgeschichte. @ iqw847

Boots- und Fahrradverleih, Dammstr. 1, 01633/663555, Mai-Okt. @ uei788

Rathaus, Marktpl. Der repräsentativste Bau am Marktplatz entstand 1670 (nach einem Brand 1718-22 wiedererrichtet) im Stil des Barock.

Heimatnaturgarten, Langendorfer Str. 33, 304776 Zu sehen sind etwa 200 Tiere in 50 Arten, mit Streichelzoo. @ pyt278

Als Stadt entstand Weißenfels Ende des 12. Jahrhunderts zwischen drei sorbischen Siedlungen zu Füßen des „weißen" Felsens. Von seiner Umgebung konnte sich der Ort aber erst ab 1656 merklich abheben, nachdem er Residenz des neugegründeten Herzogtums Sachsen-Weißenfels wurde. Im Laufe der nicht einmal hundert Jahre währenden herzoglichen Periode verwandelte sich die Handwerker- und Ackerbürgerstadt in ein Zentrum des barocken Prunks, der Mode und der Ausschweifung. Die Herzöge förderten aber, den

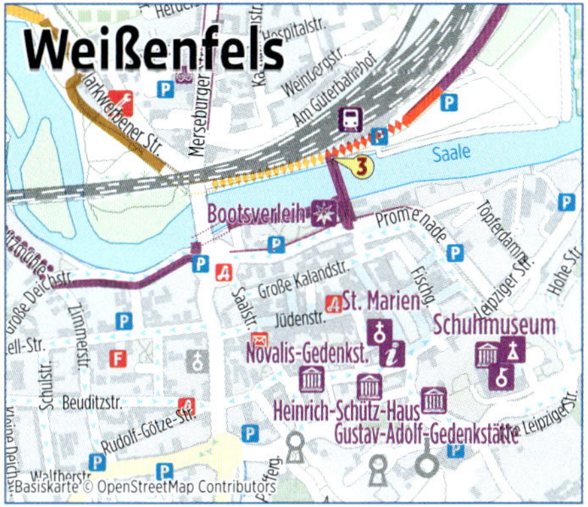

Hof des Sonnenkönigs Ludwig XIV. im Auge, auch die Kultur. Eine der besten und wahrscheinlich teuersten Hofkapellen Deutschlands verlieh dem Hofe Glanz und Ansehen, erst recht die hier gepflegte deutsche Oper. Bestrebungen, das hiesige Gymnasium zu einer Universität auszuweiten, scheiterten am Veto der kursächsischen Regierung. Kein Geringerer als Johann Sebastian Bach war eine Zeit lang Weißenfelsischer „Kapellmeister von Hause aus", und Georg Friedrich Händel soll seine musikalische Begabung an der Orgel der Schlosskapelle das erste Mal öffentlich demonstriert haben. Aber auch die bedeutendsten

deutschen Schriftsteller dieser Zeit fühlten sich vom Weißenfelser Hof angezogen: Johann Beer, August Bohse oder Christian Weise verbrachten hier Teile ihrer Schaffensphasen.

Die immense Bautätigkeit und die extravagante Hofhaltung ließen einen Schuldenberg entstehen, und mit dem Tod Herzog Johann Adolfs II. im Jahre 1746 starb schließlich diese herrschaftliche Nebenlinie aus. Das Herzogtum fiel zurück an Sachsen, und Weißenfels sank wieder zu einer gewöhnlichen Landstadt herab. Das kulturelle Erbe konnte jedoch immer wieder belebt werden, wie es sich in der Person des Lyrikers Novalis oder der Erzählerin Louise von François zeigt. In der Zeit der Industrialisierung machte sich Weißenfels dank der Schuhmacherei einen Namen. Bereits 1820 zählte man hier an die 140 Meister, die in kleinen Werkstätten mit höchstens ein oder zwei Gesellen arbeiteten. Den Großteil der Erzeugnisse vertrieb man auf fremden Märkten und Messen. Nach und nach setzte sich dann die industrielle Schuhfertigung durch. Zu den ersten Steppmaschinen gesellten sich bald auch Sohlennäh- und Stanzmaschinen, ab 1883 angetrieben durch Dampfkraft. Der Entwicklung zu einer Schuhmetropole mit über hundert Schuhfabriken stand nun nichts mehr im Wege.

Bad Dürrenberg, Gradierwerk

Von Weißenfels nach Bad Dürrenberg 15 km

3 Nach Überquerung der Saale fahren Sie nach rechts in die **Bahnhofstraße** für die nächsten Kilometer können Sie sich nach dem Bahnverlauf richten Sie fahren auf der Straße **Am Bad** etwas abseits vom Fluss an Schrebergärten und in der Nähe der Kläranlage vorbei, dann unter einer Straßenbrücke hindurch nach 2,5 km erreichen Sie **Kriechau** an der T-Kreuzung links und gleich darauf rechts in die **Friedensstraße** **4** an der Kirche vorbei der Straße folgen nach dem Rechtsbogen am Ortsrand links unter der Bahnbrücke hindurch bald danach erreichen Sie Schkortleben.

Schkortleben

Kirchruine. Reste einer alten Wehrkirche.

Am östlichen Ortsrand entlang kurz vor der Vorfahrtsstraße dem Radweg nach rechts folgen am Querweg erneut rechts und unter der Autobahnbrücke hindurch weiter durch die Saalewiesen **5** an der Straße in Richtung **Kleinkorbetha** nach rechts und über die Saale nun ergießt sich die Saale allmählich in das Hallesche Tiefland, und das sanfte, hügelige Land um Merseburg wird zu einer Industrielandschaft.

Saale-Fischerei

Bedeutend und viel gerühmt war der Fischreichtum der Saale, die Fischerei war vielerorts ein einträglicher Erwerbszweig. Saalfeld führt zum Beispiel die Saalfische in seinem Wappen. Das Fischereirecht übten vor allem die Pforte, Stadt und Domkapitel zu Naumburg und die Fischerinnung in Weißenfels aus, welche die älteste und bedeutendste im Lande war und ihren Ursprung auf Landgraf Ludwig den Sprin-

ger (Burg Giebichenstein) zurückführt. Brachte der Lachsfang den Weißenfelser Fischern im Jahr 1896 an die 232 Lachse, 1901 sogar 326 und noch 1906 192 Stück, so hat er einige Jahrzehnte später so gut wie aufgehört. Denn nicht überall wurden für den „zu Berg steigenden" Lachs „Lachstreppen" an den Wehren angelegt. Besonders aber haben die Abwässer der thüringischen Kaliindustrie und die Flusskorrekturen, die die Laichplätze der Fische zerstören, den starken Rückgang der Saale-Fischerei verursacht.

In **Kleinkorbetha** vor der Kirche nach links 100 m weiter in der Rechtskurve der Dorfstraße links abzweigen auf den Wirtschaftsweg Sie radeln auf dem Radweg in die Saaleniederung hinaus an der Gabelung am Friedhof halten Sie sich links weg von der Saale, dann an der Straße links und nach **Vesta** **6** nach rechts in die **Vestaer Straße** 50 m nach dem letzten Haus scharf links von stattlichen Pappelreihen begleitet radeln Sie hinaus in die Felder nach gut 1 km fahren Sie geradeaus auf den von links kommenden Weg, nach links können Sie zu einer nahen Gaststätte abbiegen am Ufer der Saale nach **Bad Dürrenberg** hinein ein Bach wird gequert auf dem Saaleweg gelangen Sie

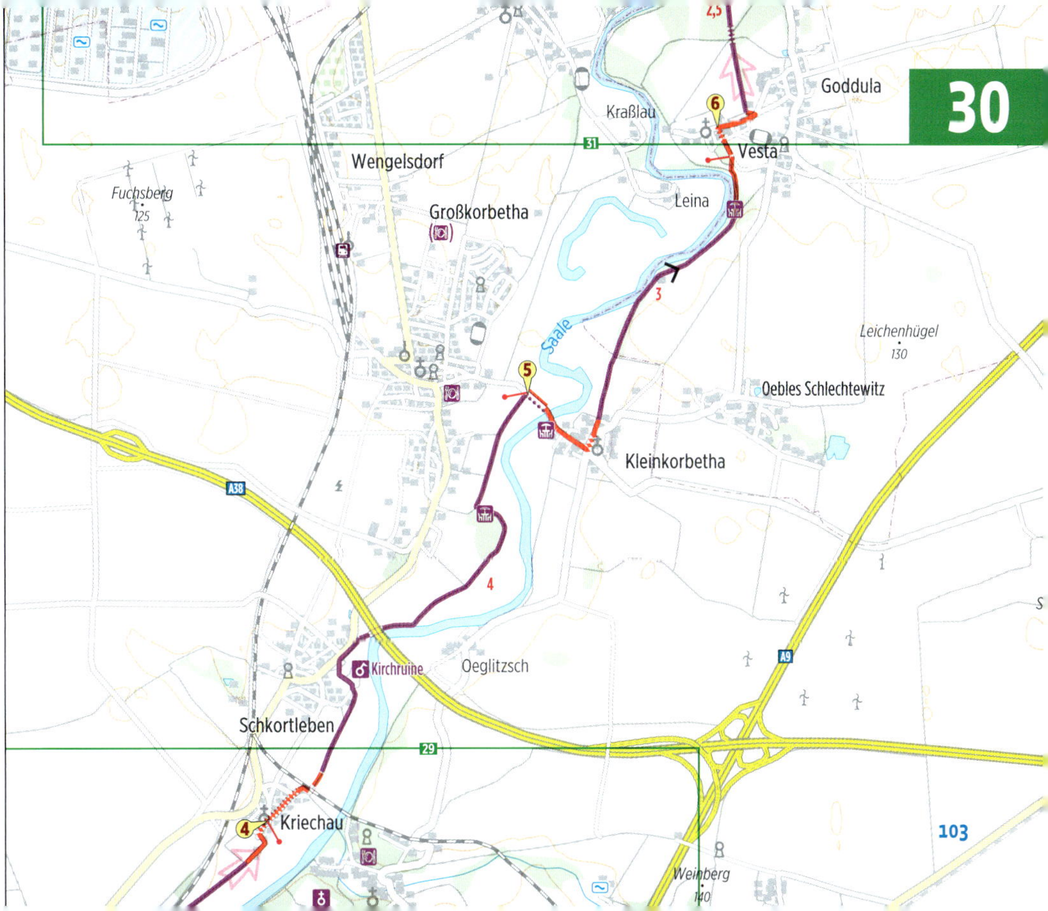

Bad Dürrenberg, Borlachturm

schließlich in den Ortskern zum **Borlachturm**.

TIPP ⚠ Von April bis Oktober 2024 findet in Bad Dürrenberg die Landesgartenschau statt. Rechnen Sie rund um diesen Zeitraum mit Sperrungen bzw. kleinräumigen Umleitungen. Achten Sie vor Ort auf entsprechende Hinweise.

Bad Dürrenberg

Vorwahl: 03462

- **Tourist-Information**, Witzlebenweg 7a, ✆ 9987071, @ ghk245
- **Borlach-Museum**, im Borlachturm, Mai-Sept., Sa, So/Fei 10-17 Uhr. Thematisiert werden die Geschichte der Salzgewinnung und die Leistungen Borlachs, der die örtlichen Solequellen entdeckt hat. @ bil183
- **Altes Salzamt**, Borlachpl. 1, neben dem Borlachturm. 1488 wurde das Haus als Rittersitz der Familie von Wolfferstorff erstmals erwähnt. Es ist vermutlich das älteste Haus Bad Dürrenbergs. Heute befindet sich im sanierten Gebäude ein Hotel, die untere Etage wird als Standesamt genutzt.
- **Gradierwerk**, im Kurpark. Bis 1963 wurde in dem längsten zusammenhängenden Gradierwerk Europas die Salzkonzentration der aus dem Schacht geförderten Sole schrittweise erhöht, um sie rentabel für die Kochsalzherstellung versieden zu können. Die durch das Verdunsten der Sole entstehende salzhaltige Luft zieht aufgrund ihrer heilenden Wirkung bis heute zahlreiche Gäste an. @ ktq476
- **Kurpark**, Borlachpl. 1. In dem direkt neben dem Gradierwerk gelegenen 10 ha großen Kurpark sind mächtige alte Bäume und über 90-jährige Palmen zu finden. Eine besondere Attraktion ist das 2006 fertiggestellte Palmen- und Vogelhaus mit den insgesamt 15 Vogelvolieren. Das Palmenhaus wird für die Überwinterung der Palmen des Kurparks genutzt, hier finden aber auch Ausstellungen und Veranstaltungen statt. Die Parkanlage gehört zum Netzwerk „Gartenträume".

Zu Beginn des 18. Jahrhunderts war Dürrenberg noch ein Rittergut auf dem „dürren Berge". Anders wurde es, als der Bergrat Johann Gottfried Borlach im kurfürstlichen Auftrag die Salzquellen in Sachsen erschloss und nach 1744 mit dem Abteufen des nach ihm benannten Solschachts begonnen werden konnte. Mit der Förderung einer hochergiebigen neunprozentigen Sole und nach Bau des Radhauses, des Kunstgezeugs und der ausgedehnten Gradierwerke, mit bis zu 2 Kilometern Länge einst die längsten der Welt, entstand hier ein Salinenbetrieb, der in der Zwischenkriegszeit mit einer Jahresproduktion von einer halben Million Tonnen Speisesalz den dritten Platz unter den deutschen Salinen einnahm.

Im Jahr 2024 findet in der Stadt die Landesgartenschau Bad Dürrenberg statt. Sie steht unter dem Motto „Salzkristall und Blütenzauber". Bis dahin ist der historische Kurpark wegen umfangreicher Sanierungsarbeiten geschlossen.

TIPP Bis zur Eröffnung der Landesgartenschau im Frühjahr 2024 kann der Kurpark nur im Rahmen von Baustellen-Führungen besucht werden, Anmeldung und Infos unter ✆ 03462/9987081.

Von Bad Dürrenberg nach Merseburg *10 km*

Der Saaleweg wendet sich kurz vor der Brücke nach rechts vom Fluss ab an der T-Kreuzung links in die Straße **Apothekerberg**, das Gradierwerk und der Kurpark befinden sich rechts weiter auf der Route treffen Sie auf die Straße **An der Brücke** und fahren nach links über die Brücke **7** danach gleich rechts auf den befestigten Rad- und Fußweg, der am Damm entlangführt nach Unterquerung der Bahn wechselt der Weg auf die linke Dammseite das Industriepanorama des modernen Chemiestandortes Leuna liegt hier vor Ihnen unter der Hochspannungsleitung schwenkt der Weg vom Damm weg und führt entlang einer Birkenreihe.

Kröllwitz

In Kröllwitz mündet die Route in die Landstraße, hier auf den linksseitigen Radweg

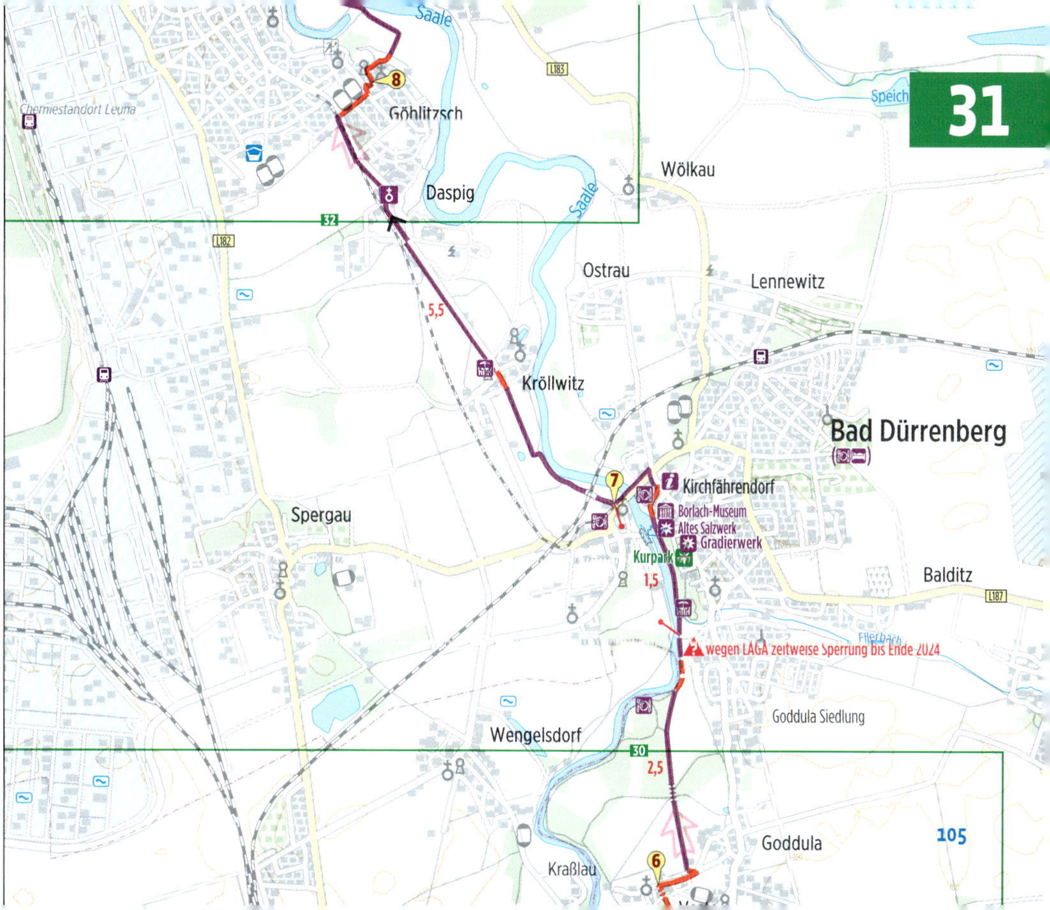

~ kurz vor **Daspig** im Rechtsbogen der Straße geradeaus weiter auf dem Radweg.

Daspig (Leuna)

Kirche Daspig, Dürrenbergerstr. Romanische Chorturmkirche (13.-14. Jh.) mit barocker Ausstattung.

Ab Ortsausgang wieder auf dem straßenbegleitenden Radweg an der **Dürrenberger Straße** ~ in der leichten Rechtskurve der Straße auf die linke Seite der Straßenbahnschienen wechseln ~ an der nächsten Kreuzung rechts ~ **8** hinter dem Sportplatz folgen Sie der Beschilderung an der Kirche vorbei zur Saale ~ auf dem Uferweg weiter ~ nachdem Sie die Bahnlinie unterquert haben, geht es links ab durch den Ortsteil Rössen über die Straße **Am Hügel** und die **Brückenstraße** ~ am Ende der Brückenstraße nach links in die **Austraße** und wieder zur Saale.

TIPP: Ganz in der Nähe befindet sich ein Waldbad. Es ist ab der Brückenstraße über die Straße Waldbad und die Waldbadbrücke zu erreichen.

Leuna

Vorwahl: 03461

Stadtinformation, Rudolf-Breitscheid-Str. 18, ✆ 2495070, ✆ 0151/14559143, @ nur868

Rössener Hügel, Bahnhofstr., ✆ 8400. Prähistorische Grabstätte, sechs Gräber von der Steinzeit bis zum Frühmittelalter.

Waldbad, Waldbad 1, ✆ 820073, @ xiq151

Schwimmhalle Leuna, Emil-Fischer-Str. 19, ✆ 8228428. Mit Sauna, Wellnessbereich und Gastronomie. @ eda575

Die Stadt Leuna, auch Gartenstadt Leuna genannt, wurde von 1917 bis 1927 nach Plänen des Architekten Karl Barth erbaut. Auf einer Fläche von zirka 70 Hektar entstand eine der größten Gartenstädte Deutschlands. Besonderen Wert legte der Architekt auf eine geringe Bebauungsdichte und auf Straßen, die nicht rechtwinklig und schnurgerade verlaufen, denn Abwechslung zu schaffen und keine Eintönigkeit aufkommen zu lassen war Barth besonders wichtig. So entstand eine Vielfalt sehr unterschiedlicher Haustypen in den verschiedensten Größen.

Bewohner der Gartenstadt waren tausende Arbeiter der 1916 hier angesiedelten Badischen Anilin- und Soda-Fabrik (BASF) sowie des ein Jahr später fertiggestellten Ammoniakwerks Merseburg. Ammoniak diente als Grundstoff für Düngemittel, aber nach einem von der BASF entwickelten Verfahren auch für die Herstellung von Sprengstoff, wofür es im Ersten Weltkrieg einen enormen Bedarf gab. In kürzester Zeit wurde das frühere Dorf Leuna zum Standort des weltweit modernsten Chemiewerks Leuna ausgebaut.

Zu DDR-Zeiten gehörte Leuna zusammen mit Bitterfeld, Schkopau, Buna und Merseburg zum Zentrum der Chemieproduktion. Im Leuna-Werk arbeiteten etwa 30.000 Werktätige. Da Umweltstandards in der DDR kaum eine Rolle spielten, hatte die Region mit einer enormen Umweltbelastung zu kämpfen. Nach der Wende begann eine grundlegende Umstrukturierung. Heute arbeiten in dem größten abgeschlossenen Chemiepark Deutschlands mehr als 100 Unternehmen mit etwa 10.000 Arbeitskräften. Die Stadt selbst zeigt sich als grüne Oase. Sie ist das größte Flächendenkmal im Saalekreis.

Sie radeln zunächst wieder am Saaleufer entlang ~ der Weg macht einen kleinen Schwenk landeinwärts, Sie halten sich rechts, weiter in Flussnähe ~ nach einer Kleingartenanlage und den Sportplätzen mündet der Weg neben einem Hochhaus in die **Leunaer Straße**, wo die Route rechter Hand weitergeht ~ im Ortsbereich von Merseburg fahren Sie am Friedhof vorbei und biegen noch vor der Kreuzung mit der verkehrsstarken **B 181** rechts in den Weg **Am Saalehang** ein ~ **9** bei der nächsten Gelegenheit nach links und unter der **Bundesstraße** hindurch ~ dann rechts auf dem Radweg kurz parallel zur Straße ~ nach dem Linksbogen am Parkplatz vorbei und auf der **Breiten Straße** weiter ~ an der Querstraße rechts versetzt über den **Marktplatz**.

INS ZENTRUM Vom Marktplatz führt die Route nach rechts zur Saale. Sie können hier auch geradeaus weiterfahren und der im Stadtplan dargestellten Alternative vorbei an Tourist-Information, Dom und Schloss folgen.

Merseburg

Vorwahl: 03461

- **Tourist-Information**, Burgstr. 5, ✆ 214170, @ mao724
- **Fahrgastschifffahrt**, Am Neumarkttor 4, ✆ 0172/3453322. Die Schiffsanlegestelle befindet sich unterhalb des Schlosses. @ oqc614
- **Kulturhistorisches Museum Schloss Merseburg**, Dompl. 9, ✆ 401318 7d Das Museum bietet neben Exponaten aus der Ur- und Frühgeschichte u. a. Darstellungen zur mittelalterlichen Pfalz- und Bistumsgeschichte, zur Kunst und Kultur im Herzogtum Sachsen-Merseburg und zur Stadtgeschichte der Neuzeit. @ ewe817
- **ben zi bena**, Dompl. 6, ✆ 824946 7d Die Kunststiftung zeigt in wechselnden Ausstellungen ein Nebeneinander oder Gegeneinander künstlerischer Sichtweisen der früheren DDR und BRD. @ qen464
- **Deutsches Chemie-Museum Merseburg**, Rudolf-Bahro Str. 11, ✆ 4416195 Im Technikpark wird die Entwicklung der chemischen Industrie in der mitteldeutschen Chemieregion dokumentiert. @ qpw146

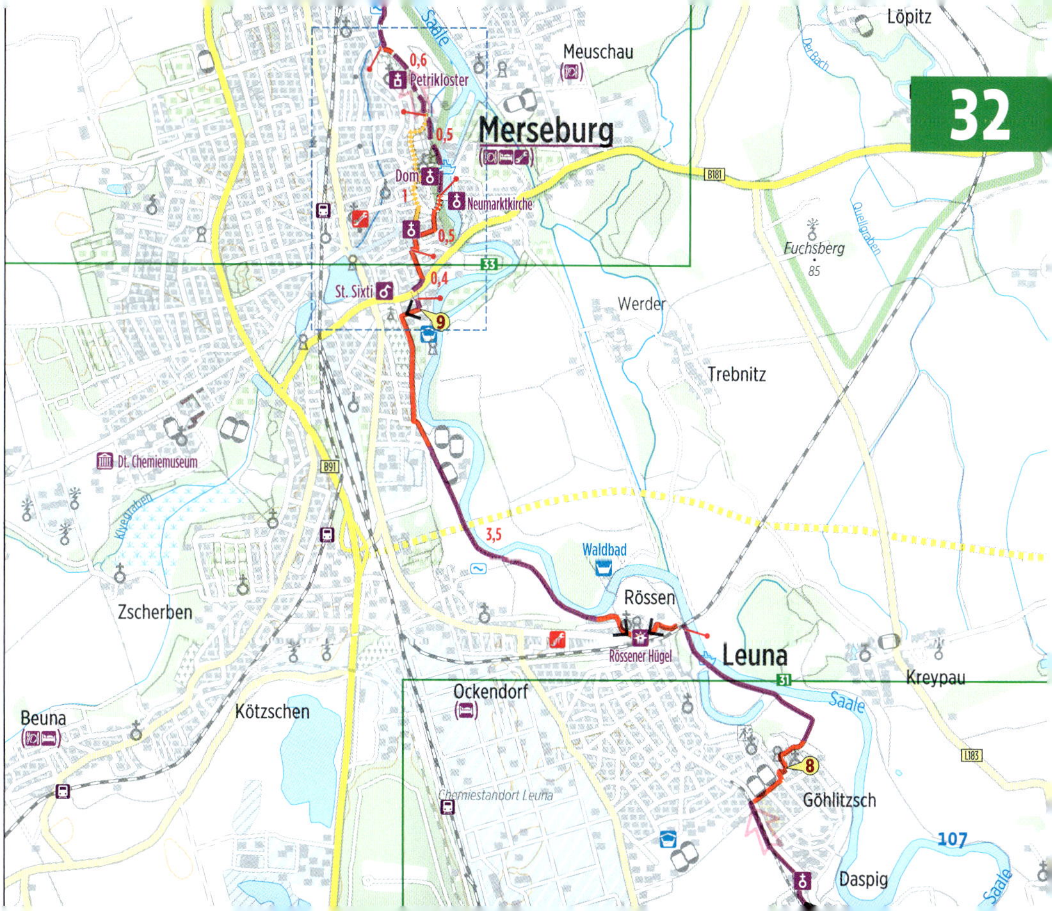

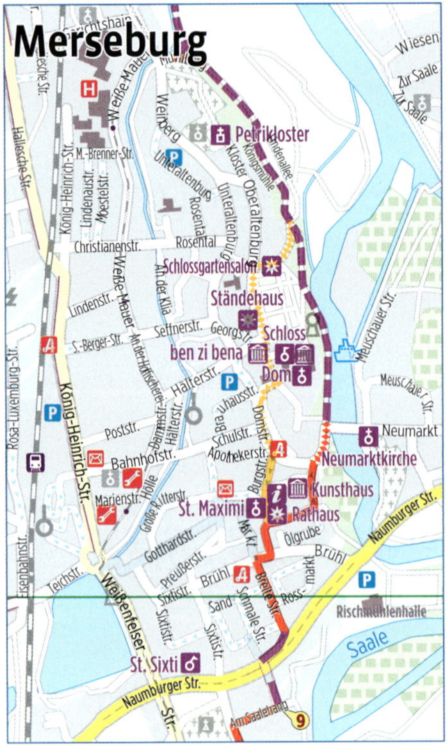

Schloss und Dom in Merseburg

Kunsthaus Tiefer Keller, Tiefer Keller 3, ✆ 289040 Neben der Domgalerie, die Kunst zum Sehen, Erleben und Kaufen bietet, befindet sich hier der Eingang zu den hist. Gewölbekellern. @ gwj644

Dom zu Merseburg, Dompl. 7, ✆ 210045 Gegründet in ottonisch-frühromanischer Zeit, ist der Dom ein in Jahrhunderten gewachsenes, mehrfach tiefgreifend verändertes Bauwerk. Künstlerisch außerordentlich wertvoll ist seine reiche Ausstattung. Im Kapitelhaus werden herausragende Stücke des Merseburger Domschatzes präsentiert. Ein monumentales Zeugnis barocker Bestattungskultur ist die Fürstengruft. @ dvh537

Neumarktkirche St. Thomae, Neumarkt, ✆ 211640. Außergewöhnlich ist das spätromanische Hauptportal mit Knotensäule. Die Kirche (1188) ist ebenso wie der Dom Teil der „Straße der Romanik".

Stadtkirche St. Maximi, am Markt gelegen. Vermutlich Ende des 10. Jhs. gegründet, 1432-1501 Neubau zur spätgotischen Hallenkirche und 1867-72 Bau des neugotischen Turms.

Petrikloster, Kloster 10-12. Die Peterskirche wurde 1012 erstmals erwähnt. Das Kloster wurde 1091 geweiht, vom 12. bis zum 16. Jh. war es ein Benediktinerkonvent. 1562 wurde das Kloster aufgelöst und in Folge als Steinbruch genutzt. 1930 wurden die erhaltenen Reste restauriert, heute versucht ein gemeinnütziger Verein das Kloster zu erhalten und als Kulturort wieder zu beleben. @ tfg761

Schloss Merseburg, Dompl. 9, ✆ 210045. Beeindruckende Schlossanlage (1605-1608) der deutschen Spätrenaissance. Teil des historischen Schlossensembles sind der Schlossgarten und der Schlossgartensalon. Im Schlossvorhof erhält der Rabenkäfig eine Rabensage lebendig.

Kirchenruine St. Sixti. Die Kirche war von 1327-1561 Stiftskirche. Seit dem Dreißigjährigen Krieg ist sie eine Ruine.

Altes Rathaus, Burgstr. 1. Der südliche Teil des Gebäudes (1478) wurde in den Jahren 1561-1568 im Renaissancestil erweitert.

Schlossgartensalon, Mühlberg 1a. Das Gebäude im Schlossgarten, der 1661 als barocker Lustgarten angelegt wurde, entstand um 1730 im Auftrag des Herzogs Moritz Wilhelm von Sachsen-Merseburg und sollte als Festsaal für Gartenfeste dienen. Heute wird der Schlossgartensalon als Veranstaltungsort genutzt.

Ständehaus, Oberaltenburg 2. Das Haus (1892-95) wurde für den Provinzialständetag, das Parlament der preußischen Provinz Sachsen, erbaut. Heute dient es als Kultur-, Kongress- und Tagungszentrum. @ cnp886

Zur Zeit Heinrichs I. trug der Burghügel in Merseburg bereits eine Königspfalz, die bis Ende der staufischen Zeit (1254) mehr als 20 Hoftage erlebte. Im Sachsenspiegel fand sie Erwähnung als einer der wichtigsten Pfalzorte im sächsischen Grenzgebiet.

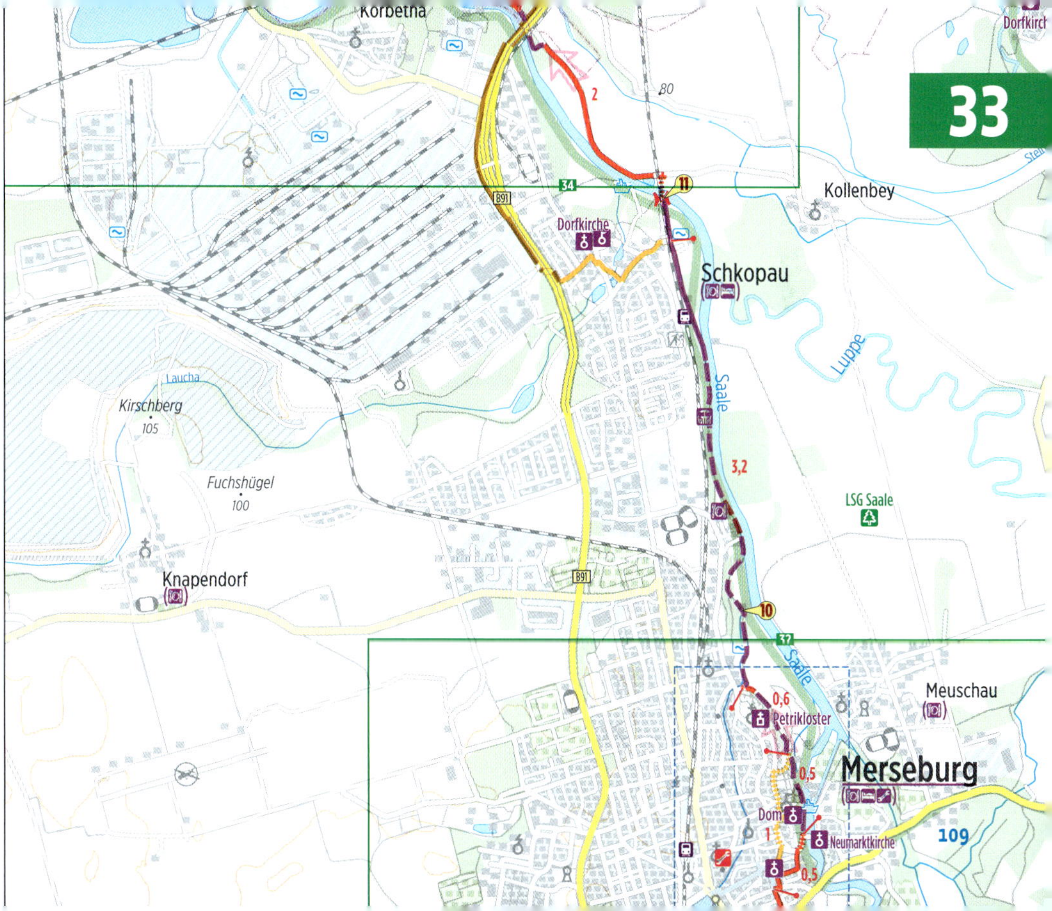

Einer der ersten Merseburger Bischöfe war Thietmar von Walbeck, dessen Chronik eine wichtige Quelle des deutschen Mittelalters darstellt und der 1015 den Grundstein für den Neubau des Domes legte. 1543 begann in Merseburg die Reformation, und nach dem Tod des letzten katholischen Bischofs im Jahr 1561 wurden die Kursächsischen Fürsten endgültig Administratoren des Hochstifts Merseburg. Nach dem Dreißigjährigen Krieg, der in der Region große Schäden angerichtet hatte, erlebte die Stadt durch das neugebildete Herzogtum Sachsen-Merseburg eine neue Blütezeit mit bemerkenswerten Repräsentativbauten. Sie ging zu Ende, als der Kleinstaat 1738 an Kursachsen und mit dessen nordwestlichen Teilen 1815 an Preußen fiel.

Schloss Merseburg

In der Bibliothek des Domkapitels wurden 1841 in einer theologischen Sammelhandschrift des 9./10. Jahrhunderts die Merseburger Zaubersprüche entdeckt. Sie gelten als das einzig erhalten gebliebene Zeugnis germanischen Heidentums in althochdeutscher Sprache. Die stabreimenden Zauberformeln dienten als magische Beschwörungsformeln zur Befreiung von Gefangenen und zur Heilung eines lahmen Pferdes. Ein Faksimile dieser kostbaren Handschrift ist im „Zauberspruchgewölbe" in der Südklausur des Domes zu sehen.

Eine bedeutende Wandlung der Region erbrachte der großräumige Abbau der reichen Braunkohlevorkommen im Geiseltal und die nachfolgende chemische Industrie.

1954 nahm die Technische Hochschule Merseburg, seit 2005 Hochschule Merseburg, ihren Lehrbetrieb auf. 2005 wurde die Stadt mit dem Konzept „Neue Milieus - neue Chancen" Teilnehmerin der Internationalen Bauausstellung Stadtumbau Sachsen-Anhalt 2010. Seit 2007 ist Merseburg Kreisstadt des neugebildeten Landkreises Saalekreis.

Von Merseburg nach Halle — 19,5 km

In Merseburg fahren Sie am Markt vor der Kirche nach rechts in die Straße **Ölgrube** geradeaus auf die Straße **Am Neumarkt** bei der Brücke geradeaus auf den Uferweg, Sie fahren unterhalb des **Schlosses** nach dem Schlossgarten geradeaus an dem kleinen Wendekreis und dem Treppenweg zur Oberaltenburg vorbei Sie folgen dem Weg durch den Park, nach den Parkplätzen radeln Sie am Flüsschen Klia entlang **10** auf einer kleinen Brücke queren Sie den Wasserlauf und fahren am Hundeplatz vorbei auf dem **Parkweg** weiter durch den Stadtpark bis zum Saaleufer links der Saale weiter nach Schkopau.

INS ZENTRUM: Wenn Sie am Klärwerk nach links durch die Bahnunterführung fahren, kommen Sie ins Zentrum von Schkopau.

VARIANTE: Die in der Karte 33 dargestellte unkommentierte Variante stellt eine Umleitung bei Hochwasser dar. Auf dieser Route unterqueren Sie nach der Ortsdurchfahrt die Bundesstraße und fahren dann auf dem linksseitigen Radweg der B 91 am Industriestandort Schkopau vorbei.

Schkopau

Vorwahl: 03461

- **Tourist-Information**, Burgstr. 5, Merseburg, ✆ 214170, @ mao724
- **Dorfkirche**, Hallesche Str. Die Kirche (1732-34) ist das Werk der Gebrüder Trothe, die eine ganze Reihe reizvoller Dorfkirchen im Umkreis von Merseburg schufen.
- **Schloss Schkopau**. Die karolingische Veste aus dem 8. Jh. wurde im 12. Jh. zu einer ausgedehnten Burganlage ausgebaut. Sehenswert sind der runde Bergfried und die Renaissancearchitektur des Wohnschlosses (1554-58). Das Burgschloss war 1477-1945 im Besitz der Familie von Trotha, heute befindet sich ein Hotel im Gebäude.

Auf der Hauptroute fahren Sie geradeaus an der Eisenbahnunterführung vorbei an der **Bahnbrücke** erst zwischen den Büschen nach links unter der Brücke hindurch, dann wieder links auf die steile Rampe hinauf 11 auf der Bahnbrücke zum anderen Ufer der Saale an der Straße nach links unter der Bahnbrücke hindurch und am rechten Ufer der Saale entlang kurz vor der **Bundesstraße** nach links auf dem Radweg die B 91 unterqueren und wieder auf die Straße.

TIPP Die in der Karte dargestellte Alternative zwischen Schkopau und Halle-Silberhöhe ist nur bei Hochwasser zu empfehlen, da sie länger an der Bundesstraße entlangführt und einige Steigungen aufweist.

Schloss Schkopau

Auf der asphaltierten Straße an der Saale entlang ⇝ unter der **Saale-Elster-Talbrücke** hindurch – diese Brücke wurde 2006-2013 für die ICE-Strecke Erfurt-Leipzig gebaut, sie ist mit einer Länge von 6.465 m der längste Brückenbau Deutschlands ⇝ in **Planena** zuerst rechts am Ortsrand entlang ⇝ beim Teich am Ortsende rechts auf die Asphaltstraße ⇝ nach 400 m überqueren Sie die Schleuse, welche einen Saaledurchstich regelt, und halten sich danach links ⇝ durch die Saalewiesen bis **Rattmannsdorf** und dort rechts ab nach **Hohenweiden** ⇝ **12** im Ort in die erste Querstraße rechts abzweigen und auf der **Straße des Friedens** weiter ⇝ nach 700 m an der Kreuzung am **Lindenplatz** rechts und über die Brücke ⇝ an der T-Kreuzung wieder rechts, nun dem linksseitigen Radweg nach Röpzig folgen.

Röpzig (Schkopau)

Auf der Brücke über die Saale, dann den Hang hinauf ⇝ **13** am Kreisverkehr links Richtung Halle in die **Kaiserslauterer Straße** abbiegen

UMLEITUNG Bis voraussichtlich Oktober 2023 finden umfassende Bauarbeiten am Böllberger Weg statt. Nutzen Sie bis dahin die unkommentierte Variante durch die Südstadt, welche vor Ort als Umleitung ausgeschildert ist.

Auf der Hauptroute erreichen Sie dem Straßenverlauf folgend den Stadtteil **Wörmlitz** mit der Radfahrer-Kirche St. Petrus ⇝ nach der alten Ortslage fahren Sie auf dem Radweg straßenbegleitend und schnurgerade entlang des **Böllberger Wegs** in Richtung Innenstadt.

VARIANTE Wollen Sie dem starken Autoverkehr ein Stück ausweichen, können Sie auf der nächsten Brücke die Saale queren und die Alternative über die Rabeninsel wählen.

In Höhe der **Straßenbahnhaltestelle Böllberg** zweigt die Route von der Hauptverkehrsstraße nach links ab ⇝ der Radweg verläuft auf einer alten Güterbahntrasse ⇝ über die **Hafenbahnbrücke** auf eine Saaleinsel ⇝ zur Saale herunter und dem ufernahen Weg in Richtung Stadtzentrum folgen ⇝ am Planetarium im alten Gasometer vorbei und danach unter der Straßenbrücke hindurch ⇝ Sie stoßen auf die **Mansfelder Straße**, die auf beiden Seiten über Radstreifen verfügt.

INS ZENTRUM An dieser Stelle biegt rechts die beschilderte CityRoute ab, die durch das sehenswerte Stadtzentrum von Halle verläuft. Links verläuft die Hauptroute stadtauswärts weiter. Die CityRoute führt Sie vorbei am Markt mit der Marienkirche und dem Roten Turm – in der Fußgängerzone am Markt muss das Rad geschoben werden – sowie am Händelhaus und der Moritzburg. Viele schmucke Cafés laden zum Verweilen ein. Unweit des Marktes gibt es direkt an der Route abschließbare Fahrradboxen mit Lademöglichkeit für E-Bikes. Nach einer beschaulichen Fahrt am rechten Saaleufer, wo es auch eine Fahrrad-Reparatur-Station gibt, erreichen Sie an der Peißnitzbrücke wieder die Hauptroute.

Halle (Saale)

Vorwahl: 0345

- **Tourist-Information**, Marktpl. 13, Marktschlösschen, ✆ 1229984, @ fld743
- **Beatles-Museum**, Alter Markt 12, ✆ 2903900 Das 1989 in Köln gegründete Museum zog im Jahr 2000 nach Halle um. In dem sanierten Barockhaus im Zentrum der Stadt werden etwa 3.500 Exponate gezeigt und die Erfolgsstory der legendären Band dokumentiert. @ xxf522
- **Gedenkstätte Roter Ochse**, Am Kirchtor 20b, ✆ 2201337 Bereits in der Mitte des 19. Jhs. wurde die Haftanstalt in Betrieb

Halle, Halloren- und Salinemuseum

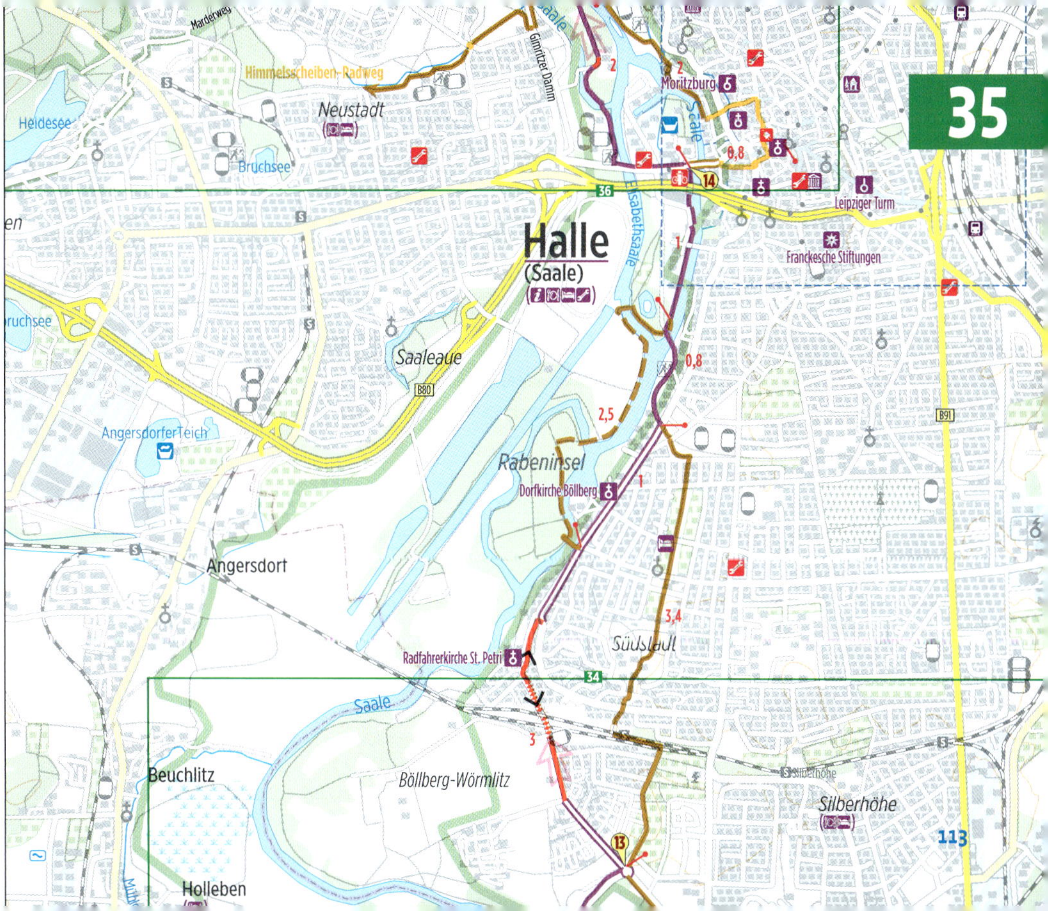

genommen. Während der NS-Zeit diente sie als Zuchthaus für politische Gefangene, zwischen 1950 und 1989 als Untersuchungshaftanstalt des DDR-Ministeriums für Staatssicherheit. @ nwp621

Geiseltalmuseum, Domstr. 5, ✆ 5526550 Ⓒ Das geologisch-paläontologische Museum zeigt Fossilien aus den ehemaligen Braunkohle-Tagebauen im Geiseltal. @ msk127

Händel-Haus, Gr. Nikolaistr. 5, ✆ 500900, ✆ 5009221 Der Komponist Georg Friedrich Händel (1685-1759) hat seine Heimatstadt bereits 18-jährig verlassen, um in London Triumphe zu feiern. Das Händel-Haus erzählt die Geschichte der Geburts- und Wohnstätte Georg Friedrich Händels von 1685–1703. Händel gilt neben Bach als der bedeutendste Barockmusiker und -komponist. @ gbb823

Kunstmuseum Moritzburg, Friedemann-Bach-Pl. 5, ✆ 212590 Neben Ausstellungen zur Kunst aus dem 19. Jh. stehen vor allem Werke der Klassischen Moderne mit Bildern von Gustav Klimt, Emil Nolde oder Max Beckmann im Zentrum der umfangreichen Sammlung. @ ifq452

Stadtmuseum, Große Märkerstr. 10, ✆ 2213030 Im Christian-Wolff-Haus in unmittelbarer Nähe zum Marktplatz ist der Stammsitz des Museums untergebracht. Daneben gibt es noch andere Standorte, die entweder Ausstellungen zur Geschichte der Stadt präsentieren oder als historische Sehenswürdigkeiten besichtigt werden können: Druckerei, Oberburg Giebichenstein, Hausmannstürme, Leipziger Turm und Roter Turm. @ vjq824

Technisches Halloren- und Salinemuseum, Mansfelder Str. 52, ✆ 2093230, Wegen Umbau bis auf Weiteres geschlossen. In einem ehemaligen Salztonnenmagazin wird Stadtgeschichte in Verbindung mit der Geschichte der Halloren dargestellt. Eine funktionstüchtige Siedepfanne des 19. Jhs. veranschaulicht die Salzgewinnung von der Sole bis zum abgepackten Salz. @ qqs623

Dom, Dompl., ✆ 2021379. Die große dreischiffige Hallenkirche wurde 1283 geweiht und um 1520 umgebaut. Aus dieser Zeit sind im Inneren noch u. a. die Reihe der Pfeilerapostel, Portale und die Emporenaufgängen erhalten. @ suh224

Marktkirche Unser Lieben Frauen, An der Marienkirche Die dreischiffige spätgotische Hallenkirche der Augustinerchorherren (1388-1511) beherbergt die berühmten Figuren des Konrad von Einbeck und einen Hochaltar von 1511. Bei täglich stattfindenden Führungen können die beiden östlichen Türme der imposanten Kirche bestiegen werden. Nach 222 Stufen ergibt sich von oben ein herrlicher Blick über die Stadt.

Moritzburg, Friedemann-Bach Pl. 5. Die kastellähnliche Burg der Erzbischöfe entstand um 1500 als Zwingfeste gegen die Stadt und wurde im Dreißigjährigen Krieg zum Teil zerstört. Ab dem 19. Jh. wurde der Westflügel der Ruine für universitäre Zwecke und später für die städtischen Sammlungen ausgebaut. @ jia733

Leipziger Turm, Töpferplan 26, ✆ 2213030. Der Turm blieb als einziger von ehemals 40 Türmen der mittelalterlichen Stadtbefestigung erhalten. @ orq338

Roter Turm, Markt, ✆ 2213030, Besichtigungen nur im Rahmen einer Führung. Der Turm wurde 1418-1506 im spätgotischen Stil errichtet und ist ein Wahrzeichen der Stadt Halle. Er beherbergt mit 76 Glocken Europas größtes Turmglockenspiel. Führungen: Fr 17 Uhr, Sa 14 Uhr. @ cwv352

Händel-Denkmal, Marktpl. Die 1.500 kg schwere Bronzestatue wurde 1859 anlässlich des 100. Todestages von Georg Friedrich Händel aufgestellt.

Franckesche Stiftungen, Franckepl. 1, ✆ 2127400 Die Kultur- und Wissenschaftseinrichtung (1698) befindet sich auf einem

14 ha großen Areal, auf dem u. a. eine Kulissenbibliothek, Schulgebäude aus vier Jahrhunderten und das längste Fachwerkhaus Europas (114 m) stehen. @ oue312

- **Peißnitzbrücke**. Die 1899 errichtete Peißnitzbrücke, auch Brücke der Freundschaft genannt, verbindet die Nördliche Innenstadt und Giebichenstein mit der Peißnitzinsel. Von der ca. 103 m langen Brücke hat man einen schönen Blick auf den Heinrich-Heine Felsen.
- **Universitätsforum**, Universitätspl. Das Hauptgebäude der Universität mit seinem sehenswerten Treppenhaus entstand um 1830. Der Backsteinrohbau der 1880 vollendeten Universitätsbibliothek gehört zu den wichtigsten deutschen Bibliotheksbauten der 2. Hälfte des 19. Jhs.
- **Freibad Saline**, Mansfelder Str. 50, ✆ 58173832

Es waren vor allem die Gewinnung und der Handel mit Salz, die Halle bereits im 11. und 12. Jahrhundert zu einem Aufschwung verhalfen. So gab die hochmittelalterliche Ostkolonisation das hallesche Recht an mehr als 300 Orte Schlesiens und Polens weiter, 1281 trat die Stadt der Hanse bei. Die bürgerlich-ständische Freiheit wurde aber zweihundert Jahre später vom Wettiner Erzbischof schroff in die Schranken gewiesen, als er die Stadt besetzen ließ und als nachdrückliche Geste die nach dem Vorbild der preußischen Ordensburgen errichtete Moritzburg ins Ortsbild stellte.

Das Symbol für die Niederlage der Stadt wurde schließlich zur Residenz des erzbischöflichen Nach-

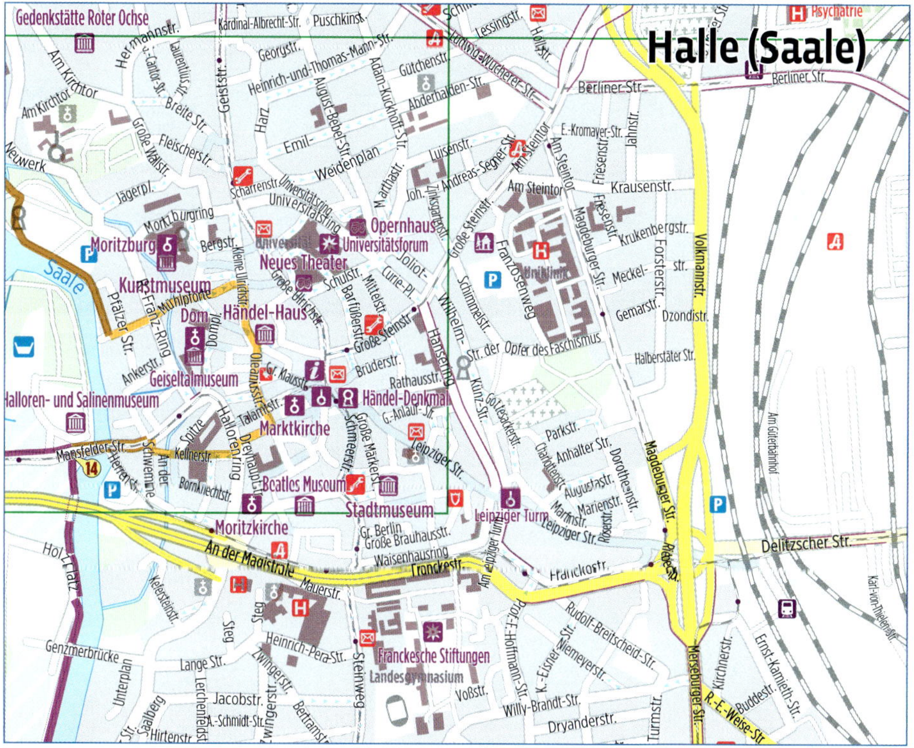

Burg Giebichenstein, Halle/Saale

folgers, Albrechts, der bereits etwas kunstsinniger und bürgerfreundlicher agierte. Dieses spannungsreiche Verhältnis zwischen kirchlicher Bevormundung und neuzeitlichem Drang nach Souveränität schuf in Halle jenen kulturellen Boden, „an dem länger und heftiger als anderswo alter Glaube und erneuertes Evangelium, Gotik und Renaissance miteinander die Kräfte messen". Diese ambivalente Geisteshaltung dürfte auch nach Gründung der Friedrichs-Universität im Jahr 1694 weiter gewirkt haben, als Studenten und Gelehrte nach Halle strömten, um im Sinne der Aufklärung oder im Geiste des frommen Pietismus zu lernen und zu lehren. Der „Alma mater hallensis" verliehen von Anfang an Namen wie der Gelehrte der Aufklärung Thomasius, der Mathematiker und Philosoph Wolff oder der Theologe Francke eine große Anziehungskraft. Letzterer trug mit seinen Stiftungen für Arme und Waisen, in ihrer Art beispielhaft für Europa, weiter zum Ansehen der Stadt bei.

Der Siebenjährige Krieg 1756–63, bei dem – bis auf die Salzproduktion – das gesamte Wirtschaftsleben zusammenbrach, tat der Entwicklung der preußischen Stadt einen schweren Abbruch. Eine Wende zum Besseren brachte erst das 19. Jahrhundert, in dem sich die regionale Rübenzuckerindustrie und der Maschinenbau um Halle zentrierten. Die Arbeiterschaft machte in der Folge die Stadt zu einer Hochburg der Sozialdemokratie, die hier 1890 ihren ersten Parteitag abhielt. Aus dem Zweiten Weltkrieg ging Halle als eine der besterhaltenen Großstädte hervor. Die in DDR-Zeiten versäumte Sanierung der Innenstadt wird seit der Wende nachgeholt, sodass die Stadt nach und nach ihren alten Glanz zurückgewinnt.

Von Halle nach Wettin 21 km

14 Die Hauptroute führt an der Saale-Brücke nach links und auf der **Mansfelder Straße** über die Elisabeth-Saale gleich nach der Brücke zweigen Sie rechts ab und rollen zwischen Tennisplatz und Kanal abwärts über eine kleine Brücke auf die **Peißnitzinsel** und links am Ufer eines weiteren Saalearmes, der Wilden Saale, entlang vorbei am Gut Gimritz auf die breite **Peißnitzallee** dieser folgen und dann nach rechts über die **Peißnitzbrücke** die Saale überqueren.

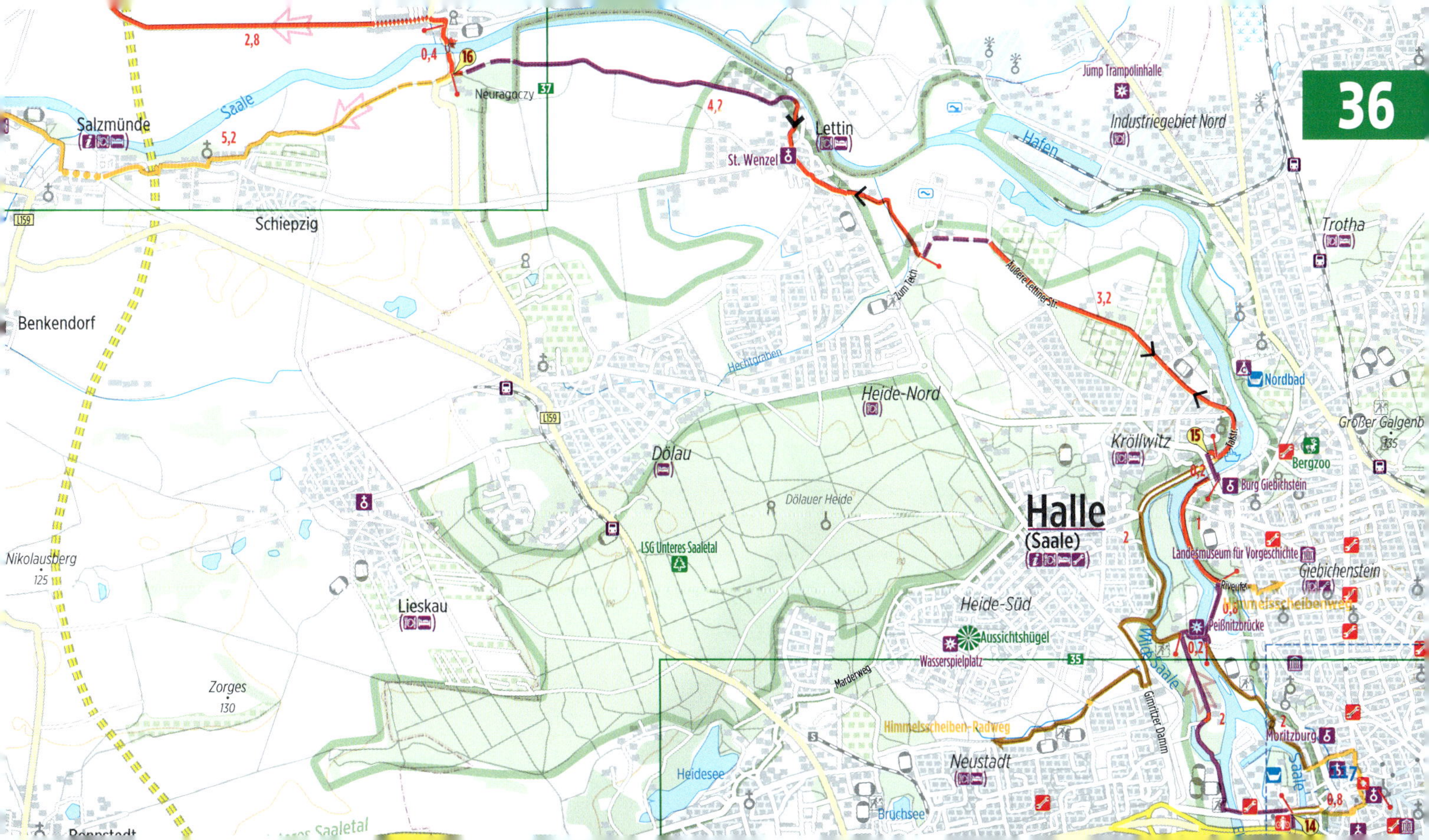
36
Salzmünde
Saale
Neuragoczy
Schiepzig
Lettin
St. Wenzel
Jump Trampolinhalle
Industriegebiet Nord
Hafen
Trotha
Benkendorf
Hechtgraben
Zum Tech
Äußere Lettiner Str.
Heide-Nord
Nordbad
Dölau
Kröllwitz
Bergzoo
Burg Giebichstein
Großer Galgenb
Dölauer Heide
Halle
(Saale)
LSG Unteres Saaletal
Landesmuseum für Vorgeschichte
Giebichenstein
Nikolausberg
125
Lieskau
Heide-Süd
Himmelsscheibenweg
Aussichtshügel
Wasserspielplatz
Peißnitzbrücke
Wilde Saale
Zorges
130
Marderweg
Himmelsscheiben-Radweg
Gimritzer Damm
Moritzburg
Neustadt
Heidesee
Bruchsee
L159
2,8
0,4
5,2
4,2
3,2
0,2
0,8
2
1
16
15
14
37
35

TIPP Die in der Karte dargestellte linkssaalische Variante ist für die Radfahrer, die in entgegengesetzter Richtung auf dem Saaleradweg radeln, als Hauptroute markiert.

ANSCHLUSS An der Peißnitzbrücke kreuzt der Himmelsscheibenweg den Saaleradweg. Auf einer Länge von 70 km verläuft dieser ab dem Landesmuseum für Vorgeschichte in Halle durch den Saalekreis, das Mansfelder Land sowie den Burgenlandkreis und führt zum archäologischen Fundort der berühmten „Himmelsscheibe von Nebra" im Ziegelrodaer Forst. Sie ist die älteste kosmische Abbildung, die je gefunden wurde (3.600 Jahre alt).

Auf der anderen Saaleseite in einer Schleife unter der Brücke hindurch und auf dem Uferweg weiter ⇝ über die **Ochsenbrücke** auf die Straße **Riveufer**, dieser nach links folgen ⇝ nach 1 km treffen Sie auf die **Giebichensteinbrücke**, auf der Sie die Saale überqueren.

AUSFLUG Für einen Besuch der Burg Giebichenstein fahren Sie noch vor der Brücke rechts zur Straße hinauf. Am Parkplatz rechter Hand stehen abschließbare Fahrradboxen zur Verfügung. Die Burg befindet sich an der gegenüberliegenden Seite.

Giebichenstein (Halle (Saale))

Vorwahl: 0345

- **Halle-Saale-Schifffahrt MS Händel**, Riveufer, ✆ 034602/52204, ✆ 0173/1792232. Anlegestelle in der Nähe der Burg Giebichenstein. @ ysg872
- **Landesmuseum für Vorgeschichte**, Richard-Wagner-Str. 9, ✆ 524730 Mit 10 Mio. Objekten die größte Sammlung archäologischer Funde in Ostdeutschland. Zu den herausragenden Exponaten gehören: die Himmelsscheibe von Nebra, Knochenreste des Homo erectus von Bilzingsleben oder das vollständige Mammutskelett aus dem Geiseltal. @ fuh566
- **Burg Giebichenstein**, Seebener Str. 1, ✆ 5233857 Die Oberburg (12. Jh.) wurde 1636 durch einen Brand zerstört. Um 1900 wurde der Bergfried wiederhergestellt. In der Zeit der Romantik pilgerten Brentano und Goethe hierher, um den sagenumwobenen Platz und den herrlichsten Blick ins Saaletal zu genießen. Die wuchtige Unterburg wurde Mitte des 15. Jhs. als erzbischöfliche Residenz erbaut. @ wym261
- **Bergzoo**, Reilstr. 57, ✆ 5203300 Der 1961 auf die Bergspitze gesetzte Flugkäfig des Tiergartens beeindruckt mit seiner Seilnetzkonstruktion. @ avc663

15 Die Hauptroute führt nach der Brücke rechts ab und zur tiefer gelegenen **Talstraße** ⇝ unten am Ufer links halten ⇝ weiter auf der **Lettiner Straße**, dann auf der **Äußeren Lettiner Straße** durch die grüne Vorstadt ⇝ von der Straße nach links auf den Rad- und Fußweg abzweigen ⇝ nach 400 m an der Einfahrt zur

Fähre in Brachwitz

Kläranlage vorbei und die Straße Zum Teich queren und weiter geradeaus ⇝ nach links über die Brücke, Sie kommen nun nach Lettin.

Lettin (Halle (Saale))

Vorwahl: 0345

- **St. Wenzel**, Nordstr. 2, ✆ 5504107. Im 12. Jh. wurde die erste Steinkirche erbaut, u. a. weist der weithin sichtbare romanische Wehrturm darauf hin. Im 17. und 18. Jh. wurde die Kirche erweitert. @ qit871

An der Hauptstraße nach rechts und leicht bergauf ⇝ geradeaus über die erste größere Kreuzung hinweg Richtung Salzmünde ⇝ in der Linkskurve der Vorfahrtsstraße geradeaus in die **Uferstraße** ⇝ im Bogen nach links und dieser

Straße folgen weiter geradeaus auf den Radweg der Blick auf die schroffen, rötlichen Felsen des gegenüberliegenden Ufers wird frei.

Brachwitzer Alpen

Die sogenannten „Brachwitzer Alpen" sind eine Landschaft nationalen Ranges. Mehr als 90 kostbare Arten von Pflanzen und Tieren sind hier zu finden, die auf der Roten Liste von Deutschland stehen und damit unter besonderen Schutz gestellt sind. Das Gebiet ist Teil des Naturparks „Unteres Saaletal". Diesseits der Saale gibt es Kulturhistorisches zu bestaunen: Die Kette kleiner Hügel, die Lunzberge, sind Porphyrkuppen, auf denen sich vereinzelt frühzeitliche Grabhügel befinden.

16 Bei der Siedlung **Neuragoczy** dann nach rechts auf die Straße zur Fähre.

VARIANTE Für den Fall, dass die Fähren wegen Hochwassers nicht verkehren, ist in den Karten eine Variante links der Saale bis Alsleben verzeichnet.

Brachwitz (Wettin-Löbejün)

Vorwahl: 0345

Fähre Brachwitz, Fährstr., 68028733, juw551

Brachwitzer Alpen, Saaleweg. Die 2 km östlich von Brachwitz gelegene, etwa 150 ha große Porphyr-Landschaft über dem Saale-Ufer steht unter Naturschutz. Das Gebiet ist geprägt von

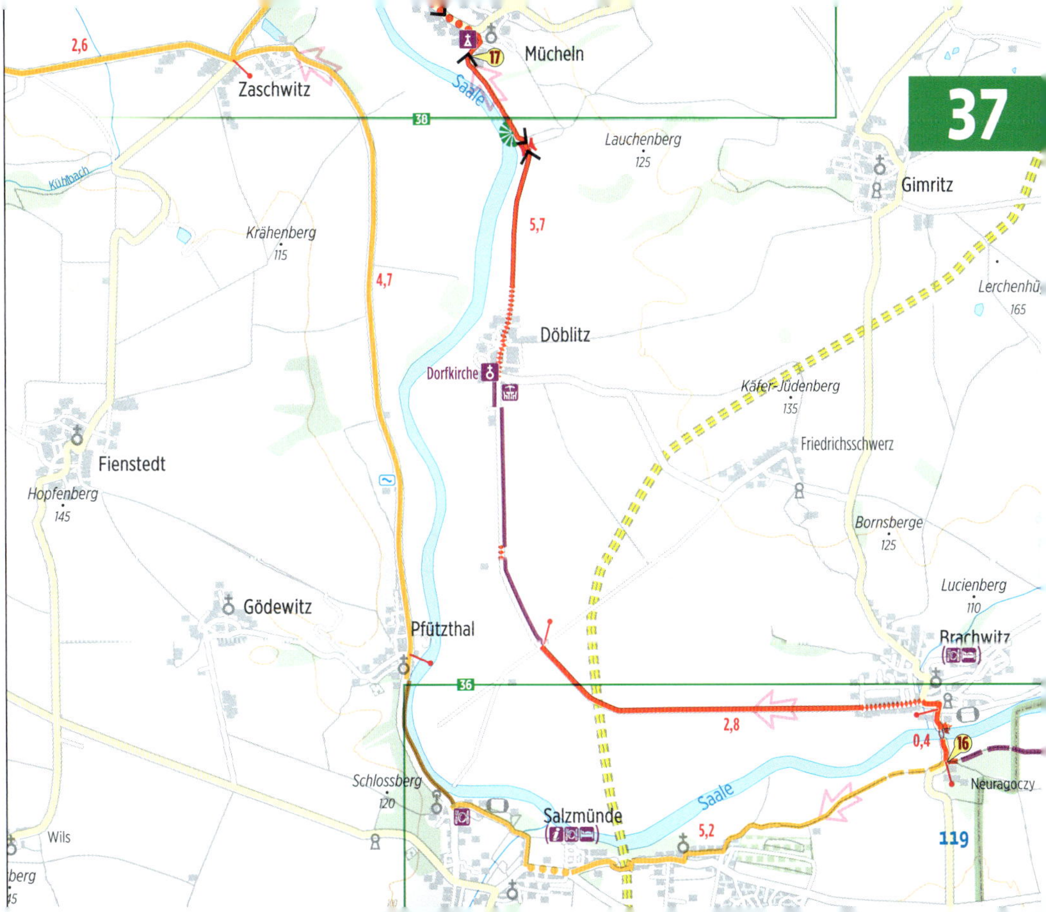

imposanten Felsen, Steilhängen, ehemaligen Steinbrüchen und temporären Feuchtgebieten. @ wcp668

In Brachwitz ans rechte Saaleufer gelangt, folgen Sie im Ort der Linkskurve der **Fährstraße** ⤳ in der Rechtskurve geradeaus in die **Thomas-Müntzer-Straße** ⤳ Sie verlassen den Ort ⤳ schnurgerade zieht sich die Straße hinaus in die offene Landschaft ⤳ die Straße verläuft hinter Brachwitz über Feld und Weide und beschreibt zusammen mit dem Fluss eine Biegung gegen Norden ⤳ Sie queren eine Straße, nun verläuft rechts der Straße ein Fahrradweg ⤳ nach einem leichten Anstieg kommen Sie nach Döblitz ⤳ geradeaus durch den Ort.

Döblitz

Dorfkirche, Kastanienweg. Die Dorfkirche (12. Jh.) ist sehenswert. Sie wurde vom Förderverein Kultur und Geschichte Döblitz e. V. saniert und mit Kultur belebt.

Die Ansiedlung besticht durch ihre Abgeschiedenheit. Neben dem Dorfteich markiert eine Rieseneiche den zentralen Punkt der Ortschaft. Döblitz ist wie die umliegenden Orte rechts der Saale ein Ortsteil von Wettin-Löbejün.

Nach dem Ortsende auf dem asphaltierten Weg weiter ⤳ darauffolgend schafft eine sanfte Geländeerhöhung gute Aussicht auf die mauersteilen Talhänge der Flussschleife ⤳ der Weg führt an einer geschützten Uferwiese vorbei, aus dem Hang ragen dunkle Felsen ⤳ in der Ferne thront die Burganlage von Wettin auf einem schmalen Porphyrrücken.

Mücheln (Wettin-Löbejün)

Vorwahl: 034607

Templerkapelle, Gimritzer Weg, ✆ 20320. Die Templerkapelle (13. Jh.) überdauerte die Jahrhunderte zweckentfremdet als Strohscheune und ist die einzige in ihrer Bauart in Deutschland. Die frühgotischen Malereien der Kapelle kommen erst bei feuchtem Wetter leuchtend zum Vorschein. Informationen zur Kapelle über die Wettin-Information.

17 In Mücheln wendet sich der Weg landeinwärts auf die ehemalige Kirche zu, im Dorf überwiegen Natursteinbauten ⤳ vor der Kirchmauer biegt die Route links ab ⤳ wenige Meter danach befindet sich links die Toreinfahrt zur Templerkapelle ⤳ Wettin ist auf dem abschüssigen Weg nun schnell erreicht.

AUSFLUG Vor der Schiffsanlegestelle gelangen Sie rechts hinauf zur Burg, wo sich von der Aussichtsterrasse ein prächtiger Ausblick auf die Untere Saale bietet. Die Außenanlagen sind zu besichtigen.

Die Promenade und die touristische Infrastruktur in Wettin wirken nach der bezaubernden Strecke sehr weltlich.

Wettin (Wettin-Löbejün)

Vorwahl: 034607

Wettin-Information, Burgstr. 4, Wettin-Löbejün, ✆ 20320, @ ohu818

Auto- und Personenfähre, Betriebszeiten: Mo-Fr 5-17 Uhr, Sa, So/Fei 6-22 Uhr, @ hvs234

Stadtkirche St. Nikolai, Nikolaikirchpl. Die Stadtkirche St. Nikolai aus dem 12. Jh. ist im frühen 16. Jh. spätgotisch umgebaut worden.

Burg, Burgstr. 4, ✆ 20320. Von der Burg, bereits im 8. und 10. Jh. erwähnt, sind nur wenige Reste aus dem 16. Jh. erhalten, so der Turm der Unterburg. Die anderen Gebäude gehen auf das 19. Jh. zurück. Die Burg war einst Stammsitz des gräflichen Geschlechts der Wettiner. Nur die Außenanlagen der Burg sind zu besichtigen, in der Anlage selbst ist ein Gymnasium untergebracht. @ sir271

Rathaus, Burgstr. Sehenswerter Renaissancebau von 1660.

Der vorspringende Felsrücken und darunter die Saale mit zahlreichen Furten waren bei Wettin seit jeher einladend für eine Ansiedlung. Auf verschiedene germanische Stämme folgten die Slawen und nannten die Burg „Vit" (= willkommen). Kleine sorbische Dörfer siedelten sich in ihrem Schutze an

38
39
Friedeburg
Schlenze
Siedlung
Dobis
18
Dößel
Himmelberge
145
Schachtberg
Neutz
Landgasthaus Sattelhof
Deutleben
Oeste
Krähenberg
130
Rumpin
Saale
3,4
6
Sterlitzenberg
150
Stadthügel
145
Wettin
Bismarckturm
St.-Nikolai-Kirche
Lette
Kloschwitz
Pögritzmühle
1
Kloschwitzgrund
Trebitz
2,6
0,8
37
Mücheln
17
Zaschwitz
Saale
180

– heute erinnern Ortsnamen mit der Endung „-itz" daran. Im Herrschaftskampf konnte sich letztlich im 10. Jahrhundert das Deutsche Reich behaupten, das zwischen Elbe und Oder seine Grenzmarken einrichtete. 1290 wurde die Stammburg an das Magdeburger Erzbistum gestiftet. Seither verpachteten die Magdeburger die Burg an ortsnahe Adelsfamilien. Anfang des 19. Jahrhunderts erwarb der preußische Prinz Louis Ferdinand Teile der Burg. Nach dessen frühem Tod ging die Burg in Ställe und Scheunen auf. Diese landwirtschaftliche „Zweckentfremdung" hielt sich bis ins 20. Jahrhundert, bis der Thüringisch-Sächsische Geschichtsverein die Burg aufkaufte.

Einen ersten Aufschwung nicht-herrschaftlicher Art erlebte das Städtchen bereits, als sich nach 1150 niederländische Kolonisten um die Stadtkirche St. Nikolai niederließen. Die 1466 entdeckten reichen Steinkohlenschätze der Umgebung mussten bis Ende des 17. Jahrhunderts auf die Holzverknappung und damit auf ihre Ausbeutung warten. Sie bildeten neben Schifffahrt, Fischerei, Korbmacherei und Bierbrauerei bis 1894 die wirtschaftliche Basis der „Bergstadt" Wettin, bis die hiesigen Flöze mit der Ruhrkohle nicht mehr wetteifern konnten.

Seit 2011 ist Wettin ein Stadtteil von Wettin-Löbejün, der nördlichsten Gemeinde im Saalekreis.

Von Wettin nach Alsleben — 21,5 km

Auf der Uferstraße verlassen Sie Wettin und folgen der Häuserzeile am Fluss entlang ~ auf entlegenen Wegen fahren Sie nun nach Rothenburg ~ vorbei an der **Pögritzmühle**, danach entfernen Sie sich vom Fluss ~ nach Überqueren eines Bachgrabens links abbiegen ~ vor dem Saale-Altarm, der einen schönen Anblick bietet, nach rechts ~ durch einen kleinen Restwald, dann beim Pumpwerk links halten ~ der Boden hat mittlerweile gesteinsbedingt eine rötliche Färbung angenommen ~ bei Dobis radeln Sie zunächst unterhalb am Ort vorbei, um dann vor einem Teich landeinwärts zu schwenken.

Dobis (Wettin-Löbejün)

18 An der Kreuzung mit der Dorfstraße biegen Sie links ab ~ in der entgegengesetzten haben Sie einen Blick auf Kirche und den roten Sandstein der Häusergruppe ~ der Weg Richtung Rothenburg streift nun erneut einen Altarm der Saale, ab hier ist er als Rad- und Fußweg ausgewiesen ~ weiter vorne erhebt sich Rothenburg über den Uferwiesen ~ der Weg verläuft jetzt am Gatter entlang ~ die Hänge sind von schütterem Weidewald, einer

Gaststätte Georgsburg bei Könnern

fast schon ausgestorbenen Kultur-Biotopform, bedeckt ~ wo sich Wald und Weide berühren, zweigt die Route auf einen ansteigenden Weg rechts in den Wald ab ~ am Ende des Viehgatters biegen Sie links ab ~ gleich wieder nach rechts, vorbei an einem Bauernhof ~ dem Asphaltweg nach Rothenburg folgen ~ vorbei an der Fähre.

VARIANTE Ab Rothenburg besteht bis auf Weiteres eine höhenmeterreiche Umleitung über Könnern. Moderater sind die Steigungen auf der Nebenroute links der Saale, die sich per Fähre gut erreichen lässt.

Rothenburg (Saale) (Wettin-Löbejün)

Auto- und Personenfähre, ✆ 034607/20583, ✆ 0176/58907389, Betriebszeiten: Mo-Fr 5-17 Uhr, Sa, So/Fei 10-17 Uhr, @ wgd115

Aussichtspunkt, Saalberg. Vom Informations- und Aussichtspunkt haben Sie einen schönen Blick auf das beeindruckende Durchbruchtal der Saale bei Rothenburg.

Aus dem roten Karbonsandstein dieser Gegend mag auch die „Zputinesburg" der Slawen im 9. Jahrhundert bestanden haben. Die Wallburg war schon längst geschleift, als 1820 auf ihrem Grund eine Wetterfahne für die Segelschifffahrt aufgerichtet wurde. Mehr von sich reden machte Rothenburg allerdings durch die traditionsreiche Metallverarbeitung. Um 1550 erreichte der Abbau von Kupferschiefer bei Könnern einen ersten Höhepunkt und lebte nach dem Dreißigjährigen Krieg, genossenschaftlich organisiert, wieder auf. Der Selbstverwaltung setzte dann der Absolutismus des 18. Jahrhunderts in der Person von Friedrich dem Großen ein Ende, als er die Bergwerke erwarb und unter Aufsicht eines Oberbergamtes stellte. Indessen wurde im Werk vieles, von Patronenhülsen bis Kunstblumen hergestellt, bis heute hat die Drahtseilproduktion überlebt.

Nach dem Abzweig zur Fähre auf leicht ansteigendem Weg in den Ort hinein **19** vor der

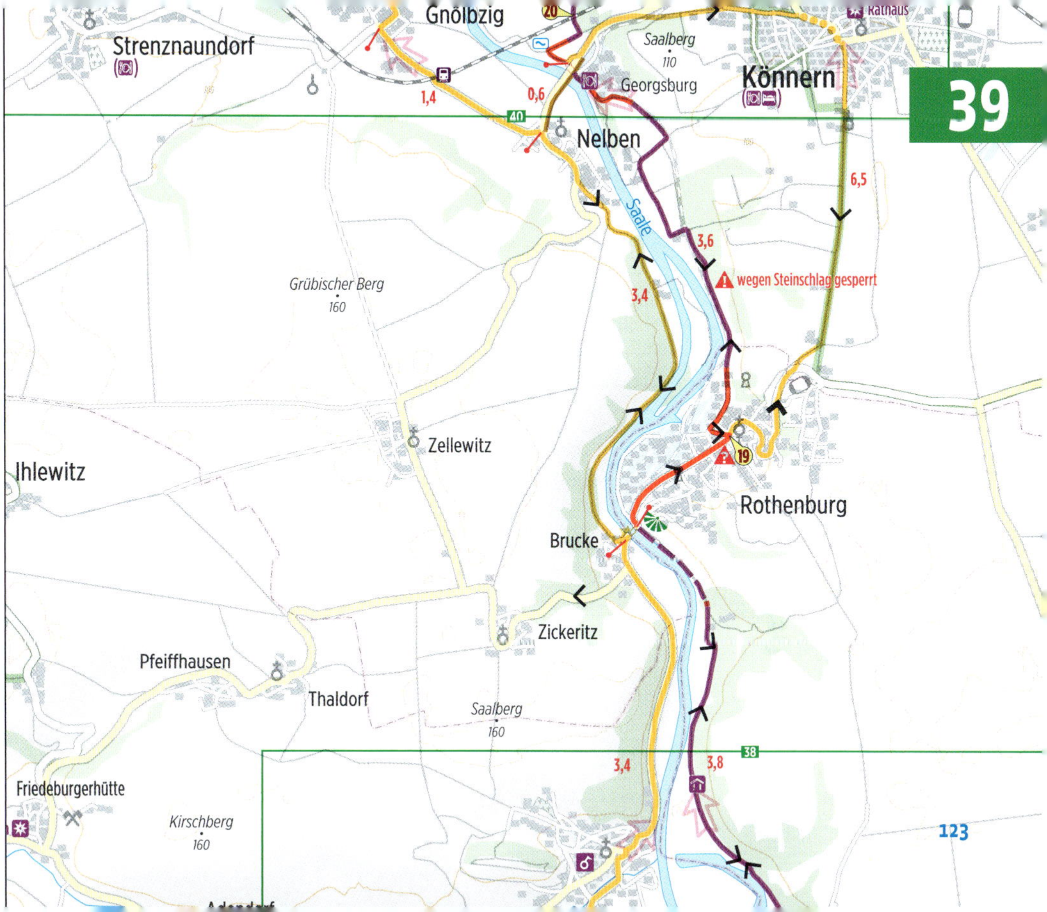

Radweg bei Trebnitz

Kirche nach links in die **August-Bebel-Straße**.

VARIANTE ⚠ Die flussnahe Hauptroute kann längerfristig gesperrt sein, da an den Saalehängen die Gefahr von Steinschlag besteht. Nutzen Sie in diesem Fall die ausgewiesene Umleitung über Könnern, die ca. 3 km länger ist und mit einem knackigen Aufstieg beginnt.

Falls die Steinschlag-Gefahr gebannt ist, fahren Sie auf der Hauptroute an der Querstraße rechts in Richtung Turnhalle ⁓ auf Höhe der Bahnbrücke geradeaus in den Rad- und Fußweg, der nachfolgende Bereich gilt als steinschlaggefährdet ⁓ nach etwa 1 km nach links über die Bahn ⁓ in Kurven über die Uferwiesen ⁓ beim nächsten Weiler **Georgsburg**, bei der Gaststätte Georgsburg, unterqueren Sie die Landstraße ⁓ Sie schwenken links zum Klärwerk und folgen dort dem Asphaltweg ⁓ **20** kurz darauf nach links und unter der Bahn hindurch ⁓ am östlichen Rand des Feldes unterhalb des Hangbereichs entlang ⁓ wieder am Flussufer erreichen Sie Trebnitz ⁓ flussnah am Damm entlang links um das Dorf herum.

Trebnitz

Im Rechtsbogen am Sportplatz vorbei ⁓ der Radweg mündet in eine Straße ⁓ kurz darauf nach links abbiegen ⁓ an der Gabelung auf Höhe der Kirche rechts halten ⁓ am Ortsausgang nach links ⁓ der Radweg führt am Sandwerk vorbei, später durch die kleine Siedlung **Zweihausen** ⁓ links auf den Radweg an der Bundesstraße und in den Ort **Mukrena** ⁓ auf der Brücke über die Saale ⁓ **21** nach Überqueren der Saale rechts in Richtung Altstadt abzweigen ⁓ am Fluss sind die neue Werft und die ersten größeren Schiffe zu sehen.

Alsleben (Saale)

Vorwahl: 034692

Stadt Alsleben, Markt 1, ✆ 2830, @ ekn142

Pfarrkirche St. Cäcilia, An der Kirche. Die restaurierte Kirche erhielt 1662 ihre barocke Haube. Im romanisierenden Kirchenschiff befinden sich ein offener Dachstuhl und eine Hufeisenempore.

St.-Gertrud-Kirche, Karl-Trimpler-Str. Der einschiffige Feldsteinbau ist romanischen Ursprungs und wurde später barockisiert. Sehenswert ist der Taufstein von 1532.

Schloss, Schäferberg. 1698 auf dem Gelände des einstigen Nonnenklosters und der Burganlage im Stil des Barock errichtet und im 18. Jh. verändert.

Die Alte Burg von Alsleben, deren Reste sich nicht finden lassen, fügte sich einst vermutlich in die linksufrige Burgenkette an der Saale ein, die in fränkischer Zeit die Grenze des Altsiedellandes schirmte. Infolge des Fährverkehrs entwickelte sich der Marktflecken relativ früh und wurde mit seinen Werften zur Heimat der Saaleschifffahrt, die 1823 vereinsmäßig organisiert wurde. Der Schiffsbau ist heute noch ein wichtiger Wirtschaftszweig der Stadt.

Von Alsleben nach Bernburg 16,5 km

In Alsleben über den Markt ⁓ von der **Bernburger Straße** rechts ab in Richtung Stadtbad ⁓ links weiter auf dem asphaltierten Weg ⁓ nach Ortsende einen Bach queren ⁓ unter einer alten Bahnbrücke hindurch ⁓ weiter

40
Bebitz
Poplitz
Beesenlaublingen
Dorfkirche
Trebitz
A14
41
Saale
Wiesenbach
Mukrena
St. Cäcilia
Zweihausen
Schloss
St. Gertrud
B6
Naturpark Unteres Saaletal
Haus Zeitz
Alsleben
Hasenberg
145
90
6,5
Trebnitz
4,7
Galgenberg
125
Galgenberg
105
Schlackenbach
Könnern
Trebnitzer Berg
110
Heimatstube
Rathaus
39
Belleben
Gnölbzig
Strenznaundorf
Saalberg
110
125
Georgsburg
1,4
0,6
22
21
20
4

Schloss Plötzkau

an den Gärten und am Betriebsgelände der Saalemühle Alsleben vorbei ⇝ **22** über den großen Platz rechts ⇝ dann unterhalb von kleinen terrassierten Gärten weiter ⇝ die Route führt auf einem Weg entlang, der als Hohlweg erscheint, links befinden sich die Saalehänge, rechts die Aufschüttungen ehemaliger Absatzbecken der Zuckerindustrie ⇝ hinter dem letzten Becken an der T-Kreuzung nach rechts ⇝ kurz danach unter der Autobahn hindurch ⇝ geradeaus radeln Sie wieder auf die Saale zu und erreichen Großwirschleben.

Großwirschleben

Den Ort durchfahren Sie auf dem Weg am Ufer ⇝ die Route führt am Terrassenrand Plötzkau entgegen, ab diesem Bereich schützen nun bereits durchgehend Dämme das Land vor Überschwemmungen ⇝ nach 1 km schwenkt der Radweg vom Fluss weg und mündet in den Dammweg ⇝ Sie halten sich rechts ⇝ der Weg verläuft am Ufer einer ehemaligen Flussschleife, die heute ein Anglerparadies ist ⇝ **23** vorbei am Abzweig nach Plötzkau, das dortige Schloss steht erhaben und mit dem Charme der Renaissance über den Auen.

VARIANTE Für den Besuch vom Schloss Plötzkau biegen Sie am Saale-Altarm nach links ab. Der Weg zur sehenswerten Anlage ist ausgeschildert. Nach dem Schlossbesuch können Sie der in der Karte dargestellten Variante folgen oder – wie von uns empfohlen – zurück zur Hauptroute fahren, die auf einem glatt asphaltierten Radweg verläuft.

Plötzkau

Vorwahl: 034692

Gemeindeverwaltung, Hauptstr. 25, ✆ 31621, @ olq185

Schloss, Schlosshof, ✆ 0174/8654212, ⌚ April-Okt., Mi-So, Fei 11-17 Uhr. Das fürstliche Renaissanceschloss (1566-73) entstand auf dem Grundriss einer früheren Burg und überstand den Dreißigjährigen Krieg fast unbeschadet. Sehenswert sind das repräsentative Fürstenzimmer, der Bergfried und der Treppenturm. Im Turm, der bestiegen werden kann, befindet sich ein Museum. @ vtj137

Sie folgen weiter dem Radweg am Rande des Altarmes ⇝ der Asphaltweg schlängelt sich reizvoll durch das Grün des Uferwaldes ⇝ an einem weiteren Altarm mit Rastplatz vorbei ⇝ Sie fahren über eine kleine Brücke mit Holzgeländer ⇝ bald danach wieder hinaus auf die Felder, um danach erneut in den Wald einzutauchen ⇝ die Saale lässt sich wieder blicken und zeigt sich mit den naturnahen Ufern von ihrer schönsten Seite.

VARIANTE An der Saalebrücke wechselt der Radweg ans andere Ufer. Sie können auch links des Flusses bleiben und der in Karte 42 verzeichneten unkommentierten Alternative folgen, welche Sie durch das stimmungsvolle Feuchtgebiet im Mündungsbereich der Wipper führt.

24 Auf der Hauptroute fahren Sie auf der Brücke über die Saale, von dort haben Sie einen schönen Blick auf den terrassenförmigen Schlossgarten des **Schlosses Gröna** ⇝ der Weg führt am hohen Ufer der Saale entlang ⇝ nach links, nach einem kurzen Anstieg geht es durch den Ort.

Gröna

Rechts vom **Sportplatz** verlassen Sie den Ort ⇝ immer geradeaus und in den Wald hinein der Radweg führt in den Grönaschen Busch am Ende vom Friedhof nach links der **Campingplatz** und die Gaststätte Schifferklause auf der linken Seite gehören bereits zur Stadt Bernburg beim **Wasser- und Schifffahrtsamt** kurz auf die Ortsstraße **25** nach 30 m links den Hang hinunter in den Wald auf dem befestigten Weg wieder nahe am Ufer entlang hinter der Anlegestelle des **Ruderclubs** mit dem großen Gebäude rechts des Weges kommen Sie an einen großen Platz, an dessen linkem Rand die Anlegestelle der Personenfähre liegt.

TIPP Von hier haben Sie einen herrlichen Ausblick auf das Renaissanceschloss von Bernburg, das auf einem Felsen hoch über der Saale thront. Der Saaleradweg verläuft etwas unterhalb des Felsens am Ufer durch die Fischergasse. Es führen mehrere kleine Wege nach rechts steil den Berg hinauf zum Schloss, für einen Besuch wählen Sie besser die nicht ganz so steile Route hinter der Marktbrücke.

Am Ufer entlang durch die **Fischergasse**, links sehen Sie die Schleuse Bernburg geradeaus in die **Mühlstraße**, die zur **Marktbrücke** führt an der Brücke auf den **Saalplatz** und

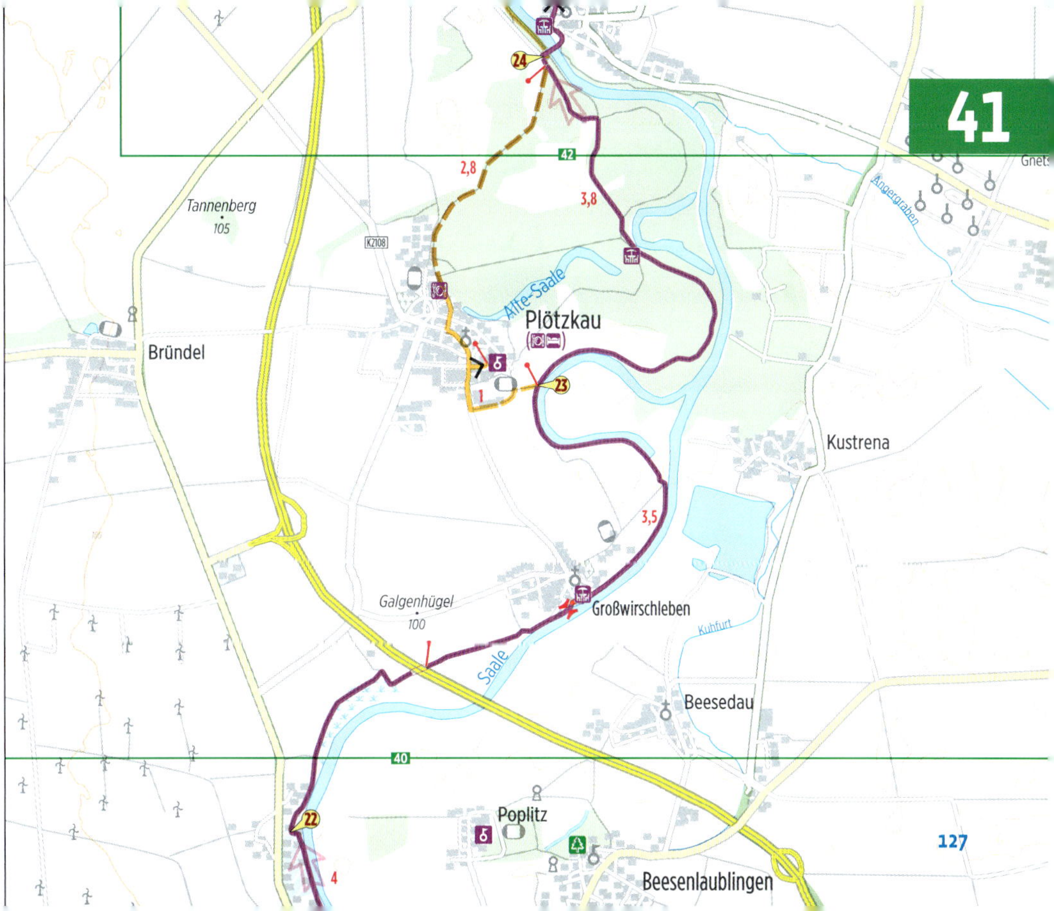

Schloss Bernburg

rechts bergauf in die **Wilhelmstraße**, die ins Zentrum führt.

TIPP Die Wilhelmstraße ist als Einbahnstraße für Radfahrer in der Gegenrichtung freigegeben. Oben an der ersten Kreuzung kommen Sie rechts über die Schlossstraße zum Schloss und geradeaus durchs Zentrum.

Bernburg (Saale)

Vorwahl: 03471

- **Stadtinformation Bernburg**, Lindenpl. 9, ✆ 3469311, @ rqx586
- **Tourismusverband Salzlandkreis e. V.**, Karlspl. 37, ✆ 301204, @ fyy344
- **Fahrgastschifffahrt MS Saalefee**, An der Überfahrt, Tiergartenseite, ✆ 3469311. Ausflugsfahrten sowie Verbindungen nach Calbe und Wettin. @ opw674
- **Museum Schloss Bernburg**, Schlossstr. 24, ✆ 625007, Das Museum ist wegen Baumaßnahmen voraussichtlich bis Mitte 2023 geschlossen. Zu sehen sind u. a. eine Sammlung zur Mühlengeschichte, die Bauplastik-Sammlung vom Mittelalter bis zum Barock, die mittelalterliche Folterwerkzeug-Ausstellung und eine Ausstellung zur Mineralogie und zur Ur- und Frühgeschichte des Saaletals. @ qwy656
- **Mahn- und Gedenkstätte für die Opfer der NS-Euthanasie**, Olga-Benario-Str. 16-18, ✆ 319816 Zehntausende wurden im Rahmen des Euthanasie-Programmes 1940-1943 in der Landesheil- und Pflegeanstalt unter dem Vorwand des Gnadentodes vergast, unter ihnen die Kommunistin Olga Benario-Prestes. @ koc386
- **Schlosskirche St. Aegidien**, Schlossstr. 7, ✆ 625100 In der einschiffigen Barockkirche aus dem Jahr 1752 mit romanischen Teilen befindet sich die dreigeschossige Fürstengruft mit ihren Prunksärgen.
- **Schloss**, Schlossstr. 24, ✆ 625007 Das Schloss ist das Wahrzeichen der Stadt. Im 16. Jh. wurde es im Stil der Renaissance an der Stelle einer frühmittelalterlichen Burganlage erbaut. Von der Burg sind u. a. der große Burghof, Reste einer Burgkapelle und ein mächtiger Bergfried (12. Jh.) erhalten. Letzterer wird Eulenspiegelturm genannt, weil Till Eulenspiegel hier angeblich im 14. Jh. Turmwächter war. @ bew373
- **Keßlerturm**, Ilberstedter Str. 139, ✆ 626751. Der Unternehmer Theodor Keßler schenkte 1912 den Aussichtsturm der Stadt.
- **Stadtbefestigung**. Die mittelalterliche Mauer um die Alt- und Neustadt ist in Teilen erhalten geblieben, von den Türmen nur der Nienburger Torturm mit Renaissancegiebel und der Hasenturm (beide 15. Jh.).
- **Waldauer Brücke**. Das im Volksmund als Flutbrücke bezeichnete technische Denkmal von 1786/87 überspannt mit mehreren Bögen und Strompfeilern einen trockengefallenen Altarm der Saale.
- **Märchengarten „Paradies"**, Ilberstedter Str. 114, ✆ 6848615, ✆ 3469311 Die Geschichte des Märchengartens reicht bis in die 1920er-Jahre zurück. Mit Ausflugsgaststätte, Spielplatz und einem Garten mit vielen Märchenfiguren. @ bey261
- **Tiergarten**, Krumbholzallee 3, ✆ 352816 Es können mehr als 1.000 Tiere aus über 125 Wildtier- und Haustierarten beobachtet werden. @ huj537
- **Erlebnisbad Saaleperle**, Am Stadtbad 65, ✆ 6422351, @ xsr553
- **Städtisches Hallenbad**, Stadtpark, ✆ 622098, @ awv744

Nördlich der Saale gab es entlang der heutigen Breiten Straße, damals ein wichtiger Handelsweg, nachweislich schon im 12. Jahrhundert eine Besiedlung. Am anderen Ufer entwickelte sich unterhalb

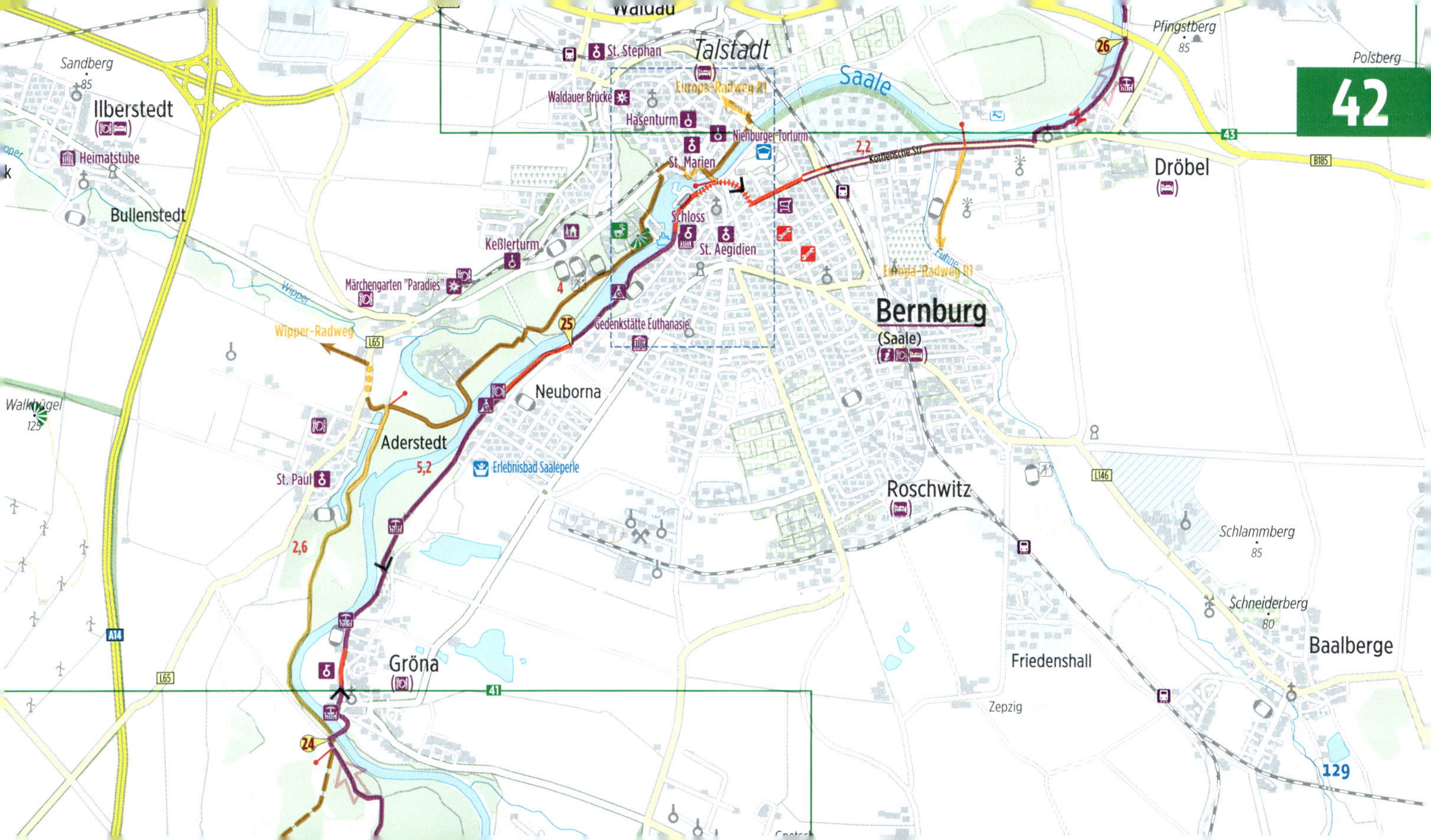

42
Waldau
Talstadt
St. Stephan
Europa-Radweg R1
Saale
Waldauer Brücke
Hasenturm
Nienburger Torturm
St. Marien
Schloss
St. Aegidien
Keßlerturm
Märchengarten "Paradies"
Gedenkstätte Euthanasie
Bernburg
(Saale)
Neuborna
Aderstedt
Erlebnisbad Saaleperle
St. Paul
Gröna
Roschwitz
Friedenshall
Zepzig
Baalberge
Schneiderberg
80
Schlammberg
85
Dröbel
Pfingstberg
85
Polsberg
Kothensche Str.
Fuhne
Sandberg
85
Ilberstedt
Heimatstube
Bullenstedt
Wipper
Wipper-Radweg
Walkhügel
125
2,2
5,2
2,6
4
24
25
26
41
43
129
A14
L65
L146
B185

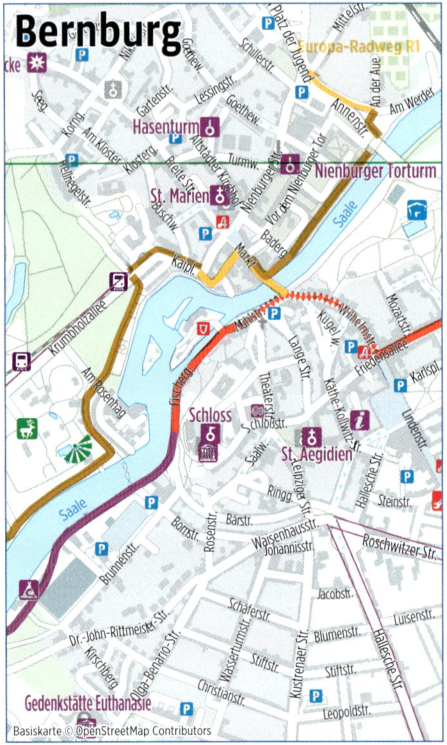

der Burg im 14. Jahrhundert eine Ansiedlung. Talstadt und Bergstadt vereinigten sich erst im Jahr 1825. Bernburg gelangte vom 15. bis zum 18. Jahrhundert durch die hier residierenden Fürsten und Herzöge von Anhalt-Bernburg zu einer ersten Blüte. Im Industriezeitalter bestimmten dann vier weiße Pulver das Leben der Stadt: Zucker, Salz, Soda und Zement. Entscheidend für diese Entwicklung waren die Schiffbarmachung der Saale für größere Kähne und der Ausbau der Eisenbahnlinie. Der Zucker strömt seitdem von den umliegenden fruchtbaren Hochflächen, Stein- und Kalisalz aus den bis zu 500 Meter tiefen Schächten. Die Stadt versuchte ihr Glück auch als Solebad und Kurort, wovon das Jugendstil-Kurhaus noch erzählt, doch die Industrie war stärker. So brachte es Bernburg zu DDR-Zeiten zu einem der bedeutendsten Kalisalzhersteller. Die belgischen Solvay-Werke, während der sozialistischen Jahrzehnte nicht enteignet sondern treuhänderisch verwaltet, erhielten ihr Eigentum zurück und sind heute in der Stadt wieder stark präsent.
Noch etwas zur örtlichen Rad-Geschichte: An der Saale wurde 1876 der zweitälteste Radfahrerverein Deutschlands, die „Askania", gegründet.

Von Bernburg nach Calbe/Gottesgnaden 16,5 km

Weiter auf der Hauptroute geht es an der Kreuzung links auf die **Friedensallee** an der großen Kreuzung geradeaus und über die Bahnhofstraße danach auf dem Radweg vorbei an den Solvay-Alkaliwerken auf der **Köthenschen Straße** verlassen Sie Bernburg die Straße quert den Bach Fuhne 700 m nach der Brücke links in die Straße **Am Ausladeplatz** einbiegen, zum Saaleufer und dort rechts Sie fahren am Gestade am Vorort **Dröbel** vorbei nach Ortsende erwartet Sie eine beschauliche Fahrt durch die Saalewiesen ins 5 km entfernte Nienburg **26** unter der Straßenbrücke hindurch und immer am Fluss entlang, der Radweg ist glatt asphaltiert eine Rohrleitung wird über den Fluss geführt und begleitet Sie 500 m auf dem Uferweg vorbei am Dorf Grimschleben.

Grimschleben (Nienburg (Saale))

Schafstall, Thomas-Müntzer-Str. Der quadratische Bau von 1827 erinnert mit seinem unterbrochenen Zeltdach an eine Pyramide. @ gpf378

Eine ehemalige Schleife der Saale wird gequert auf dem Anwohnerweg durch die Gartenanlage und vorbei am anderen Ende der

Saaleschlinge hinter den Baumwipfeln des gegenüberliegenden Ufers lugt spitztürmig die Hauptsehenswürdigkeit von Nienburg, die Klosterkirche, hervor **27** der Weg mündet in die Landstraße, hier biegen Sie rechts ab.

INS ZENTRUM Für einen Besuch der Stadt Nienburg fahren Sie nach links über die Brücke. Der Marktplatz ist nur 800 m entfernt.

Nienburg (Saale)

Vorwahl: 034721

- **Stadtverwaltung**, Markt 1, ✆ 3090, @ ukg747
- **Heimatstube**, Jürgensberg 17, ✆ 22640
- **St. Marien und St. Cyprian**, Goethepl. 8, ✆ 22348. Die ehemalige Klosterkirche aus dem 13. Jh. ist eine der bedeutendsten frühgotischen Hallenkichen im mitteldeutschen Raum. Sehenswert sind auch der spätromanische Schmuckfußboden, die im deutschen Kulturkreis einzigartige Monatssäule und das Originalgemälde von Lucas Cranach dem Jüngern. @ fls874
- **Glockenspiel**, Markt 9. Das Original-Glockenspiel von 1928 wurde während des Zweiten Weltkrieges zerstört. Mittlerweile sind die 24 Glocken jedoch restauriert bzw. neu gegossen worden und man kann den 21 Melodien lauschen. Spielzeiten tägl. ab 10.01 Uhr alle 60 Min bis 17.01 Uhr sowie 18.05 Uhr.
- **Freibad**, Am Blauen Berg 9, ✆ 22428, @ wef167

Die über 1.050-jährige Stadt liegt auf einem Kalkstein-Felsvorsprung im unteren Saaletal. Im Jahr 975 wurde

Schlosskirche in Nienburg

hier ein Benediktinerkonvent errichtet. Die Abtei gewann rasch an Einfluss und besaß 200 Jahre später bereits an die 1.200 Hufen. Sie war damit das reichste Kloster an der mittleren Elbe. Die Äbte von Nienburg brachten es bis zum Bischof von Prag und Basel. Vor der Wut der aufständischen Bauern des Jahres 1525 versprach selbst so viel Ehre keine Rettung, die Bruderschaft suchte lieber schnell das Weite. Nicht viel später wurde das Kloster von der Säkularisationswelle erfasst; der Plan, dort eine Schule zu gründen, glückte jedoch nicht. Das Klostergebäude, in der Zeit des Barock in ein Schloss umgewandelt, später als Fabrik genutzt, kann heute leider vom einst rühmlichen Konvent nicht mehr viel erzählen. Die ehemalige Klosterkirche (auch Schlosskirche St. Marien und St. Cyprian) gehört zur Straße der Romanik und zur Cranachroute. Ein Besuchermagnet auf dem Markt ist das historische Glockenspiel.

500 m nach der Brücke biegen Sie links ab in Richtung Wedlitz.

Wedlitz (Nienburg (Saale))

Heimatstube, Hauptstr. 12, ✆ 0177/3458194

Kirche. Das Gotteshaus wurde im neogotischen Stil erbaut.

28 Auf der Dorfstraße im Bogen vorbei am roten Sandsteinbau der Kirche mit denkmalgeschützten Grabsteinen – Sie radeln weiter auf der Landstraße Richtung Norden – die Ebene der Börden, der fruchtbaren Elbniederungen, nimmt allmählich Gestalt an – der nächste Ort wird ebenfalls auf der Hauptstraße durchquert.

Wispitz (Nienburg (Saale))

Dorfkirche. Die Kirche (1684) hat einen romanischen Ursprung und wurde 1893 überformt.

Am nördlichen Ortsrand nach links – der Weg schließt sich einem Altarm an, der von einem Schilfgürtel umgeben ist – am Ufer entlang und an der nächsten Kreuzung links – **29** auf Höhe einer Brücke kommen Sie an eine T-Kreuzung, hier links abbiegen und gleich vor den ersten Häusern wieder rechts.

VARIANTE Wollen Sie Calbe besuchen oder auf direktem Weg zum 5,5 km entfernten Bahnhof fahren, dann folgen Sie der in Karte 45 dargestellten unkommentierten Alternative geradeaus über die Brücke. Diese ist als stadtseitige Variante ausgewiesen, führt direkt über den Marktplatz und stößt bei Werkleitz wieder auf die Hauptroute. ⚠ Unbedingt sollten Sie diese Strecke wählen, wenn die Saalefähren gerade nicht verkehren oder wegen Hochwassers eingestellt sind, siehe Fährzeiten unter den Ortsinformationen Calbe und Groß Rosenburg oder www.stadt-barby.de/de/faehren.html .

Da die Fähren auch bei Niedrigwasser oder aus anderen Gründen hin und wieder außer Betrieb sind, ist unbedingt anzuraten, sich rechtzeitig unter der o. g. Internetadresse zu informieren.

Calbe (Saale)

Vorwahl: 039291

Stadtverwaltung, Markt 18, ✆ 56416, @ tyj535

Gierseilfähre, Große Angerg., ✆ 2605, ⏲ Fährzeiten: April-Sept., tägl. mind. 7.30-18 Uhr; Pausen Mo/Mi 8.30-14.30, Di/Do

12.30-14.30 Uhr, Fr-So 11.30-14.30 Uhr; Okt.-März, Mo-Fr, längere Pausen und nur bis 17.30 Uhr. Fährverbindung zwischen Calbe und Gottesgnaden. @ mru564

- **St. Laurentii**, Neuer Markt. Die in ihrem Kern spätromanische Kapelle aus dem 12. Jh. erfuhr 1890 eine Restaurierung des einschiffigen Innenraumes. Sehenswert ist die spätgotische Kreuzigungsfigur aus Holz.
- **St. Stephani**, Kirchpl. Die spätgotische, großzügig gestaltete Hallenkirche stammt aus dem 15. Jh., Teile einer frühgotischen Basilika sind noch vorhanden. Im Gegensatz zur inneren Ausstattung besticht das imposante Äußere der Kirche mit interessanten Details mittelalterlicher Weltsicht.
- **Markt**. Neben einigen schönen Renaissance- und Barockbauten befindet sich hier das steinerne Standbild des Roland. Das einstige Symbol des Marktrechtes stand in hölzerner Ausführung bereits im 14. Jh. auf seinem Platz, als einer der frühesten im deutschen Raum.
- **Tiergehege**. Das Tiergehege auf dem Wartenberg ein paar Kilometer westlich von Calbe beherbergt überwiegend heimische Tierarten und ist jederzeit frei zugänglich. @ sne355

Die wichtige Verbindungsstraße zwischen Magdeburg und Leipzig verlief lange Zeit durch Calbe, die Stadt mit dem Kalb im Wappen, gelegen am südöstlichen Ende der fruchtbaren Börde. Erst der Bau der Chausseen im 19. Jahrhundert leitete den Hauptverkehr über Bernburg um. Der Fluss war schon

im 12. Jahrhundert durch ein Wehr aufgestaut, um eine Mühle betreiben und von den Schiffern Abgaben verlangen zu können. So verwundert es nicht, dass Calbe bereits 1160 seinen Markt erweitern musste und besondere Privilegien genoss.

Die Burg bot öfter Landtagen wie Festlichkeiten Raum, und die Stadt besaß schon im 13. Jahrhundert eine voll entwickelte Ratsverfassung. Die Magdeburger Erzbischöfe hatten ihren Sommersitz im Schloss in Calbe und im Kloster Gottesgnaden.

Im Zuge der Industrialisierung gelangten eine Papiermühle, eine große Getreidemühle und der Braunkohlentiefbau in die Stadt. Es entwickelten sich Wolldecken- und Tuchmacherfabriken, die Schafwolle verarbeiteten und vorrangig für das Militär produzierten.

Calbe war aber auch ein Zentrum des Gemüseanbaus, das sich bei der Lebensmittelverarbeitung insbesondere auf Industriekonserven für Sauergemüse spezialisierte. Seit über 400 Jahren werden in Calbe Zwiebeln (Bollen) angebaut. Die Landwirtschaft entwickelte sich ferner zum Rohstofflieferanten für Pharmazie und Kosmetik.

Das Sträßchen führt am Damm entlang nach Gottesgnaden, einem Ortsteil von Calbe, der in Insellage zwischen zwei Saalearmen liegt.

ZUM BAHNHOF Die Saalemündung und das Ende des Saaleradweges erreichen Sie bei Barby, dort gibt es jedoch keine Bahnanbindung. Wahlweise können Sie Ihre Tour von Barby weitere 50 km entlang der Elbe über Schönebeck (Bahnhof) nach Magdeburg fortsetzen. Wollen Sie bereits von Calbe mit der Bahn abreisen, nutzen Sie den nachfolgend beschriebenen Zuweg.

Zum Bahnhof Calbe Ost 3,5 km

Biegen Sie bei der Saaleschleuse links über die Schleusenbrücke in den Ortsteil **Gottesgnaden** ab ~ anschließend mit der Fähre über die Alte Saale ~ am anderen Ufer rechts ~ Sie radeln vorbei an Sportplätzen und dem Freibad ~ am Ende über die Brücke ~ nach den Teichen rechts dem Spurplattenweg durch die Wiese folgen ~ bei den Häusern biegen Sie an der Straße **Brotsack** rechts ab und erreichen nach 1,4 km den Bahnhof Calbe Ost.

Von Calbe/Gottesgnaden zur Elbe 16 km

30 Auf der Hauptroute biegen Sie an der Saaleschleuse bei Gottesgnaden rechts ab und fahren, zunächst auf Kopfsteinpflaster, an einer Kleingartensiedlung vorbei ~ danach auf einem Schotterweg in die offene Landschaft der Saaleaue ~ ein Stück entlang der Bahnstrecke ~ an der Unterführung nach links unter der Bahn hindurch ~ in **Trabitz** an der Weggabelung rechts halten in die **Friedensstraße** ~ nach 250 m an der nächsten Weggabelung rechts auf den **Rosenburger Weg** ~ auf dem Wirtschaftsweg Richtung Groß Rosenburg schnurgerade durch die Mündungsebene ~ bald begleitet Sie der Damm zu Ihrer Linken ~ **31** beim Dammhaus biegt die Route links ab zur Fähre, geradeaus ginge es nach Groß Rosenburg.

Groß Rosenburg (Barby)

Stadt Barby, Marktpl. 14, Barby, ✆ 039298/6720, @ enh648

Gierseilfähre, Fährst., ✆ 01590/1789716, Fährzeiten: in der Saison Mo-Fr 5.15-18 Uhr, Sa, So/Fei 10-18 Uhr. Die Gierseilfähre ist seit 1620 in Betrieb. Das historische Fährwindenhaus am linken Ufer war nötig, um mittels Spannseil die Fähre über den Fluss zu ziehen. Seit 1878 ist die Fähre mit einem Gierseil versehen, das fest im Fluss verankert ist und nur durch den Wasserdruck der Strömung die Fähre fortbewegt. @ dld747

VARIANTE Ab hier gibt es zwei beschilderte Wege zur Elbe bzw. zum Anschluss an den Elbe-Radweg. Die Route nach Barby und zur Saalemündung ist nachfolgend als Hauptroute beschrieben. Für diese Strecke sind zwei Fährfahrten erforderlich.

45
Tornitz
Werkleitz
Burgruine Klein Rosenburg
Klein Rosenburg
Grizehne
Calbe (Ost)
Gribehner Teiche
Dorfsee
Fährwindhaus
Saale
Groß Rosenburg
Käseberberg
Trabitz
St. Stephani
Rolandfigur
Hospital-Kirche
Gottesgnaden
Laurentiikirche
Buschbreite
Hemmberg
Calbe
Schwarz
Landgraben
Taube
4
3
1,2
1,8
7,5
0,2
2,8
6,5
0,6
2
55
60
50
32
31
29
46
44

Falls die Fähre bei Barby eingestellt ist, können Sie die nördlich des Ortes gelegene Eisenbahnbrücke nutzen. Beachten Sie bei Ihrer Entscheidung, dass Anhänger und Tandems auf der Bahnbrücke über zwei enge Drängelgitter gehoben werden müssen. Der beschilderte Weg nach Breitenhagen ist als unkommentierte Alternative in der Karte verzeichnet. An der Elbe setzen Sie mit der Fähre über nach Tochheim, wo Sie auf den Elbe-Radweg treffen.

Breitenhagen (Barby)

Vorwahl: 039294

- **Elbfähre Breitenhagen-Tochheim**, L149, ✆ 01590/1789249. Fährzeiten: Mai-Okt., Mo-Fr 5.15-20 Uhr, Sa,So/Fei 9.30-17 Uhr, Nov.-April, Mo-Fr 5.15-20 Uhr, Sa, So/Fei 10-18 Uhr. @ egl553
- **Museumsschiff „Marie-Gerda"**, Fährstr. 1, ✆ 25962 Der nach Plauer Maß gefertigte Kahn ist das letzte Schiff, das in der Breitenhagener Werft gebaut wurde. Heute beherbergt es ein Restaurant. @ rfk485
- **Schiffermuseum**, Alt Tochheim 3, ✆ 20874 Ausstellung zur Schifffahrt auf der Elbe.
- **Bockwindmühle**, Breite Str. Die Mühle wurde 1928 errichtet und arbeitete bis in die 1970er Jahre. Sie befindet sich heute in Privatbesitz.

Auf der Hauptroute gelangen Sie mit der Gierseilfähre ans andere Ufer der Saale Sie folgen der Landstraße landeinwärts in **Werkleitz** auf der Hauptstraße durch den Ort **32** kurz vor Ortsende rechts hinter die Häuser, links auf einen asphaltierten Radweg und gleich wieder rechts in den ausgebauten Wirtschaftsweg.

ZUM BAHNHOF Wenn Sie nach dem Besuch der Saale-Mündung den Bahnhof Calbe Ost für die Heimreise nutzen wollen, können Sie auf dem Rückweg ab Werkleitz die Variante über Tornitz zum Bahnhof wählen (s. Karte 45).

Der folgende Abschnitt führt nach Norden durch die Ackerflächen und Sie verabschieden sich für einige Kilometer von der Saale in Barby geradeaus auf der **Breiten Straße** bis zur Kreuzung mit der Brückentorstraße rechts abgebogen kommen Sie zur Fähre über die Elbe.

ANSCHLUSS Auf dem anderen Ufer verläuft bei Ronney der Elbe-Radweg. Auf diesem können Sie bis Schönebeck (25 km) oder sogar bis Magdeburg (46 km) fahren, beide Städte haben Bahnanbindung. Diese Abreisevariante wird im Anschluss beschrieben.

33 Wenn Sie vor der Elbfähre rechts abbiegen, gelangen Sie auf dem Dammweg bis zur Mündung der Saale in die Elbe.

Barby

Vorwahl: 039298

- **Tourist-Information**, Gnadauer Str., im Seepark, ✆ 039294/6270, @ sqo528
- **Stadt Barby**, Marktpl. 14, ✆ 6720, @ enh648
- **Gierseilfähre Barby-Ronney**, ✆ 01590/1789621. Fährzeiten: Mai-Okt., Mo-Fr 5.15-20 Uhr, Sa, So/Fei 9.30-17 Uhr, Nov.-April, Mo-Fr 5.15-20 Uhr, Sa, So/Fei 10-18 Uhr. @ pjr386
- **Museum of Barbieart**, Brauhausstr. 24, in der Augustusgabe, ✆ 68510 Seit 2005 werden hier Barbie-Puppen ausgestellt. @ okl327
- **St. Marien**, Kirchpl. 3. Der ursprünglich einschiffige Bau von 1280 wurde vier Jahrhunderte später erweitert. Unter der achtecki-

Breitenhagen, Gierseilfähre

Wienberg
55
Seepark
Schloss
Prinzesschen
St. Johannes
L51
Barby
1,8
Kunsthof
museum of barbieart
1,4
50
2,5
2,6
Lepsgraben
Ronney
0,6
2
33
A
1
Saale-Mündung
Elbe
Nuthe
60
Walternienburg
Wasserburg
Poleymühle
Kämeritz
2,8
Rauher Berg
65
L68
5,7
Alte Saale
Alte Saale
Badetz
Domäne Badetz
Tochheim
Elbe-Radweg
Friederikenberg
0,8
Museumsschiff "Marie-Gerda"
Schiffermuseum
Alt Tochheim
Landgraben
Landgraben
49
55
Tornitz
1,2
32
Werkleitz
7,5
Burgruine Klein Rosenburg
Klein Rosenburg
Schwartelberg
Breitenhagen
Bockwindmühle

Saalemündung bei Barby

gen Kuppelhaube von 1711 ist eine prächtige Barockausstattung zu sehen. @ hho861

St. Johannis, Schlossstr. 26. Die gut erhaltene, ehemalige Klosterkirche der Franziskaner aus dem 13. Jh. war bis 1715 Begräbniskirche der Grafen von Barby. Außerdem befindet sich hier eine seltene Sammlung von Grabplatten von 1271. @ cpk282

Schloss Barby, Schlossstr. 31. Herzog Heinrich von Sachsen-Weißenfels errichtete von 1687-1717 das Schloss, das heute nur noch in seinem Äußeren imposant ist. Als „academia barbyensis" erlangte es einigen Ruhm, heute beherbergt es das Grundbucharchiv. @ xqu822

„Prinz" und „Prinzesschen". Der nordwestliche und der nordöstliche Turm, die sich dieser schönen Namen erfreuen, sind Teile der mittelalterlichen Stadtmauer.

Kunsthof Barby, Brauhausstr. 24, ✆ 68510. In der Augustusgabe, einem ehemaligen Rittergut, werden u. a. Seminare, Kurse, Werkstattarbeit, Konzerte und Lesungen veranstaltet. @ nmu371

Seepark Barby, Gnadauer Str., ✆ 257666 Der Park umfasst neben Grünflächen eine 62 ha große Wasserfläche. Neben Bade- und Strandbereich ist auch Platz für sportliche Aktivitäten. So stehen hier auch Skaterstrecke, Beach-Volleyball-Anlage, Kinderspielplatz und Bootsverleih zur Verfügung. Ebenso sind ein Imbiss und Grillplatz vorhanden. Wahrzeichen ist der 11 m hohe Turm, in dem sich die Tourist-Information befindet. @ bsw275

UNESCO Biosphärenreservat Mittelelbe, ✆ 034904/40610. Bereits Ende der 1970er Jahre wurde das Biosphärenreservat „Mittlere Elbe" im Bereich Steckby-Lödderitzer Forst von der UNESCO ausgewiesen. Das Auenlandschaftsbiotop schützt viele vom Aussterben bedrohte Tiere und Pflanzen. @ kvy612

Der Name Barby hat hier, im Hochwassergebiet der Elbe und unweit der Saalemündung, erwartungsgemäß nichts mit dem US-amerikanischen Mädchentraum-Produzenten zu tun. Er ist vielmehr als „barbogi" – „am kahlen Bogen" – nordisch-germanischen Ursprungs. Im Mittelalter stand hier eine von Wassergräben umgebene Burg, Zentrum der Grafschaft von Arnstein-Barby. 1659 starben die Grafen aus, als Lehnsherr ließ Herzog Heinrich daraufhin anstelle der Burg einen pompösen Barockbau als zeitweilige Residenz errichten. Eine besondere Episode begann 1748, als die Herrnhuter Brüdergemeinde den Gebäudekomplex erwarb und hier neben einem Gymnasium auch eine Druckerei, Bücherei, Buchhandlung und Sternwarte betrieb. Die kulturelle Ausstrahlung von Barby währte aber nicht länger als zwei Generationen, denn nach Ablauf der Pacht zogen die Brüder davon.

Sie haben nun das Ende Ihrer Radreise erreicht. Wir hoffen, Sie hatten einen erlebnisreichen und interessanten Radurlaub und freuen uns, dass Sie ein ***bikeline***-Radtourenbuch als Begleiter gewählt haben.

Das gesamte ***bikeline***-Team wünscht Ihnen eine gute Heimreise!

Auf dem Elbe-Radweg von Barby nach Magdeburg 46,5 km

TIPP Falls die Fähre nicht verkehrt, wählen Sie die nördlich gelegene Eisenbahnbrücke für den Übergang zum anderen Elbufer. Sie können auf dem Gehweg neben den Gleisen Ihr Fahrrad über die Elbe schieben. Tandems und Anhänger müssen über zwei enge Drängelgitter gehoben werden.

VARIANTE Nachfolgend wird die Route rechts der Elbe beschrieben, in Karte und Text mit den Wegpunkten **A**, **B**, **C**, ... gekennzeichnet. Zusätzlich sind die rechtselbischen Hochwasservarianten in den Karten verzeichnet.
Die ebenfalls als Elbe-Radweg beschilderte Strecke links des Flusses ist als unkommentierte Variante in den Karten verzeichnet. Die 10 km kürzere Strecke ist landschaftlich weniger reizvoll, ermöglicht aber einen Besuch des Ringheiligtums Pömmelte.

Zackmünde (Barby)

Ringheiligtum Pömmelte, ✆ 03471/624410 Führungen: April-Okt., Di 11 Uhr, Fr-So 14 Uhr. Die siebenteilige Kreisgrabenanlage mit einem Durchmesser von 115 m vom Ende des 3. Jahrtausends v. Chr. hatte neben ihrer Bedeutung als religiöser Ritualort auch eine astronomische Funktion. @ few458

A Für die Weiterfahrt auf dem rechtsseitigen Elbe-Radweg nutzen Sie die Gierseilfähre ~ im Weiler **Ronney** links auf den Radweg und immer geradeaus.

B Nach 2,6 km unter der ehemaligen Bahnbrücke hindurch ~ an der Gabelung rechts halten ~ an der Kreuzung scharf links ~ an der T-Kreuzung links und an der **Schutzhütte** am Elbufer rechts abbiegen ~ der Weg geleitet Sie durch die Auwiesen bis kurz vor **Dornburg** ~ **C** kurz links auf die Straße und dann rechts abzweigen ~ auf dem Wiesenweg am Sportplatz vorbei und beim Zugang zum Schloss an der Straße rechts.

Dornburg (Gommern)

Schloss Dornburg, Lindenweg 2. Herzogin Johanna Elisabeth von Anhalt-Zerbst, Mutter von Katharina der Großen, ließ in den 1750er Jahren die barocke Schlossanlage nach französischem Vorbild errichten. Aufgrund von Geldengpässen durch den Siebenjährigen Krieg ist jedoch nur der Wohntrakt fertiggestellt worden, die Seitenflügel wurden nie gebaut. Das Schloss steht leer und kann nur von außen besichtigt werden.

Nach dem Schloss Dornburg in den nächsten Abzweig nach links ~ auf dem Spurplattenweg zwischen Feldern und Wiesen dahin ~ an der Alten Elbe rechts ~ kurz nach der kleinen Brücke geradeaus auf die Straße und weiter ins Ortszentrum von Pretzien.

Pretzien (Schönebeck (Elbe))

Vorwahl: 039200

Info-Punkt, Am Park 26, ✆ 76828, @ bwu312

St. Thomas, Am Park 12, ✆ 51445 Die romanische Saalkirche besticht mit beeindruckenden Malereien aus dem 13. Jh. Ein musikalisches Erlebnis sind die alljährlichen Sommerfestivals von Mai-Sept. @ kgf861

Zackmünde, Ringheiligtum Pömmelte

Pretziener Wehr, ✆ 03928/70630. Die Anlage wurde 1871-1875 gebaut und ist das größte funktionstüchtige Schützentafelwehr Europas mit 324 frei zugänglichen Tafeln. @ xyv811

VARIANTE Ab Pretzien verläuft der Elbe-Radweg flussnah über Ranies und Grünewalde. In der Karte sind zusätzlich eine Hochwasservariante – als R2a beschildert – sowie eine Abkürzung über Pechau verzeichnet.

D Auf dem elbnahen Weg fahren Sie nach dem kleinen Park Richtung Ranies auf der direkten Verbindungsstraße ~ beim Pretziener Wehr auf den Radweg am Deich und auf diesem bis in den nächsten Ort.

Ranies

Auf dem Elbdeich passieren Sie Ranies ~ die nächsten 7 km bleiben Sie auf dem Radweg, der bald an die Straße heranführt ~ **E** bei Grünewalde halbrechts über die Straße hinweg in den Ort ~ geradeaus zum Kreisverkehr.

Grünewalde

ZUM BAHNHOF Wenn Sie ab Schönebeck die Heimreise antreten wollen, dann wechseln Sie in Grünewalde auf die andere Seite der Elbe. Zum Bahnhof gelangen Sie, indem Sie nach der Brücke geradeaus zum Friedensplatz fahren, dann am Ende des Platzes rechts in die Tischlerstraße einbiegen und beim Kreisverkehr nach links abzweigen. Hinter der Bahnbrücke geht es rechts in die Bahnhofstraße.

Schönebeck (Elbe)

Vorwahl: 03928

Tourist-Information, Markt 21, ✆ 842742, @ jwl776

Fahrgastschiff Marco Polo, Anleger Salzblumenplatz, ✆ 469271, ✆ 01805/230957, ✆ 0177/2895535. Es werden Fahrten nach Magdeburg und zum Wasserstraßenkreuz angeboten. @ xtl716

Salzturm, Salztor, ✆ 710561 Der Turm stammt aus dem Jahr 1613, und in der Galerie finden ständig wechselnde Ausstellungen statt. Eine Turmbesichtigung ist möglich. @ rxs125

Weltrad Manufactur, Cokturhof 3, ✆ 429066. Seit 2004 werden hier – natürlich mit technischen Neuerungen – die legendären Weltrad-Fahrräder aus den 1930er Jahren wieder gebaut. Fahrradverleih und Besichtigung möglich. @ agh358

Bierer Berg, Kastanienweg, südwestlich der Stadt, ✆ 81129 Auf dem Gelände gibt es neben dem Heimattiergarten auch eine Freilichtbühne und einen Bismarckturm. @ sta517

„Skonebeke" wurde 1223 erstmals urkundlich erwähnt. Aufgrund von Salzvorkommen entwickelte sich der Ort sehr bald zu einem wirtschaftlich wichtigen Zentrum, welches bereits 1290 das Stadtrecht besaß. Das hier gewonnene Salz wurde nach Böhmen, Sachsen, Brandenburg und Schlesien verschifft. Im 18. Jahrhundert wurde das Salinegradierwerk unter Friedrich II. errichtet, heute dient es ausschließlich Kurzwecken.

F Für die Weiterfahrt nach Magdeburg fahren Sie in **Grünewalde** geradeaus weiter am Elbdeich entlang ~ dann ein Rechtsschwenk zur **Alten Elbe** hin ~ an der Schutzhütte links und weiter bis nach Randau ~ am Ortsrand rechts Richtung Schloss, an der Kreuzung links.

Randau-Calenberge (Magdeburg)

Vorwahl: 03928

Schloss Randau, Schlossstr. Das klassizistische Gebäude wurde 1885 erbaut. Heute steht das Schloss leer. @ akx276

Steinzeitdorf Randau, Müllerbreite 40, ✆ 4572875 Nachbildung eines in Randau ausgegrabenen 4.500 Jahre alten steinzeitlichen Pfostenhauses. @ cxo281

G Sie fahren geradeaus durch den Ort ~ dann am Steinzeitdorf vorbei und auf dem Fuß- und Radweg weiter ~ durch den Auwald des **Naturschutzgebietes Kreuzhorst** zurück zum Deich ~ rechts ab immer am Elbdeich entlang in den Magdeburger **Stadtteil Prester** ~ **H** geradeaus an der Kirche vorbei ~ auf Höhe des **Stadtteils Cracau** endet der Dammweg ~ **I** hier nach links über die **Wasserfallbrücke** in den **Stadtpark Rotehorn** fahren, der

Glinde
Lichtmess-Museum
Zackmünde
Landgraben
Monplaisir
Sandberg
50
Gödnitz
Pömmelte
Ringheiligtum Pömmelte
Gödnitzer See
Flötz
NSG Dornburger Mosaik
Elbe
Neue Siedlung
Hochwasservariante
B
Wienberg
55
Seepark
Schloss
Prinzesschen
Walternienburg
St. Johannes
Barby
Zeitz
Kunsthof
museum of barbieart
Ronney
Wasserburg
Wespen
Schrotholzkirche
A
33
Lepsgraben
Nuthe
L51
K1277
K1754
K1279
2,2
5,7
2,5
1,8
1,4
0,6
2
2,6
3,8
46

Anschluss
Magdeburg 2
Alte Elbe
Plötzky
Pretzien
Pretziener See
St. Thomas
0,4
D
B246a
NSG Dornburger Mosaik
Pretziener Wehr
Alte Elbe
4,7
Kleegraben
Prödel
Schloss Dornburg
0,8
C
0,8
Dornburg
65
Sandberge
60
NSG Dornburger Mosaik
UNESCO-Biosphärenreservat Flusslandschaft Elbe
7,5
Elbe
5,2
Michelslake
Sandberge
50
Ranies
E
50
4,2
Glinde
Lichtmess-Museum
Landgraben
50
1
Zackmünde
142
4
L51

Anschluss Magdeburg 3
Steinzeitdorf
Kiebitzberg
50
Randau
Calenberge
Schloss Randau
1,8
3,8
1,6
Elbe
UNESCO-Biosphärenreservat Flusslandschaft Elbe
Randauer Baggerloch
3,8
L51
Elbenau
0,4
2,6
Plötzky
B246a
Stilles Wasser
2,6
Grünewalde
7,5
Elbe
2,4
Röthegraben
0,8
1
1,2
Schönebeck (Elbe)
Weltrad
Salzturm
Sandberge
50
Röhte
2,8
Grüner Waldsee
Dornburger Alte Elbe
Hochwasservariante

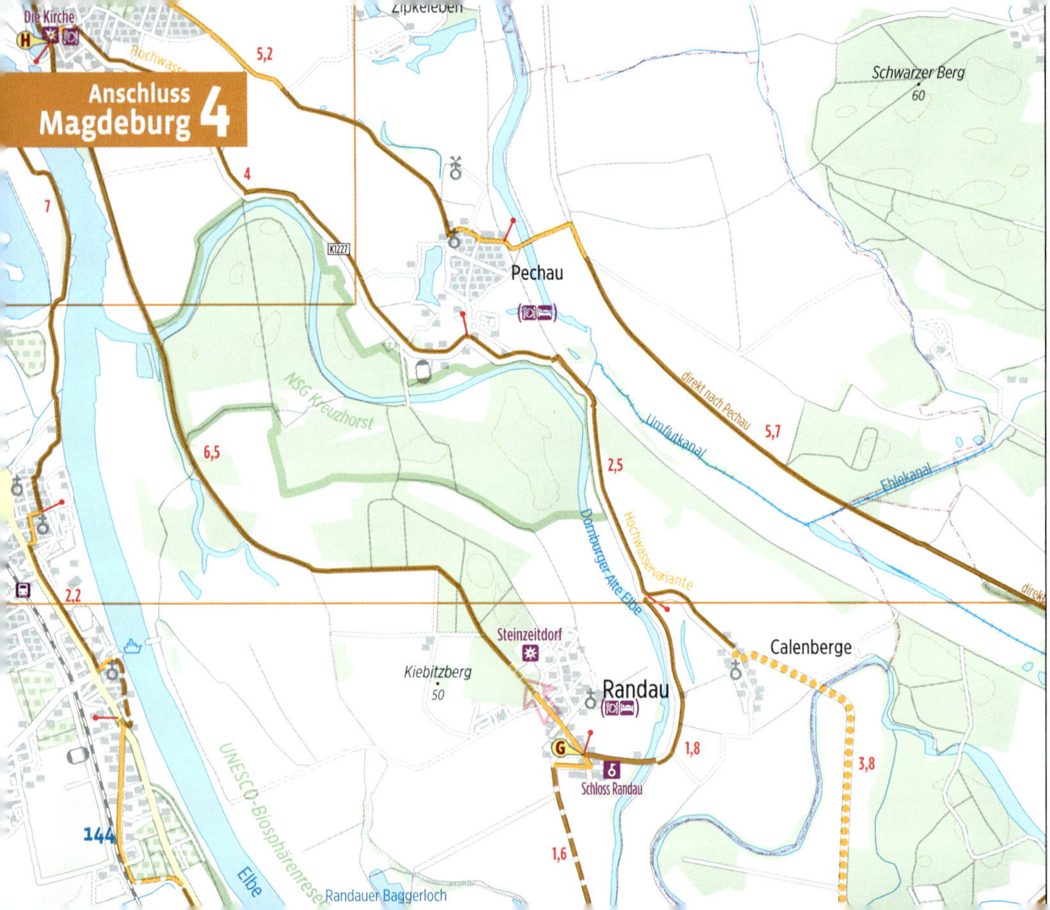

Elbe-Radweg verläuft an dieser Stelle weiter geradeaus.

ZUM BAHNHOF Die Route bringt Sie nun durch die Altstadt von Magdeburg. Möchten Sie diese umfahren und auf direktem Weg zum Bahnhof, bleiben Sie noch etwas an der Alten Elbe. Im Stadtplan finden Sie diese nördliche Variante zum Bahnhof.

Nach der Brücke nach links, an der folgenden Gabelung rechts ~ am **Seilerweg** links ~ rechts am Scherbelsberg vorbei entlang des **Heinrich-Heine-Wegs** ~ am **Heinrich-Heine-Platz** nach links über die **Sternbrücke** ~ **J** bei der **Harnackstraße** nach rechts und anschließend der **Hegelstraße** bis zum Dom folgen ~ mit einem Links-Rechts-Schwenk um den Dom herum, dahinter rechts ab und kurz darauf links dem **Domplatz** folgen ~ weiter auf der **Regierungsstraße** ~ rechts in die **Große Klosterstraße** ~ links und geradeaus zur **Ernst-Reuter-Allee** ~ **K** auf dem straßenbegleitenden Radweg nach links und vor der Bahnunterführung nach links zum Eingang des Hauptbahnhofs.

Magdeburg

Vorwahl: 0391

Tourist-Information, Breiter Weg 22, ✆ 63601402, @ cou177

Reederei Kaiser, Uferstr., Havelberg, ✆ 039322/3654, ✆ 0171/4218162. Fahrten auf der Havel nach Strodehne und ins NSG Stremel. @ mdp512

Weiße Flotte Magdeburg, Petriförder 1, ✆ 5328890, ✆ 5328891. Stadtrundfahrten und Ausflüge nach Tangermünde. @ ple241

Kunstmuseum Kloster, Regierungsstr. 4-6, ✆ 565020 Das älteste erhaltene Bauwerk Magdeburgs gilt als eines der hervorragendsten Zeugnisse der romanischen Architektur in Europa. Es beherbergt eine wertvolle Bibliothek und ist zugleich der wichtigste Ausstellungsort für Gegenwartskunst und Skulptur in Sachsen-Anhalt. @ ndk224

Gedenkstätte Moritzplatz, Umfassungsstr. 76, ✆ 2445590 Die Gedenkstätte erinnert an die an diesem Ort in den Jahren 1945 bis 1989 inhaftierten Opfer politischer Verfolgung. @ scs487

Haus der Romanik, Dompl. 1b, ✆ 8380222 Die Ausstellung vermittelt ein umfassendes Bild über die europäische Stilepoche der Romanik. @ ugp355

Kulturhistorisches Museum, Otto-von-Guericke Str. 68-73, ✆ 5403530 Ständige Ausstellungen gibt es u. a. zur Geschichte der Stadt und zur Region Magdeburg. @ wio175

Literaturhaus, Thiemstr. 7, ✆ 4044995 Ständige Ausstellungen u. a. zu den Magdeburger Schriftstellern Erich Weinert und Georg Kaiser. @ tuu734

Museum für Naturkunde, Otto-von-Guericke-Str. 68-73, im Kulturhistorischen Museum, ✆ 5403530 Die Tierwelt des

Magdeburg, Dom

Magdeburger Raumes, Entomologie (Insektenkunde) und Mineralien aus dem Harz werden hier behandelt. @ hng486

Otto-von-Guericke Museum, Schleinufer 1, ☎ 56390980 Leben und Wirken des großen Naturforschers und Diplomaten Otto von Guericke. @ lrn453

Dom St. Mauritius und Katharina, Am Dom 1, ☎ 5410436 Auf dem 1207 abgebrannten ottonischen Dom wurde der erste gotische Dom von 1209 bis 1520 erbaut. Er beherbergt Kunstwerke aus acht Jahrhunderten. @ fqe426

St. Johannis, Johannisbergstr. 1, ☎ 5934443 Diese älteste Magdeburger Kirche wurde 1131 im romanischen Stil errichtet. Die spätgotische Vorhalle entstand 1453. Nach Zerstörungen im Dreißigjährigen Krieg und im Zweiten Weltkrieg wurde sie von 1990 bis 1999 wieder aufgebaut. Heute wird die Kirche für Konzerte und kulturelle Veranstaltungen genutzt. @ wsb545

St. Sebastian, Max-Josef-Metzger Str. 1a, ☎ 5961300 Die Mitte des 12. Jhs. gegründete Stiftskirche wurde im 14. und 15. Jh. zu einer gotischen Hallenkirche umgebaut und ist heute Bischofskirche. Sie gehört zu den offenen Radwegekirchen am Elberadweg. @ srt414

St. Petri, Neustädter Str. 4, ☎ 5434095. Die katholische Kirche lässt sich bis ins 12. Jh. zurückdatieren. Erhalten geblieben aus dieser Zeit ist der romanische Westturm. @ mik875

Wallonerkirche, Neustädter Str. 8. Die gotische Hallenkirche war Teil des 1285 gegründeten Augustinerklosters.

Magdalenenkapelle, Neustädter Str. 4. Das Gebetshaus wurde 1315 als Fronleichnamskapelle in vollendeter Hochgotik erbaut. Sie weist nur ein quadratisches Joch und ein Polygon auf.

Jahrtausendturm, Elbauenpark, ☎ 5934263 Der zur BUGA 1999 errichtete 60 m hohe Turm ist gleichzeitig eines der höchsten Holzgebäude Deutschlands. Im Inneren befindet sich eine Ausstellung zur Entwicklung der Wissenschaften. @ onx381

Albinmüller-Turm, Heinrich-Heine Pl. 1, ☎ 5934517 Nach einem Entwurf des Architekten Albin Müller wurde von 1926 bis 1927 der 75 m hohe Aussichtsturm gebaut. @ wer561

Magdeburger Reiter, Alter Markt. Das um 1240 erschaffene Denkmal war das erste freistehende Reiterstandbild in Deutschland.

Otto-von-Guericke Denkmal, Bei der Hauptwache. Das Denkmal wurde 1907 von Carl Echtermeier zu Ehren des 1602 in Magdeburg

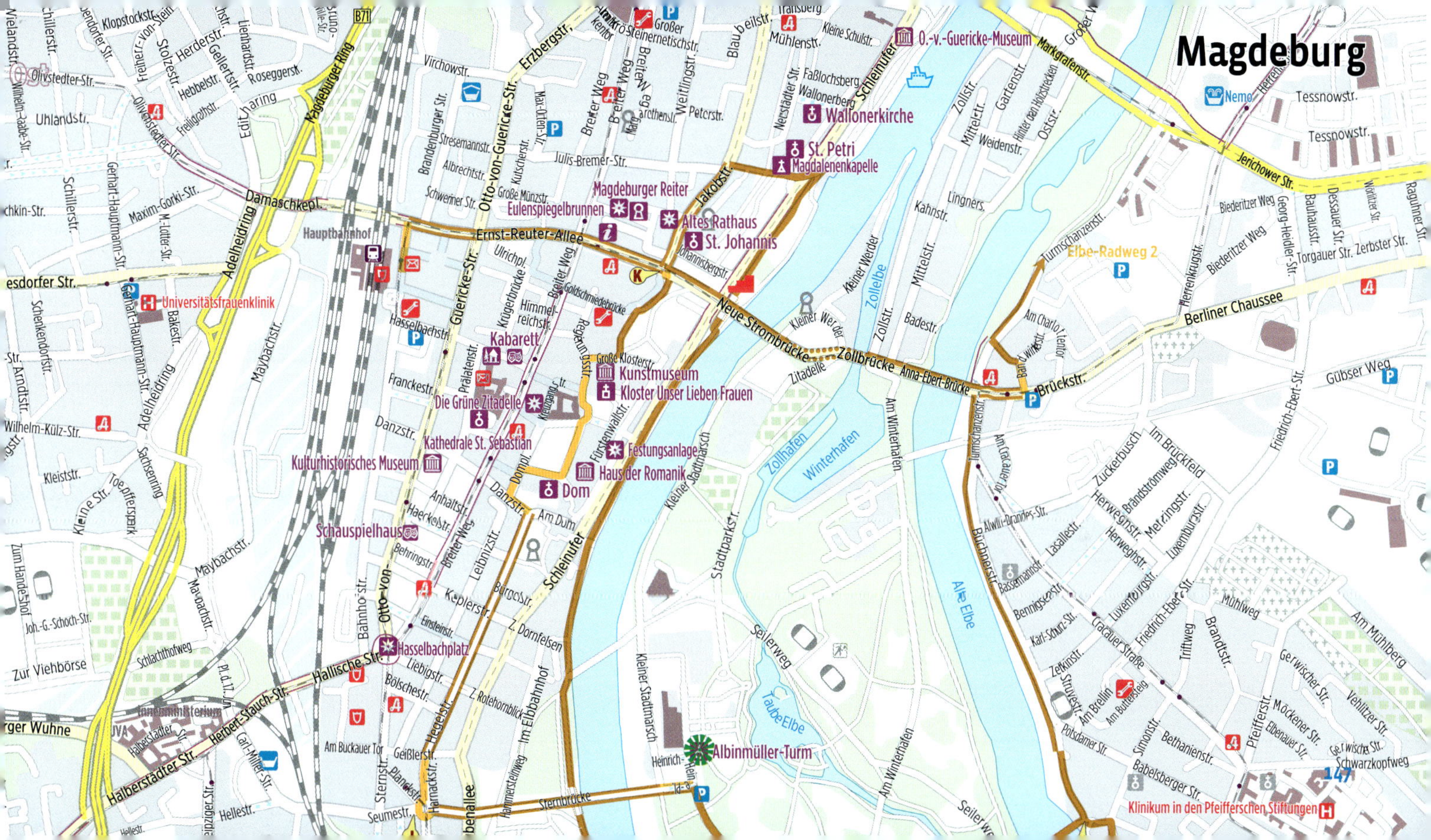
Magdeburg
Nemo
O.-v.-Guericke-Museum
Wallonerkirche
St. Petri
Magdalenenkapelle
Magdeburger Reiter
Eulenspiegelbrunnen
Altes Rathaus
St. Johannis
Hauptbahnhof
Universitätsfrauenklinik
Elbe-Radweg 2
Kabarett
Kunstmuseum
Kloster Unser Lieben Frauen
Die Grüne Zitadelle
Kathedrale St. Sebastian
Kulturhistorisches Museum
Festungsanlage
Haus der Romanik
Dom
Schauspielhaus
Hasselbachplatz
Albinmüller-Turm
Klinikum in den Pfeifferschen Stiftungen
Innenministerium
Magdeburger Ring
Damaschkepl.
Ernst-Reuter-Allee
Adelheidring
Otto-von-Guericke-Str.
Erzbergstr.
Breiter Weg
Jakobstr.
Schleinufer
Neue Strombrücke
Zollbrücke
Anna-Ebert-Brücke
Brückstr.
Berliner Chaussee
Jerichower Str.
Markgrafenstr.
Zollelbe
Alte Elbe
Taube Elbe
Zollhafen
Winterhafen
Kleiner Werder
Sternbrücke
Hallische Str.
Halberstädter Str.
Herbert-Stauch-Str.
Seilerweg
Kleiner Stadtmarsch
Stadtparkstr.
Am Winterhafen
Cracauer Straße
Friedrich-Ebert-Str.
Büchnerstr.
Gübser Weg
Biederitzer Weg
Turmschanzenstr.
Olvenstedter Str.
Uhlandstr.
Maxim-Gorki-Str.
Gerhart-Hauptmann-Str.
Wilhelm-Külz-Str.
Maybachstr.
Sachsenring
Zur Viehbörse
Kleiststr.
Arndtstr.
Leibnizstr.
Keplerstr.
Liebigstr.
Einsteinstr.
Hegelstr.
Julius-Bremer-Str.
Virchowstr.
Zollstr.
Mittelstr.
Kahnstr.
Badestr.
Am Dom
Danzstr.
Fürstenwallstr.
Regierungsstr.
Goldschmiedebrücke
Große Klosterstr.
Tessnowstr.
Zerbster Str.
Torgauer Str.
Herrenkrugstr.
Im Brückfeld
Zuckerbusch
Mühlweg
Am Mühlberg
Brandtstr.
Triftweg
Pfeifferstr.
Schwarzkopfweg
Babelsberger Str.
Potsdamer Str.
Bethanienstr.
B71

geborenen Naturforschers, Baumeisters und Bürgermeisters geschaffen.

Kabarett „Magdeburger Zwickmühle", Leiterstr. 2a, ✆ 5414426, @ qxr571

Opernhaus, Universitätspl. 9, ✆ 404901111, ✆ 40490490, @ uve237

Schauspielhaus, Otto-von-Guericke Str. 64, ✆ 404901111, ✆ 40490490, @ tyb287

Die Grüne Zitadelle von Magdeburg

Altes Rathaus, Alter Markt. Der Ursprungsbau des Rathauses wurde im Dreißigjährigen Krieg zerstört, der Wiederaufbau erfolgte aber schon Ende des 17. Jhs. im Stil italienisch-niederländischer Renaissance. Nach der Zerstörung im Zweiten Weltkrieg wurde das ausgebrannte Gebäude zumindest an der Marktseite originalgetreu wieder aufgebaut.

Die Grüne Zitadelle von Magdeburg, Breiter Weg 10a, ✆ 59755940, ✆ 0175/7046310 (7d) Das im Herbst 2005 eingeweihte einmalig geformte Bauwerk stellt laut dem im Jahr 2000 verstorbenen Künstler Friedensreich Hundertwasser „eine Oase für Menschlichkeit und für die Natur" dar. @ jls716

Eulenspiegelbrunnen, Alter Markt. Der Brunnen wurde 1969/70 von Heinrich Apel geschaffen. Der Überlieferung nach soll Eulenspiegel den Magdeburgern weisgemacht haben, fliegen zu können.

Festungsanlagen (24) Überreste der ersten Stadtmauer sind vor allem im Elbuferbereich erhalten. Dazu zählen der Stadtmauerzug vom Remtergang bis zur Großen Klosterstraße, die Stützmauern zwischen Johannis- und Wallonerkirche sowie zwei spätgotische Türme in der Nähe des Doms. Einer davon ist der „Kiek in de Köken". @ qtl357

Hasselbachplatz, Zentrum des Gründerzeitviertels. Der Knotenpunkt mit seinen Prachtbauten blieb im Gegensatz zum kriegszerstörten Altstadtkern weitestgehend erhalten. @ urs273

Schiffshebewerk Rothensee, Zur Schleuse, Barleber See (Magdeburg). Das bedeutende technische Denkmal verbindet Elbe und Mittellandkanal und überwindet einen Höhenunterschied von 18,5 m. @ wag867

Zoologischer Garten, Zooallee 1, ✆ 280900 (7d), @ ict525

Elbauenpark, Tessenowstr. 5a, ✆ 593450 (7d) Im gläsernen Blumenpavillon des Schmetterlingshauses kann man bei 28-29° C die schönsten und farbenfrohsten Schmetterlinge bestaunen. Der Jahrtausendturm, der als höchster Holzturm der Welt zu einem Wahrzeichen der Stadt geworden ist, beherbergt eine interaktive Ausstellung über 6.000 Jahre Geschichte der Wissenschaft und Technik. @ kjc867

Gruson-Gewächshäuser, Schönebecker Str. 129b, ✆ 4042910 (≡), @ ssa168

Nemo, Herrenkrugstr. 150, Herrenkrug (Magdeburg), ✆ 818100, @ goa558

Als Landeshauptstadt von Sachsen-Anhalt hat die Ottostadt Magdeburg mit seinen ca. 235.000 Einwohnern in den letzten Jahren, besonders in wirtschaftlicher und politischer Hinsicht, stark an Bedeutung gewonnen. Aber vor allem historisch gesehen kann Magdeburg auf eine lange und lebhafte Geschichte zurückblicken.

Trotz der nahezu vollständigen Zerstörung gegen Ende des Zweiten Weltkrieges ist die Landeshauptstadt für den Kunstliebhaber und geschichtlich interessierten Besucher äußerst sehenswert.

Die erste Besiedlung am Elbufer erfolgte schon in der Steinzeit, die erste schriftliche Erwähnung kann im Diedenhofer Capitular nachgelesen werden: Im Jahre 805 wird dort die Ortschaft „Magadoburg“, Marktflecken an einer Elbfurt, genannt. Unter Otto I. erreichte der Markt seine erste Glanzzeit. Er erwählte den Ort als Residenz und errichtete eine Kaiserpfalz. Im 10. Jahrhundert wurde Magdeburg sogar als das „Dritte Rom“ (nach Rom und Konstantinopel) bezeichnet. In diesem Jahrhundert erfolgte der Bau des ottonischen Domes, das Erzbistum wurde gegründet und Magdeburg bekam das Markt-, Münz- und Zollrecht verliehen. 1207 wurde der ottonische Dom von einem Brand zerstört und an seiner Stelle ließ Erzbischof Albrecht II. den Magdeburger Dom St. Mauritius und Katharina errichten. Die Errichtung des ersten gotischen Kathedralbaus auf deutschem Boden nach französischem Vorbild mit der dreischiffigen Querhausbasilika mit Chorumgang, dem Kapellenkranz und der Doppelturmfassade wurde erst 1520 abgeschlossen.

Neben der bedeutenden geistlichen Macht entwickelte sich im Laufe der Jahrhunderte aber ebenfalls eine starke Bürgerschaft. Eine Tatsache, die sich auch im Stadtbild widerspiegelte: das klerikale Zentrum war um den Domplatz angesiedelt, das bürgerliche um den Alten Markt. Bei dieser Konstellation blieben natürlich Konflikte zwischen Bürgerschaft und Klerus nicht aus. Zu Beginn des 13. Jahrhunderts erlangte die Bürgerschaft jedoch eine erste Teilunabhängigkeit vom Klerus.

Blick auf Magdeburg

Eng verbunden mit dem Namen Magdeburg ist auch das historisch gesehen bedeutende Magdeburger Recht. In diesem mittelalterlichen Stadtrecht war eine Sammlung von Normen und Rechtsvorstellungen zusammengefasst, die den Städten und deren Einwohnern eine Selbstverwaltung ermöglichte. Ab Mitte des 12. Jahrhunderts wurde das Magdeburger Stadtrecht bzw. Abwandlungen davon von zahlreichen Städten Mittel- und Osteuropas – vor allem im Zuge der deutschen Ostexpansion – übernommen und hatte zum Teil bis ins 19. Jahrhundert Gültigkeit.

Eine große wirtschaftliche Rolle spielt seit Jahrhunderten die Schifffahrt. Bereits 1794 zählte die Magdeburger Elbflotte 374 Schiffe. Heute ist der Hafen von Magdeburg, am Schnittpunkt von Elbe, Elbe-Havel-Kanal und Mittellandkanal, einer der bedeutendsten Binnenhäfen Ostdeutschlands.

Übernachtungs- und Serviceverzeichnis

Kategorien

- i Tourist-Information
- H Hotel
- Hg Hotel garni
- Gh Gasthof, Gasthaus
- P Pension, Gästehaus
- Pz Privatzimmer
- Ho Hostel
- Mo Motel
- NF Naturfreundehaus
- AH Apartmenthotel
- B&B Bed and Breakfast
- B Bungalow
- Fw Ferienwohnung (Auswahl)
- Bh Bauernhof
- Hh Heuhotel
- S Sonstiges
- Jugendherberge, -gästehaus
- Campingplatz
- Zeltplatz (Naturlagerplatz)

Die Auflistung stellt keine Empfehlung einzelner Betriebe dar und erhebt keinen Anspruch auf Vollständigkeit. Um das Verzeichnis stets aktuell zu halten, sind wir für Mitteilungen bezüglich Änderungen jeder Art dankbar. Der einfache Eintrag erfolgt für die Betriebe natürlich kostenfrei, aus Platzgründen können wir diesen allerdings nicht garantieren. Vor allem in Tourismusgebieten mit großem Übernachtungsangebot muss die Liste aus Platzgründen den automatisiert leicht gekürzt werden.

Kennzeichnung

I	Preiskategorie unter € 25,–
II	Preiskategorie € 25,– bis € 35,–
III	Preiskategorie € 35,– bis € 50,–
IV	Preiskategorie € 50,– bis € 70,–
V	Preiskategorie € 70,– bis € 100,–
VI	Preiskategorie über € 100,–
o.F.	kein Frühstück angeboten
HP	mit Halbpension
	nur Zimmer mit Etagenbad
	Bett+Bike Betrieb
2.5	Entfernung vom Weg in Kilometer Luftlinie

Preise

Die Preise gelten als Richtwert pro Person in einem Doppelzimmer mit Dusche oder Bad inkl. Frühstück.
Die angegebenen Preiskategorien entsprechen dem Stand des Erhebungsbzw. Überarbeitungszeitraumes und können sich von den tatsächlichen Preisen unterscheiden. Besonders während Messezeiten, aufgrund von unterschiedlichen Zimmertypen und nicht zuletzt saisonal bedingt sind preisliche Schwankungen möglich.

Radwerkstätten u. -vermietung

- Fahrradwerkstatt
- Servicestation od. -automat
- Fahrradvermietung
- E-Bike Verleih
- E-Bike Ladestation
- abschließbare Abstellanlagen

bett+bike adfc

Alle mit dem Bett+Bike-Logo gekennzeichneten Betriebe erfüllen die vom ADFC vorgeschriebenen Mindestkriterien als „Fahrradfreundliche Gastbetriebe" und bieten darüber hinaus so manche Annehmlichkeit für Radfahrer. Detaillierte Informationen finden Sie unter ***www.bettundbike.de***.

adfc Allgemeiner Deutscher Fahrrad-Club

Entfernung

Die blaue Zahl (2.5) beim Betrieb gibt die Entfernung zur Route in Kilometern an. Bitte beachten Sie, dass sich diese Zahl auf die Luftlinie bezieht, ohne Berücksichtigung der Höhenmeter und der tatsächlichen zurückzulegenden Strecke.

Updates & Korrekturen

Aktuelle Korrekturen zum Übernachtungsverzeichnis erhalten Sie über das LiveUpdate auf ***www.esterbauer.com***.
Bitte beachten Sie, dass aufgrund der Corona-Pandemie in den letzten Jahren zahlreiche Betriebe einerseits geschlossen wurden , andererseits sich die Preise maßgeblich verändert haben. Diese Veränderungen im Bereich der Übernachtungsbetriebe werden uns noch einige Jahre begleiten. Das bikeline-Team ist ständig bemüht, die Daten anzupassen und zu korrigieren. Wir bitten jedoch um Verständnis, wenn sich manchmal Fehler einschleichen sollten. Unser LiveUpdate hilft Ihnen dann weiter.

Münchberg
Vorwahl: 09251
- [i] Stadt Münchberg, Ludwigstr. 15, ✆ 8740 0.5
- [H] Braunschweiger Hof, Bahnhofstr. 13, ✆ 99400, III-IV 0
- [H] Hotel Ristorante Pizzeria i Due, Hofer Str. 30, ✆ 850165, III 0.5
- [H] Roßner, Kulmbacher Str. 16, ✆ 1510, IV 0.5
- [P] Dora, Kulmbacher Str. 171, ✆ 1391, III 1.5
- [Pz] Zimmervermietung Sat, Bismarckstr. 9, ✆ 0151/67779788, III-IV 0.5
- [Rad] Bike-Doktor, Kulmbacher Str. 24, ✆ 427950, ✆ 0171/2233567 0.5

Straas (Münchberg)
Vorwahl: 09251
- [H] Seehotel Hintere Höhe, Hintere Höhe 7, ✆ 94610, IV 1

Zell im Fichtelgebirge
Vorwahl: 09257
- [i] Markt Zell im Fichtelgebirge, Bahnhofstr. 10, ✆ 9420 0.5
- [Gh] Rotes Roß, Marktpl. 10, ✆ 249, III (…) 0
- [Gh] Schneiders Gasthof Zum Waldstein, Marktpl. 16, ✆ 501, III (…) 0

Walpenreuth (Zell im Fichtelgebirge)
Vorwahl: 09257
- [Gh] Grüner Wald, Walpenreuth 13, ✆ 470, III 2

Sparneck
- [i] Gemeindeverwaltung, Marktpl. 4, ✆ 09251/99030 0.5

Weißdorf
Vorwahl: 09251
- [i] Gemeinde Weißdorf, Schwarzenbacher Str. 6, ✆ 1289 0

Wulmersreuth (Weißdorf)
Vorwahl: 09251
- [P] Walther, Wulmersreuth 17, ✆ 99260, III (…) 1

Oppenroth (Weißdorf)
Vorwahl: 09251
- [Gh] Zur Burgruine, Oppenroth, ✆ 5669, II 0

Schwarzenbach a. d. Saale
Vorwahl: 09284
- [i] Stadt Schwarzenbach a. d. Saale, Ludwigstr. 4, ✆ 93330 0
- [H] Jean Paul, Ludwigstr. 13, ✆ 9493140 0
- [Fw] John, Bachg. 4a, ✆ 210, ✆ 0176/78198179 0
- [Fw] Wölfel, Ringstr. 7, Förbau, ✆ 7383, ✆ 0152/34214469, I-II 0

Oberkotzau
Vorwahl: 09286
- [i] Markt Oberkotzau, Am Rathaus 2, ✆ 9410 0
- [Gh] Schlossstuben, Kirchstr. 6, ✆ 2034838, ✆ 0170/3717359, IV 0.5

Hof
Vorwahl: 09281
- [i] **Tourist-Information, Ludwigstr. 24, ✆ 8157777** 0
- [H] Am Kuhbogen, Marienstr. 88, ✆ 72030, III 0.5
- [H] Burghof, Bahnhofstr. 53, ✆ 819350, IV 0.5
- [H] Central, Kulmbacher Str. 4, ✆ 6050, IV-V 1
- [H] Strauss, Bismarckstr. 31, ✆ 9720630, III-IV (…) 0.5
- [Hg] Am Maxplatz, Ludwigstr. 15, ✆ 1739, IV 0
- [Hg] Deutsches Haus, Marienstr. 33, ✆ 1048, ✆ 1049, III 0.5
- [Gh] Taverna Kostas, Pfarr 17, ✆ 87008, III 0.5
- [Pz] [Fw] Scholl, Brunhildweg 8, ✆ 86384, ✆ 0152/01776459, I-II 1
- [Fw] Ziegler, Quetschenweg 18, ✆ 66800, ✆ 0171/6982011, II 1.5
- [JH] Jugendherberge, Beethovenstr. 44, ✆ 93277, II 1.5
- [Rad] Bike Station, Ernst-Reuter-Str. 64, ✆ 141444 1
- [Rad] Fahrradwerkstatt Hof, Eppenreuther Str. 145, ✆ 5403999 1
- [Rad] Little John Bikes, Wunsiedler Str. 16, ✆ 1441909 1

Haidt (Hof)
Vorwahl: 09281
- [H] Landhotel Gut Haidt, Plauener Str. 123, ✆ 731-0, IV 2.5

Unterkotzau (Hof)
Vorwahl: 09281
- [H] Falter, Hirschberger Str. 6, ✆ 76750, III-IV 0.5

Saalenstein (Köditz)
Vorwahl: 09281
- [Fw] Mergner Hof, Saalenstein 9, ✆ 67674 0

Joditz (Köditz)
Vorwahl: 09295
- [i] Ferienregion Selbitztal-Döbraberg, Bahnhofspl. 1, Naila, ✆ 09282/6829 4.5
- [i] Verkehrsverein Auental, Am Mühlberg 7, ✆ 914848 0
- [Gh] Gasthof Frank, Von-Stein-Str. 5, ✆ 357, II 0
- [Gh] Krauss Auenthalstube, Schlegelweg 1, ✆ 915910, III (…) 0
- [Camping] Camping Auensee, Am Auensee 1, ✆ 381, I 0.5

Hirschberg
Vorwahl: 036644
- [i] Stadtverwaltung, Marktstr. 2, ✆ 4300 0.5
- [H] Kleeblatt, Gartenstr. 1, ✆ 434870, III 1
- [Fw] Schneiderheinze, Mühlhölzchen 1, ✆ 21390 1

Tiefengrün (Berg)
Vorwahl: 09293
- [Ht] Gasthaus Zur Hulda, Tiefengrüner Str. 1, ✆ 637, II 1.5
- [Fw] Ferienhof Wolfrum, Schieferbruchweg 2, ✆ 7542, III 1.5
- [Fw] Landhausgarten, Tiefengrüner Str. 7, ✆ 1270, III 1

Rudolphstein (Berg)
Vorwahl: 09293
- [H] Meister Bär Hotel Frankenwald, Panoramastr. 2, ✆ 9410, III-IV 0

Eisenbühl (Berg)
Vorwahl: 09293
- [Fw] Am Eisenbühl, Frankenwaldstr. 11, ✆ 256, ✆ 0176/53951389, II 0

Pottiga (Rosenthal am Rennsteig)
Vorwahl: 036642
- [H] Hotel-Gasthof-Rüdiger, Sparnberger Str. 4a, ✆ 3010, III 0
- [Fw] Am Anger, Sparnberger Str. 12a, ✆ 291082, II 0
- [Fw] Aumühle, Sparnberger Str. 13, ✆ 29784, ✆ 0171/5359964, I-II 0

Blankenberg (Rosenthal am Rennsteig)
Vorwahl: 036642
- [Gh] Blankenberg, Schlossberg 9, ✆ 23913, II 0.5

Blankenstein (Rosenthal am Rennsteig)
Vorwahl: 036642
- [i] Tourist-Information, Selbitzpl. 1, ✆ 29533 0
- [Gh] Gasthaus Rennsteig, Harraer Str. 3, ✆ 22230, III 0
- [P] Café und Pension am Rennsteig, Rennsteig 3, ✆ 23207, ✆ 0176/12109005, III (…) 0
- [P] Straubel, Schulstr. 13, ✆ 22628, ✆ 0151/72441950, III 0

Blechschmidtenhammer (Lichtenberg)

Vorwahl: 09288

Gh Blechschmiedenhammer, Blechschmiedenhammer 2, ✆ 487, III 0

Gh Friedrich-Wilhelm-Stollen, Friedrich-Wilhelm-Stollen 1, ✆ 216, II 0

Issigau

Vorwahl: 09293

i Ferienregion Selbitztal-Döbraberg, Bahnhofspl. 1, Naila, ✆ 09282/6829 4.5

i Gemeinde Issigau, Dorfpl. 2, ✆ 301 2

H Schloss Issigau, Altes Schloss 3, ✆ 7173, IV ⊕ 2

Pz ⛺ Schloss Issigau, Altes Schloss 3, ✆ 7173, IV 2

Lichtenberg

Vorwahl: 09288

i Ferienregion Selbitztal-Döbraberg, Bahnhofspl. 1, Naila, ✆ 09282/6829 4.5

i Stadtverwaltung, Marktpl. 16, ✆ 97370 0

H Burghotel, Schlossberg 1, ✆ 5151, III 0.5

B&B Gästehaus Schmidt, Quellensteinweg 6, ✆ 477, ✆ 0170/4917631, o.F., III 0.5

⛺ Campingplatz, Seestr. 161, ✆ 6870 1

Bad Steben

Vorwahl: 09288

i Tourist-Information, Badstr. 31, in der Therme, ✆ 7470 3.5

H Haus Birken, Sudetenstr. 12, ✆ 97540, III 2.5

H Modena, Hemplastr. 1, ✆ 97300, IV 3.5

H relexa hotel Bad Steben, Badst. 26-28, ✆ 720, V-VI 3.5

Hg Am Rosengarten, Wenzstr. 8, ✆ 97200, III-IV 3.5

Hg Haus am Kurpark, Wenzstr. 3, ✆ 97230, III 3.5

Hg Prinzregent Luitpold, Lerchenweg 5, ✆ 92080, III-IV 3.5

P Gästehaus Guter Stern, Lerchenweg 1, ✆ 957367, ✆ 0152/56134645, III 3.5

P Kurpension Wölfel, Berliner Str. 20, ✆ 97250, III 4

Pz Villa Siegfried, Hemplastr. 7, ✆ 1607, III-IV 3.5

Harra (Rosenthal am Rennsteig)

Vorwahl: 036642

⛺ Pz Am Trepplesfelsen, Schlossberg, ✆ 22038, ✆ 0171/6112134 0.5

Kießling (Rosenthal am Rennsteig)

Vorwahl: 036642

Fw Brettschneider, Ortsstr. 19, ✆ 29448, ✆ 0173/8284978, I 1

Bad Lobenstein

Vorwahl: 036651

i Tourist-Information, Graben 18, ✆ 2543 0

H Bad Lobensteiner Destillerie und Marktbrauerei, Markt 24, ✆ 2114, IV 0.5

H Schwarzer Adler, Wurzbacher Str. 1, ✆ 65533, III-IV 0.5

P Pension Nr. 1, Bayerische Str. 1, ✆ 0172/3609449, III-IV 0.5

P Zum Alten Forsthaus, Gallenberg 5, ✆ 3587, III-IV 1

Jugendgästehaus Schützenhaus, Neue G. 11d, ✆ 3567, ✆ 31408 0.5

Slick Rock, Heinrich-Behr-Str. 7, ✆ 37186 1

Ebersdorf (Saalburg-Ebersdorf)

Vorwahl: 036651

H Parkhotel, Parkstr. 6, ✆ 655606, ✆ 0160/92183022, IV 0.5

H Zur Krone, Krankenhausstr. 2, ✆ 87041, IV 0

P Pension Pinske, Pohligweg 1, ✆ 563880, IV 0.5

Friesau (Saalburg-Ebersdorf)

Vorwahl: 036651

Gh Zum Goldnen Löwen, Friesau 53, ✆ 87087, III 1.5

P Zum Kanzler, Friesau 75, ✆ 87168, ✆ 0174/4132539, I-II 1.5

Remptendorf

Vorwahl: 036640

Gh Fw Häßner, Kirchg. 9, ✆ 22241 0

Gh Zur Goldenen Sonne, Pößnecker Str. 9, ✆ 22171, II 0

Saaldorf (Bad Lobenstein)

Vorwahl: 036651

P Saaletal, Mühlberg 63, ✆ 2852, III 1

Fw Martens, Saaldorf 36a, ✆ 33013, III 0.5

Fw Schleitzer, Saaldorf 9, ✆ 2788, II 0.5

Saalburg (Saalburg-Ebersdorf)

Vorwahl: 036651

i Tourist-Information, Markt 1, ✆ 036647/29080, ✆ 036647/29064 0

H Hotel Kranich, Markt 59, ✆ 036647/22448, IV-V 0

⛺ Camping „Am Strandbad", Am Strandbad 1, südl. am linken Seeufer, ✆ 036647/22457, ✆ 0176/24456481 0.5

Kulm (Saalburg-Ebersdorf)

Vorwahl: 036647

P Fw Auf der Kulmer Höh, Kulm 19, ✆ 22074 1.5

P Hellfritsch, Kulm 27, ✆ 22077, ✆ 0162/9548238, II 1.5

Kloster (Saalburg-Ebersdorf)

Vorwahl: 036647

SEZ Kloster Erlebnispädagogische Freizeiteinr., Kloster 1, ✆ 22961 0

⛺ Camping „Kloster", Kloster, nördlich am rechten Seeufer, ✆ 22441, ✆ 0176/24456480 0

Gräfenwarth (Schleiz)

Vorwahl: 036647

H Picolo, Stauseestr. 6, ✆ 29899, ✆ 0172/3030044, IV 0.5

Pz Ferienhof Lailach, Stauseestr. 21, ✆ 22818, III 0.5

Walsburg (Eßbach)

Vorwahl: 036483

H Fuchsbau, Walsburg 10, ✆ 22390 0

Liebengrün (Remptendorf)

Vorwahl: 036640

Fw Hirts Gasthaus, Liebengrün 54, ✆ 22543, III 0

Ziegenrück

Vorwahl: 036483

i Tourist-Information, Markt 6, ✆ 22649 0.5

H Am Schlossberg, Paskaer Str. 1, ✆ 750, IV 0

H Zur Fernmühle, Lobensteiner Str. 6, ✆ 70190, III 0

Gh Heinke, Saalestr. 9a, ✆ 22316, III 0

Ho Hostel Ziegenrück, Pl. der Jugend 5, ✆ 0157/34363363, III 0.5

⛺ Naturcamping Plothental, Plothental 9, ✆ 0157/34363363 ⊕ 0.5

Linkenmühle (Gössitz)

Vorwahl: 036483

⛺ Camping Linkenmühle, Linkenmühle 1, ✆ 22548 0.5

Gössitz

Vorwahl: 036483

⛺ Camping Neumannshof, Neumannshof 4, ✆ 7420 0.5

Wilhelmsdorf

Vorwahl: 036483

⛺ Camping Portenschmiede, Ortsstr. 21a, ✆ 03647/413945 3

Altenbeuthen

Vorwahl: 036737

Gh Gasthof zur Krone, Ortsstr. 4, ✆ 30195 0

Gh Vorwerk Altenroth, Altenroth 65, ✆ 30300, ✆ 0170/1559992, II-III 0

Gh Zur Linde, Ortsstr. 42, ✆ 22237, II 0

Camping Droschkau, Droschkau 13, am Hohenwartestausee bei Altenbeuthen, ✆ 3310 1

Drognitz

Vorwahl: 036737

Gh Zum Wolf, Ortsstr. 34, ✆ 22250, ✆ 30107, I-II 0

Hopfenmühle, Ortsstr. 4, ✆ 21222, ✆ 0170/4155633 2

Thüringer Wald, Mutschwiese 1, ✆ 03673/7230420, ✆ 0173/6466039 1

Lothramühle (Drognitz)

H Sommerfrische Lothramühle, Lothramühle 38, ✆ 036737/209808, ✆ 0151/56923126, IV 0.5

Bucha (Unterwellenborn)

Vorwahl: 036732

H Güldene Gabel, Preßwitzer Str. 24, ✆ 22251, III 2

H Saalestrand, Saalthal 6, ✆ 3480, III-IV 1.5

H Waldhotel Am Stausee, Am Stauseeblick 1, ✆ 363, IV-V 0.5

Saalthal-Alter, Saalthal 7, ✆ 22267 1.5

Eichicht (Kaulsdorf)

Vorwahl: 036733

Gh Zur Grünen Eiche, Am Anger 12, ✆ 3330, III 0

Gh Zur Linde, Str. des Aufbaus 15, ✆ 3320, III 0.5

Breternitz (Kaulsdorf)

Vorwahl: 03671

Gh Zur Linde, Breternitz 28, ✆ 513649, ✆ 0151/54729390 0

Weischwitz (Kaulsdorf)

Vorwahl: 03671

Fw Lindenbachhof, Weischwitz 12, ✆ 513649, ✆ 0151/54729390 0

Obernitz (Saalfeld/Saale)

Vorwahl: 03671

H Bohlenblick, Geschwister-Scholl-Str. 7, ✆ 670267, IV 0

H Schloss Wetzelstein, Wetzelstein 1, ✆ 457149, ✆ 0172/7913062, VI 0.5

Saalfeld/Saale

Vorwahl: 03671

i Saalfelder Feengrotten und Tourismus GmbH, Feengrottenweg 2, ✆ 55040 0

i Tourist-Information Saalfeld, Markt 6, ✆ 522181 0.5

H Am Hohen Schwarm, Schwarmg. 18, ✆ 2884, ✆ 0151/56118366, IV 0

H Asterra, Am Sperberhölzchen 34, ✆ 45700, IV 0.5

H Bergfried, Zum Fuchsturm 5, ✆ 55440, III-IV 1

H Müller, Lachenstr. 52, ✆ 512632, IV 0.5

H Tanne, Saalstr. 35-39, ✆ 8260, III-V 0.5

H Waldhotel Mellestollen, Wittmannsgereuther Str. 105, ✆ 8200, IV-V 2.5

H Weltrich, Saalstr. 44, ✆ 2732, III-IV 0

P Eschenstübel, Alte Gehegstr. 38, ✆ 33263, III 0

P Töpferstüb'l, Obere Str. 14, ✆ 672505, III 0.5

Pz Gäbler, Knochstr. 13a, ✆ 2880, II-III 0

Strand 24, Am Weidig 3, ✆ 0172/3266734, ✆ 0171/4377305 0

City-Rad-Shop, Schlossstr. 6, ✆ 511465 0.5

Radleck bikes & sports GmbH, Am Cröstener Weg 11a, ✆ 513342 1

Bad Blankenburg

Vorwahl: 036741

H Evangelisches Allianzhaus, Esplanade 5-10a, ✆ 210, IV 4.5

H Weinhaus Eberitzsch, Schwarzburger Str. 19, ✆ 2353, III 4.5

H Zum Steinhof, Wirbacher Str. 6, ✆ 3470, III-IV 4

P Villa Brödel, Heinrich-Heine-Str. 5, ✆ 2289, III 4.5

Herberge und Pfadfinderzentrum Zum Greifenstein, Jugendherberge 1, ✆ 2528, II 4.5

Schwarza (Rudolstadt)

Vorwahl: 03672

Pz Castellan, Schwarzburger Str. 53, ✆ 355014, o.F., II 1

Rudolstadt

Vorwahl: 03672

i Tourist-Information, Markt 8, ✆ 486440 0

H Adler, Markt 17, ✆ 4403, III-IV 0

H Thüringer Hof, Bahnhofsg. 3, ✆ 412422, III 0

Pz Pagenhäuser Rudolstadt, Schlossaufgang IV Nr. 7, ✆ 488229, ✆ 0173/1550780, IV-V 0.5

Radcenter, Marktstr. 25, ✆ 4804500 0

Raddoktor, Oststr. 29, ✆ 313428 1

Zweirad & Zubehör-Center, Titaniastr. 11, ✆ 438944 1

Pflanzwirbach (Rudolstadt)

Vorwahl: 03672

Fw Sommerfrische, Rudolstädter Str. 3a, ✆ 413604, ✆ 0173/9605796, II 2

Cumbach (Rudolstadt)

Vorwahl: 03672

H Panoramahotel & Rest. am Marienturm, Marienturm 1, ✆ 43270, V 0.5

Fw Am Saaleradweg, Flursteinweg 10, ✆ 0160/94861514, III 0

Fw Gollkowsky, Am Gänsebach 18a, ✆ 423512, III 0

Kolkwitz (Uhlstädt-Kirchhasel)

Vorwahl: 03672

H Edelhof, Kolkwitz 27, ✆ 48040, ✆ 422626, III-IV. In den Sommerferien Mindestaufenthalt 2 Nächte. 0

Weißenburg (Uhlstädt-Kirchhasel)

H Weißenburg, Weißen 3, ✆ 036742/671805 0

Weißen (Uhlstädt-Kirchhasel)

Vorwahl: 036742

H Kains Hof, Weißen 19, ✆ 733896, ✆ 01511/7429308, IV 0

Uhlstädt (Uhlstädt-Kirchhasel)
Vorwahl: 036742
- Tourist-Information, Am Saalewehr 2, ✆ 63534 0.5
- Campingplatz, Am Saalewehr 1, ✆ 0162/1612163 0.5

Orlamünde
Vorwahl: 036423
- Bootshaus Orlamünde, Am Sportpl. 1, ✆ 0172/3448188 0

Freienorla
Vorwahl: 036423
- Fw Farbenkinderhof, Dorfstr. 100, Pritschroda, ✆ 22428, ✆ 0177/8770268 1

Linzmühle (Kahla)
- H Waldhotel Linzmühle, Im Leubengrund, 2,5 km östl. von Kleinleutersdorf, ✆ 036424/840, III 1.5

Löbschütz (Kahla)
Vorwahl: 036424
- Hg Thüringer Hof, Brückenstr. 1, ✆ 22337, III 0
- Fahrrad und Zubehör Förster, An der Ascherhütte 8, ✆ 781849 0

Kahla
Vorwahl: 036424
- Tourist-Information, Roßstr. 38, in der Bibliothek, ✆ 52971 0
- Hg Zum Stadttor, Jenaische Str. 24, ✆ 8380, IV 0
- Gh Rosengarten, Am Sportpl. 2, ✆ 22398, ✆ 0176/20749299, II-III 0.5
- Fw Alte Kantorei, Burg 1, ✆ 0179/5438765, IV 0

Seitenroda
Vorwahl: 036424
- P Schmidt, Dorfstr. 10, ✆ 53253, ✆ 0162/2544420 0.5
- Pz Gross, Dorfstr. 18, ✆ 53609, III 0.5

Zöllnitz
Vorwahl: 03641
- H Fair Resort, Ilmnitzer Landstr. 3, ✆ 7676, AI, VI 2
- P Sophie, Am Berg 2, ✆ 393629, III 2.5

Drackendorf (Jena)
Vorwahl: 03641
- Gh Burgblick, Alte Dorfstr. 20a, ✆ 336716, III 1.5
- P Berghof, Schafberg 4, ✆ 396613, II 1.5
- P Fw Panorama, Schafberg 22, ✆ 396625, III 2

Göschwitz (Jena)
- H Haus Orchideental, Siedlung Göschwitz 35, ✆ 03641/605824, ✆ 0152/01856782, IV 1
- H Jembo Park, Rudolstädter Str. 93, ✆ 03641/6850, III-IV 1

Lobeda (Jena)
Vorwahl: 03641
- H Maxx, Stauffenbergstr. 59, ✆ 3000, III-IV 0
- P Artem Orbis, Rathauspl. 1, ✆ 6351132, III 0.5

Winzerla (Jena)
- H Best Western Hotel Jena, Rudolstädter Str. 82, ✆ 03641/660, III-IV 1.5
- H Zur Weintraube, Rudolstädter Str. 76, ✆ 03641/605770, III-IV 1.5

Jena
Vorwahl: 03641
- Tourist-Information, Markt 16, ✆ 498050 0
- H Akademiehotel, Am Stadion 1, ✆ 3030, III 0.5
- H Haus im Sack, Oberlaueng. 14-17, ✆ 637400, IV 0
- H Schwarzer Bär, Lutherpl. 2, ✆ 4060, IV-V 0.5
- H Steigenberger Esplanade, Carl-Zeiss-Pl. 4, ✆ 8000, IV-V 0.5
- H Zur Noll, Oberlaueng. 19, ✆ 597710, III-IV 0
- P Alpha One Hostel Jena, Lassallestr. 8, ✆ 597897, III 1
- P H+R Stadtmitte, Neug. 1, ✆ 442083, ✆ 0177/7615533, II 0
- P Landgrafen, Landgrafenstieg 25, ✆ 507071, III-IV 1
- P Pension FB, Rheinlandstr. 8, ✆ 425885, II 1
- Pz Queißer, Leo-Sachse-Str. 6, ✆ 396744, II 0.5
- Fw Schiller, Breite Str. 5-7, ✆ 015172975579, IV 0.5
- Fw Weigand, Bachstr. 34, ✆ 360173, ✆ 0173/6117382, III 0.5
- Jugendgästehaus, Am Herrenberge 3, ✆ 6870, II 1.5
- Unter dem Jenzig, Am Erlkönig 3, ✆ 666688 0
- Bikeandsnow, Weigelstr. 4-6, ✆ 440880 0.5
- Fahrradhaus Kempter, Löbdergraben 24, ✆ 441533 0
- Kirscht Fahrrad, Löbdergraben 8, ✆ 441539 0
- Radsport Ritzel, Saalbahnhofstr. 10, ✆ 441179 0.5
- Radgepäckboxen, Mathilde-Vaerting-Str. 0

Ziegenhain (Jena)
Vorwahl: 06341
- H Ziegenhainer Tal, Ziegenhainer Str. 107, ✆ 03641/395840, IV 2

Kunitz (Jena)
Vorwahl: 03641
- P Zur Kunitzer Hausbrücke, An der Mühle 48a, ✆ 7963682, ✆ 0151/52755271, III 0.5

Porstendorf (Neuengönna)
Vorwahl: 036427
- Camping Jena, Rabeninsel 3, ✆ 22556, ✆ 0176/38802201 0

Golmsdorf
Vorwahl: 036427
- Fw Saaletalblick, Bornberg 4, ✆ 70932, ✆ 01751/780665, III 0.5

Beutnitz (Golmsdorf)
- Pz VierSeithof, Kirchweg 24, II 1

Dorndorf (Dornburg-Camburg)
- Hg **Ausspanne zum Graf, Schulstr. 23, ✆ 036427/22581, ✆ 0178/5475405, III-IV 0**

Dornburg (Dornburg-Camburg)
Vorwahl: 036427
- Fw Liesa, Ernst-Thälmann-Str. 5, ✆ 71297, III 0

Döbritschen (Dornburg-Camburg)
Vorwahl: 036421
- Saalerastplatz Boots Camp Döbritschen, Döbritschen 11, ✆ 24736 0

Camburg (Dornburg-Camburg)

Vorwahl: 036421

Verwaltungsgemeinschaft Dornburg-Camburg, Rathausstr. 1, 71010 0

P Hildebrandt, Puschkinstr. 1, 30832, III 0

P Töpfer, Bahnhofstr. 21, 22471, 0157/73317442, II 0

Stöben (Dornburg-Camburg)

Vorwahl: 036421

P Rittergut Stöben, Stöben 10, 22820, 0172/3662288 0

Großheringen

Vorwahl: 036461

P Gutshof Großheringen, Str. der Genossenschaft 2, 22893, 0170/7307699, III-V 0

Bad Sulza

Vorwahl: 036461

Tourist-Information, Kurpark 2, 8210 3.5

H An der Therme, Wunderwaldstr. 6, 91000, V-VI 3

Hg Möller, Am Lachenweg 9, 20217, III 3

Gh Stadt Bad Sulza, Ludwig-Wiegand-Str. 11+13, 20836, 0177/6534129, III 3.5

P Scheer, Sophienstr. 19, 20509, II-III 3

P Weichelt, Am Gradierwerk 1, 20208, III 3

Fw Feriendorf Slawitsch, Am Hauptbahnhof 4, 87946, III 2.5

Bergsulza (Bad Sulza)

Vorwahl: 036461

Jugendherberge Bad Sulza, August-Bebel-Str. 27, 8500013 3

Kleinheringen (Naumburg)

Vorwahl: 036461

H Sonnekalb, Kleinheringen 4, 20359, III-IV 0

Saaleck (Bad Kösen)

Vorwahl: 034463

Gh Berggaststätte Himmelreich, Bergstr. 6, 27391, III 1

Kreipitzsch (Naumburg)

Vorwahl: 034466

H Rittergut, Zum Rittergut 11, 6000, III-IV 0.5

Bad Kösen

Vorwahl: 034463

Tourist-Information, Bahnhofstr. 2, 03445/273124 0

H Flair Hotel "Villa Ilske", Ilskeweg 2, 3660, IV 0

H Loreley, Loreleypromenade 8, 28788, 0170/8442127, III 0

H Mutiger Ritter, Rudolf-Breitscheid-Str. 2, 6370, III-IV 0

H Schöne Aussicht, Ilskeweg 1, 27365, II 0.5

H Wilhelmsburg, Eckartsbergaer Str. 20, 3670, IV 0.5

Hg Café Schoppe, Naumburger Str. 1, 28585 0

Pz Kreisel, Dr.-Löffler-Str. 53, 28822, III 0.5

Camping an der Rudelsburg, Kukulauer Str., 28705 0

walk & bike, Parkstr. 5, 0162/8368666 0

Naumburg

Vorwahl: 03445

Tourist-Information Naumburg, Markt 6, 273125 0

H Gasthof Zufriedenheit, Steinweg 26, 7912051, 0171/5514124, IV-V 0

H Kaiserhof, Bahnhofstr. 35-37, 2440, III 0.5

H Toscana, Topfmarkt 16, 28920, IV 0

Hg St. Marien, Marienstr. 12, 23540, III-IV 0

P typisch Naumburg, Reußenpl. 10, 2615023, 0171/7557530, III 0

Pz Am Sonnenhang, Spechsart 60, 704350, 0176/22213245, II-III 1

Fw Ferienhaus "Alter Güterschuppen", Am Ostbahnhof 1c, 0157/56335318, II 0.5

Euroville Jugend- und Sporthotel, Am Michaelisholz 115, 781750, II-III 1.5

Jugendherberge Naumburg, Am Tennispl. 9, 703422, III 1.5

Blütengrund, Blütengrund 6, 261144 0.5

Bike-Dom Fahrradfachhandel, Marienstr. 1, 200956 0

Radhaus Naumburg, Oststr. 34, 203119 0.5

Radhaus Steinmeyer, Bahnhofstr. 46, 203119 0.5

Roßbach (Naumburg)

Vorwahl: 03445

P Steinmeister, Weinberge 1, 230908, II-III 1

Blütengrund (Naumburg)

Vorwahl: 03445

Ladestation Campingplatz Blütengrund, Blütengrund 6, mit Fahrrad-Reparatur-Station 0

Großjena (Naumburg)

Vorwahl: 03445

Tourist-Information Naumburg, Markt 6, Naumburg, 273125 0

H Grober's Reiterhof, Am Spielplatz, 200284, IV 0

P Litzkendorf, Max-Klinger-Str. 27, 202734, II-III 0.5

Kleinjena (Naumburg)

Vorwahl: 03445

H Kunis Wasserschlösschen, Zum Wasserschlösschen 1, 28940 0

Gh Zum Fässchen, Friedrich-Schultze-Str. 6, 2610262, III-IV 0.5

Freyburg

Vorwahl: 034464

Freyburger Fremdenverkehrsverein e. V., Markt 2, 27260 0.5

H Altdeutsche Weinstuben, Breite Str. 14, 70750, IV-V 0.5

H Landhotel Weingut Schulze, Mühlstr. 26, 36515, III 0

H Unstruttal, Markt 11, 7070, III-IV 0.5

H Weinberghotel Edelacker, Schloss 25, 350, V-VI 0.5

H Zur Traube, Oberstr. 46, 27742, IV 0.5

P Kirschmann, Herrenstr. 11, 27487, 0172/3754968, III 0.5

P Unstrutpromenade, Bahnhofstr. 10, 26270, III 0.5

Henne (Naumburg)

Vorwahl: 03445

H Naumburger Wein- und Sektmanufaktur, Blütengrund 35, 202042, III 0

H Zur Henne, Henne 1, 23260, III-IV 0

Grochlitz (Naumburg)

Vorwahl: 03445

P Alter Felsenkeller, Alter Felsenkeller 1, 261254, IV 0

P Grochlitzer Pension, Badstr. 10, 2585007, 0176/83267357, III 0

Schönburg

Vorwahl: 03445

Gemeindeverwaltung, Dorfstr. 46a, 703535 2.5

Leißling
Vorwahl: 03443
H Schöne Aussicht, Naumburger Landstr. 1, ✆ 470790, III 1

Lobitzsch (Weißenfels)
Vorwahl: 03443
Pz E. Werner, Zum Storchennest 9, ✆ 208594, ✆ 303070, o.F., II 0

Weißenfels
Vorwahl: 03443
i Tourist-Information Weißenfels, Markt 3, ✆ 303070 0.5
H Jägerhof, Nikolaistr. 51, ✆ 3340, IV 0.5
Gh Altes Brauhaus, Fischg. 22, ✆ 302695, ✆ 0176/34696523, II 0
Gh Bootshaus Weißenfels, Beuditz-Vorstadt 23, ✆ 338088, III 0
Gh Stadt Weißenfels, Merseburger Str. 67, ✆ 200012, III 0.5
P Pension Zur Saale, Weg nach der Marienmühle 8, ✆ 3335830, ✆ 0151/14133828, III 0
Ho Sport-Tourist-Hostel, Beuditzstr. 69b, ✆ 0178/5201700, II 0.5
Little John Bikes, Max-Planck-Str. 1, ✆ 3387880 2
Zweirad-Eitel junior, Merkwerbener Str. 7, ✆ 336525 0

Bad Dürrenberg
Vorwahl: 03462
i Tourist-Information, Witzlebenweg 7a, ✆ 9987071 0
H Alte Apotheke, Apothekerberg 16, ✆ 542280, III 0
H Altes Badehaus, Fährstr. 6, ✆ 99800, III-IV 0
H Altes Salzamt, Borlachpl. 1, ✆ 9334818, III-IV 0
H Landhotel Bad Dürrenberg, Weinberg 6, ✆ 542590, III-IV 1

Leuna
Vorwahl: 03461
i Stadtinformation, Rudolf-Breitscheid-Str. 18, ✆ 2495070, ✆ 0151/14559143 1
Zweirad-Markt Thiemann, Friedrich-Ebert-Str. 28a, ✆ 811542 0.5

Ockendorf (Leuna)
Vorwahl: 03461
P Aueblick, Friedrich-Ebert-Str. 77, ✆ 813150, ✆ 0173/3862110, III 0.5

Merseburg
Vorwahl: 03461
i Tourist-Information, Burgstr. 5, ✆ 214170 0
H Am Park, Gutenbergstr. 18, ✆ 215472, II-III 1
H Best Western Halle-Merseburg, Christianenstr. 25, ✆ 3500, III-V 0.5
H Check-Inn, Dorfstr. 12, ✆ 305550, III 1
H Merseburger Rabe, Ottoweg 19, ✆ 525425, ✆ 0172/5316997, IV 1.5
H SKYHOTEL Merseburg, Thüringer Weg 28, ✆ 342620, ✆ 2888400, V 1
P Am Rosental, Unteraltenburg 37, ✆ 205624, ✆ 01522/2064244, II 0
P Hillmann-Koschut, Neumarkt 78, ✆ 4415240, ✆ 0152/27110276, II 0.5
P Leisner, Klobikauer Str. 58, ✆ 210695, ✆ 0179/1319428, II 1
Pz Frey, Am Denkmal 7, ✆ 289289, II-III 0.5
Ho Herberge Zur St. Sixti, Preußerstr. 18/20, ✆ 47420, ✆ 0172/7603366, o.F., II 0
Radmanufaktur, Hölle 1, ✆ 2597066 0.5

Schkopau
Vorwahl: 03461
i Tourist-Information, Burgstr. 5, Merseburg, ✆ 214170 0
H Schlosshotel Schkopau, Am Schloss, ✆ 7490, IV-V 0
Hg Gästehaus Schkopau, Dörstewitzer Str. 4, ✆ 723083, II 0.5

Ammendorf (Halle (Saale))
Vorwahl: 0345
H Eigen, Kurt-Wüsteneck Str. 1, ✆ 77556, IV 0.5
H Guldenhof, Guldenstr. 32, ✆ 7758179, ✆ 0162/9872844, III-IV 0.5
P Ammendorf, G.-Dimitroff-Str. 7, ✆ 779950, III 0
P Mariba, Friedrichstr. 5, ✆ 7758108, III 0.5
Fahrrad Kopf, Regensburger Str. 6, ✆ 7758437 0.5

Radewell/Osendorf (Halle (Saale))
Vorwahl: 0345
P Zum Burgholz, Regensburger Str. 92, ✆ 0172/7241771, III 1.5
Fahrrad Hof, Wiesenstr. 7, ✆ 7809703 0.5

Silberhöhe (Halle (Saale))
Vorwahl: 0345
Fw Fam. Kirchhoff, Brünner Str. 2, ✆ 7828524, ✆ 0170/2845941, IV 0.5

Halle (Saale)
Vorwahl: 0345
i Tourist-Information, Marktpl. 13, Marktschlösschen, ✆ 1229984 0
H Am Wasserturm, Lessingstr. 8, ✆ 29820, IV-V 1
H Ankerhof, Ankerstr. 2a, ✆ 570270, IV 0
H Dorint Charlottenhof, Dorotheenstr. 12, ✆ 29230, IV-V 1
H Esprit, Torstr. 7, ✆ 212200, III 1
H Sonnenschein, Torstr. 19, ✆ 6784441, III 0.5
P Dessauer Hof, Paracelsusstr. 9, ✆ 2909028, III 1.5
P Gutshaus, Richard-Schatz-Str. 23, ✆ 1318545, III 0.5
Ho Hostel No. 5, Robert-Franz-Ring 5, ✆ 13549719, ✆ 0163/7939858, II 0
Jugendherberge Halle, Große Steinstr. 60, ✆ 2024716, III 1
Bike Insider, Mansfelder Str. 43, ✆ 2090932 0
Fahrrad XXL, Delitzscher Str. 63a, ✆ 23937240 3
Fahrrad-Focken, Große Steinstr. 11, ✆ 6856343 0.5
Fahrradies, Bernburger Str. 25, ✆ 2909727 1
Radweg, Geiststr. 60, ✆ 47883560 0.5
Surf in Bike out, Alter Markt 1-2, ✆ 96391585 0.5

Neustadt (Halle (Saale))
Vorwahl: 0345
H Bergschänke, Heidestr. 1, ✆ 8057653, III 2
H Hammerhotel, Johann-Sebastian-Bach Str. 23, ✆ 56645123, I 2
H TRYP by Wyndham, Neustädter Passage 5, ✆ 69310, III-IV 1.5
Inmove, Am Tulpenbrunnen 4, ✆ 20879349 1

Giebichenstein (Halle (Saale))
Vorwahl: 0345
Adreika, Reilstr. 133, ✆ 5163057 1
Fahrrad Jordan, Triftstr. 16, ✆ 5503958 0.5
Selbsthilfewerkstatt, Reilstr. 126, ✆ 5226756 1

Kröllwitz (Halle (Saale))
Vorwahl: 0345

H Kröllwitzer Hof, Schinkelstr. 7, ✆ 5511437, ✆ 0177/3564944, IV 0

Trotha (Halle (Saale))

Vorwahl: 0345

P Am Krähenberg, Am Krähenberg 1, ✆ 4782360, III 1

P Am Zoo, Geschwister-Scholl-Str. 30a, ✆ 0163/1578201, II 1

Camping am Nordbad, Am Nordbad 12, ✆ 58173860 0.5

Lettin (Halle (Saale))

Vorwahl: 0345

Pz Gästehaus Lettin, Fischerweg 1, ✆ 5508619, I 0

Brachwitz (Wettin-Löbejün)

Vorwahl: 0345

P Casa Luciko, An der Eiche 3a, ✆ 6802446, ✆ 0172/5663187 0

Fw Götze, Gimritzer Str. 27, ✆ 5509253 0.5

Salzmünde

Vorwahl: 034609

i Gemeinde Salzatal, Str. der Einheit 12a, ✆ 280 0.5

Gh Zum Yachthafen, Am Schlossberg 2, ✆ 20202, II 0

Wettin (Wettin-Löbejün)

Vorwahl: 034607

i Wettin-Information, Burgstr. 4, ✆ 20320 0

Gh Meyers Stuben, Lange Reihe 36, ✆ 34771, ✆ 0173/4765314, II 0

Pz Furgber, Lange Reihe 8, ✆ 20970, ✆ 0176/34562942, II 0

Pz Merkler, Saalestr. 4, ✆ 20710, II 0

Kloschwitz

Vorwahl: 034607

P Gut Trebitz, Saalestr. 4, ✆ 21173, ✆ 0174/9446987, I 0

Campingplatz Saaletal, Ankerstr. 9, ✆ 20533, ✆ 0177/2943781 0

Dobis (Wettin-Löbejün)

Vorwahl: 034607

Fw Gottstein, Rothenberger Str. 11, ✆ 21113 0

Könnern

Vorwahl: 034691

H Goldener Ring, Bernburger Str. 4, ✆ 4310, III 0.5

Alsleben (Saale)

Vorwahl: 034692

i Stadt Alsleben, Markt 1, ✆ 2830 0

Fahrradgeschäft Speehr, Breite 59, ✆ 21176 0.5

Plötzkau

Vorwahl: 034692

i Gemeindeverwaltung, Hauptstr. 25, ✆ 31621 0

P Bauer Heinemann, Röhrstrang 4, ✆ 31745, ✆ 0172/7894865, II 0

Pz Zimmervermietung Plötzkau, Bleichplan 2, ✆ 31505, II 0

Bernburg (Saale)

Vorwahl: 03471

i Stadtinformation Bernburg, Lindenpl. 9, ✆ 3469311 0.5

i Tourismusverband Salzlandkreis e. V., Karlspl. 37, ✆ 301204 0

H Askania-Hotel, Breite Str. 2-3, ✆ 3540, III-IV 0

H Cityhotel Bernburg, Lindenstr. 1c, ✆ 622170, ✆ 0157/39223391, III-V 0.5

H Fürsteneck, Große Einsiedelsg. 2, ✆ 34670, III-IV 0

H SL'otel - Das StadtHotel, Heinrich-Zille-Str. 2, ✆ 6409580, III-IV 0.5

P Westfälischer Hof, Karlstr. 3, ✆ 622229, ✆ 0163/3240106, II 0.5

Jugendherberge Bernburg, Krumbholzallee 2, ✆ 352027, II 0.5

S MBSV Wasserwandern Bernburg e. V., Brunnenstr. 14, ✆ 0178/5497958, ✆ 0163/6338978, I 0

Zur Schifferklause, Dr.-John-Rittmeister-Str 12-13, ✆ 0174/3713174, I 0

Fahrrad-Center Grohmann, Karlstr. 29, ✆ 628111 0.5

fahrradohlsen, Karlstr. 16, ✆ 623585 0.5

Roschwitz (Bernburg (Saale))

Vorwahl: 03471

P Wilhelm, Fritz-Kraft-Str. 17, ✆ 312142, ✆ 0151/52247645, o.F., II 2

Dröbel (Bernburg (Saale))

Vorwahl: 03471

Gh Bernburger Point, Dessauer Str. 35, ✆ 627074, ✆ 0178/4472986, II-III 0

Nienburg (Saale)

Vorwahl: 034721

i Stadtverwaltung, Markt 1, ✆ 3090 0

Firma Loos, Langestr. 1, ✆ 22462 0.5

Zweirad Hoffmann, Brückenstr. 10, ✆ 22350 0

Neugattersleben (Nienburg (Saale))

Vorwahl: 034721

H Bernstein Acamed Resort, Brumbyer Str. 5, ✆ 50100, ✆ 0160/99139269, IV-V 4.5

H Goldener Stern, Friedensstr. 23, ✆ 03925/304838, ✆ 0171/1147359, III 4.5

Calbe (Saale)

Vorwahl: 039291

i Stadtverwaltung, Markt 18, ✆ 56416 0

P Am Fischereianger, Kleine Fischerei 20, ✆ 77418 0

P Am Lorenz, Großer Lorenz 12, ✆ 52581, III 0.5

P Gästehaus Rehbein, Schlossstr. 109, ✆ 2883 0

P Schmechel, Brotsack 23, ✆ 3189 0.5

Groß Rosenburg (Barby)

Vorwahl: 039294

i Stadt Barby, Marktpl. 14, Barby, ✆ 039298/6720 0

Gh Rosenburger Hof, Hauptstr. 10, ✆ 20869, I-II 0

Klein Rosenburg (Barby)

Vorwahl: 039294

P Im Baumgarten, Baumgarten 1, ✆ 20604, I 0.5

Bh Luisenhof, Luisenhof 1, ✆ 50010, ✆ 0171/6454101, II 3

Im Baumgarten, Im Baumgarten 1, ✆ 20604 0.5

Barby

Vorwahl: 039298

i Tourist-Information, Gnadauer Str., im Seepark, ✆ 039294/6270 0.5

i Stadt Barby, Marktpl. 14, ✆ 6720 0

P **Zu Haus in Barbogi, Birkenweg 5, ✆ 28821, ✆ 0160/99440176, II** 0.5

H Am Colphus, Otto-Beckmann-Str. 14, ✆ 7317, ✆ 0177/8454187, III 0.5

H Hh Augustusgabe Barby, Brauhausstr. 24, ✆ 68510, ✆ 0171/7285957, III 0.5

Hg Hh Zur Galerie & Omas Heuhotel, Breite Str. 30, ✆ 27057, ✆ 0171/2143515, III 0

Gh Grüner Anker, Marktpl. 6, ✆ 299043, III 0

Gh Zum Rautenkranz, Schlossstr. 29, ✆ 3396, III 0.5

Ronney (Zerbst/Anhalt)

Vorwahl: 039247

Gh Zum Fährmann, Ronney 2, ✆ 5505, II 0

Walternienburg (Zerbst/Anhalt)

Vorwahl: 039247

P Carmen, Hauptstr. 58, ✆ 5324, I-II 0

P Heinrich's Café Wirtschaft, Hauptstr. 30, ✆ 941060, II 0

Pz Zimmervermietung Hesse, Güterglücker Str. 14, ✆ 5308, II 0.5

Gödnitz (Zerbst/Anhalt)

Vorwahl: 039247

P Am See, Dorfstr. 34, ✆ 433, ✆ 0152/27194396, I 0.5

Dornburg (Gommern)

Vorwahl: 039242

Gh Gaststätte Schlosskrug, Hauptstr. 34, ✆ 428, ✆ 0172/9997442, II 0

P Café Katharina, Hauptstr. 31, ✆ 649977, III 0

Prödel (Gommern)

Vorwahl: 039200

P Elisabeth, Lindenstr. 33, ✆ 649908, ✆ 0175/4339440, III 2

Prödler See, Seestr., ✆ 0173/4907392, I 0.5

Pretzien (Schönebeck (Elbe))

Vorwahl: 039200

i Info-Punkt, Am Park 26, ✆ 76828 0

H Parkhotel Pretzien, Am Park 10/11, ✆ 7230, ✆ 0170/3604953, II 0

P Am Storchennest, Am Park 25, ✆ 53705, II 0

P Café Braun, Große Sorge 11, ✆ 53457, II 0

Steinhafen, Steinhafen, ✆ 03928/50155, I 0.5

Ranies (Schönebeck (Elbe))

Vorwahl: 039200

Gh Zur Tanne, Dorfstr. 62, ✆ 51652, II-III 0

Dannigkow (Gommern)

Vorwahl: 039200

B Freizeit- und Erholungszentrum Plattensee, Ernst-Thälmann-Str. 2, ✆ 51616, I 2.5

Plötzky (Schönebeck (Elbe))

Vorwahl: 039200

P Birkenblick, Friedhofsweg 9, ✆ 51186 0.5

P Fw Zur alten Schmiede, Salzstr. 14, ✆ 0170/5349975, o.F., II 0

B Am Walde, am Edersee, ✆ 03928/51585, III 0.5

Kolumbussee, ✆ 03928/51585, I 1.5

Waldcamping, Friedhofsweg 10a, am Königsee, ✆ 03928/51585, ✆ 0171/7290780, I 1.5

Elbenau (Schönebeck (Elbe))

Vorwahl: 03928

Fw Ferienhof Elbaue, Alt Elbenau 15, ✆ 424019, ✆ 0160/96249744, IV 0

Grünewalde (Schönebeck (Elbe))

Vorwahl: 03928

P Gisela, Nachtigallenstieg 7, ✆ 402907, I 0.5

Pömmelte (Barby)

Vorwahl: 039298

P Drahtesel Oase - Barby, Dorfstr. 31a, ✆ 242975, ✆ 0152/31834893, III 0

P Neugebauer, Ernst-Thälmann-Str. 11, ✆ 3197, ✆ 0171/4835461, II 0.5

Felgeleben (Schönebeck (Elbe))

Vorwahl: 03928

H Kulturhaus Felgeleben, Gnadauer Str. 17, ✆ 400125, III 2

Schönebeck (Elbe)

Vorwahl: 03928

i Tourist-Information, Markt 21, ✆ 842742 0

H Domicil Schönebeck, Friedrichstr. 98a, ✆ 7123, o.F., III 0.5

H Schiffshotel Sonnenschein, Buschweg 1, ✆ 70610, III 0.5

P Annis Pension, Wilhelm-Hellge-Str. 129, ✆ 844058, III 1

P Jägerstube, Magdeburger Str 153a, ✆ 844076, II 1.5

P Weltrad, Cokturhof 3, ✆ 421015, ✆ 429066, III 0

Bootshaus Delphin, Buschweg 5, ✆ 403061, I 0.5

Bike & Bahn, Wilhelm-Hellge Str. 220, ✆ 845226 1

Bad Salzelmen (Schönebeck (Elbe))

Vorwahl: 03928

i Tourist-Information, Markt 21, am Markt, ✆ 842742 0

H Am Kurpark, Magdeburger Str. 1, ✆ 70800, IV 2.5

Zweiradmarkt Rudloff, Magdeburgerstr. 37, ✆ 840886 2

Magdeburg/Randau-Calenberge

Vorwahl: 03928

P Predigerwitwenhaus, Randauer Dorfstr. 25, ✆ 404110, ✆ 0151/52033753, II 0.5

Frohse (Schönebeck (Elbe))

Vorwahl: 0391

H sleep & go, Am Stremsgraben 10, ✆ 03928/7054100, II 0.5

A Wassersportzentrum Henning, Burgwall 2a-2b, ✆ 4082435, ✆ 0151/11732480, I 0.5

Magdeburg/Pechau

Vorwahl: 0391

Gh Kelly, Breite Str. 11, ✆ 8117185, ✆ 0170/4842231, II 0.5

Pz Baumschule Beyme, Seehof 1, ✆ 8114745, ✆ 0163/2635650, III 0.5

Magdeburg/Prester

Vorwahl: 0391

H Elbrivera, Alt Prester 102, ✆ 81930, III 0

P Lüder, Alt Prester 71/73, ✆ 55756110, III 0

Magdeburg/Cracau

Vorwahl: 0391

H Café Seestraße, Seestr. 24, ✆ 5045234, IV 0

P Schulze, Pechauer Str. 16, ✆ 857592, II 0

Fahrrad Koch, Simonstr. 2, ✆ 857209, ✆ 0171/4914690 0.5

Magdeburg/Salbke

Vorwahl: 0391

P Bördebahn, Oschersleber Str. 13, ✆ 4046164, I-II 0

Magdeburg/Fermersleben

Vorwahl: 0391

A B Wassersportverein Buckau Fermersleben, Elbweg 3, ✆ 4018860, ✆ 0151/20835642, I 0

Matt Bike Rad-Center, Alt Fermersleben 53, ✆ 4048855, ✆ 0176/20958989 1

Magdeburg/Buckau

Vorwahl: 0391

Hg City-Pension Magdeburg, Warschauer Str. 21, ✆ 55999672, ✆ 0176/20778895, III 0.5

Magdeburg

Vorwahl: 0391

i Tourist-Information, Breiter Weg 22, ✆ 63601402 0

Magdeburg/Stadtfeld Ost

Vorwahl: 0391

H BW Geheimer Rat, Goethestr. 38, ✆ 73803, III-IV 1.5

H City Hotel, Konrad-Adenauer-Pl. 1, ✆ 7448888, III 0.5

Hg Stadtfeld, Maxim-Gorki-Str. 31/37, ✆ 506660, III 1

Täves Radladen, Liebknechtstr. 29, ✆ 5419056 1.5

Elbe Rad Touristik, Olvenstedter Str. 61, ✆ 6609890 1

Magdeburg/Altstadt

Vorwahl: 0391

H InterCityHotel Magdeburg, Bahnhofstr. 69, ✆ 59620, IV 0

H Maritim, Otto-von-Guericke-Str. 87, ✆ 59490, IV-V 0.5

H artHotel In der Grünen Zitadelle, Breiter Weg 9, ✆ 620780, IV-V 0.5

H ibis Styles Magdeburg, Julius-Bremer-Str. 15, ✆ 2585900, III 0.5

P Roncalli-Haus, Max-Josef-Metzger-Str. 12/13, ✆ 99976400, III-IV 0.5

Jugendherberge Magdeburg, Leiterstr. 10, ✆ 5321010, II-III 0.5

Fahrrad Büchner, Hasselbachstr. 8, ✆ 5556040 0

Little John Bikes, Alter Markt 13-14, ✆ 5556203 0.5

RadMitte, Goldschmiedebrücke 7, 9, 11, ✆ 55721721 0

Zweirad Schulz, Breiter Weg 38, ✆ 5314545 0.5

Ortsindex

Die Seitenzahlen ab S. 150 beziehen sich auf das Übernachtungsverzeichnis.